Norbert Ohler

PILGERLEBEN IM MITTELALTER

Norbert Ohler

PILGERLEBEN IM MITTELALTER

Zwischen Andacht und Abenteuer

HERDER

FREIBURG BASEL WIEN

INHALT

VORWORT

Kranke und Gesunde, Arme und Reiche, Verzweifelte und Glückliche waren im Mittelalter unterwegs, um an heiligen Stätten Hilfe zu erflehen, Schuld zu sühnen oder Dank zu sagen. Das ganze Abendland war mit einem Netz von Straßen überzogen, auf denen Millionen von Pilgern mit wandernden Scholaren, Kaufleuten und anderen Reisenden die Strapazen und Gefahren der Wege teilten; sie trotzten Hunger und Durst, Kälte und Hitze, bösartigen Fährleuten, betrügerischen Wirten und Wegelagerern. Auf den Wegen nach Jerusalem, Rom oder Santiago, nach Aachen, Canterbury oder Einsiedeln verbanden sich Männer und Frauen mit Schicksalsgefährtinnen und Leidensgenossen. Vielen erlaubte die Pilgerfahrt, der Langeweile des Alltags zu entfliehen oder sich andernorts nach besseren Lebensbedingungen umzuschauen. Wie Künstler, Missionare und Wissenschaftler haben mittelalterliche Pilger dazu beigetragen, daß das Abendland Gemeinsamkeiten ausbildete, die die Länder zwischen Island und Sizilien, Dublin und Krakau bis auf den heutigen Tag prägen.

Pilgerreisen gibt es in vielen Religionen; der Muslim ist sogar verpflichtet, einmal in seinem Leben die heiligen Stätten in Mekka zu besuchen. Wallfahrt bedeutete für Christen, Muslime, Hindus einen zeitweiligen Ausnahmezustand, Verlassen der Heimat, Aufbruch in die Fremde.

In diesem Buch soll es vor allem um Wallfahrten im Abendland gehen, d. h. in der von Rom geprägten Christenheit. Der Untertitel deutet an, was Pilger alle Tage erleben konnten; die Quellen wissen von zahlreichen Beschwernissen und Gefahren. Doch wahrscheinlich hatten mittelalterliche Pilger viel häufiger Anlaß zur Freude, als hier sichtbar wird. Dem Frommen war jeder Tag ein Fest, an dem er sich auf den Spuren Jesu und der Apostel wußte, an dem er der heiligen Stätte näher kam, an dem er als Buße für seine Sünden oder eine besondere Schuld die Strapazen des Weges ertrug.

Als ›Mittelalter‹ wird hier das Jahrtausend von etwa 500 bis etwa 1500 verstanden. Was die Wallfahrtsbewegung angeht, so markiert allenfalls das zweite der Eckdaten einen Einschnitt – und das auch nur für die Länder, die sich seit etwa 1520 der Lehre der Reformatoren zuwandten.

Bis zur Jahrtausendwende etwa dürfte die Zahl der einzelnen, spontan aufbrechenden Pilger überwogen haben; seit dem Hochmittelalter gab es mehr und mehr von langer Hand vorbereitete, organisierte, insgesamt risikoärmere, kollektive Wallfahrten. Im Spätmittelalter setzt ein Strukturwandel ein: Der Anteil der Fernwallfahrten geht zurück, mancherorts unter dem Druck der kirchlichen oder weltlichen Obrigkeit; die Pilger bevorzugen Fahrten zu einer Gnadenstätte in der Nähe ihres Heimatortes. Gleichzeitig ändert sich der Charakter der weiterhin ausgeführten Fernwallfahrten; gelegentlich gehen sie in Vergnügungs- und Abenteuerreisen über. In der gleichen Zeit, in der Fernwallfahrten durch Pilgerreisen in die Umgebung abgelöst wurden, zogen Studenten seltener in die Ferne. Nördlich der Alpen waren zahlreiche Universitäten gegründet worden; wer studieren wollte, ließ sich in der Hochschule seines Heimatlandes einschreiben.

Für das Folgende werden Chroniken, Lebensbeschreibungen, Berichte vom wunderbaren Wirken dieses oder jener Heiligen sowie andere Schrift- und Bildquellen ausgewertet. Wiederholt wird ein ›Pilgerführer‹ aus dem 12. Jahrhundert zur Sprache kommen, weil er wertvolle Einzelheiten nicht nur zur Wallfahrt nach Santiago bringt. Aus solchen Quellen läßt sich ein anschauliches Bild vom Alltag mittelalterlicher Pilger gewinnen. In mancher Hinsicht mag es idealtypisch sein, da ein einzelner kaum alles das erfahren, geschweige denn bewußt erlebt hat, was unterschiedliche Quellen von Pilgern berichten. Zudem erwähnen viele Quellen vorzugsweise nicht das Übliche, was sich alle Tage ereignet, sondern halten eher das Außergewöhnliche fest. Wären die Widrigkeiten, Unzulänglichkeiten und Verbrechen so verbreitet gewesen, wie sie nach Ausweis mancher Quellen erscheinen, hätten wohl kaum Millionen von Menschen das Risiko einer langen Pilgerreise auf sich genommen, wären erst recht nicht mehrmals in ihrem Leben auf Pilgerschaft gegangen.

Wallfahrten bilden ein ›Element langer Dauer‹ in der europäischen Geschichte. Zeiten der Begeisterung und der Zurückhaltung, wenn nicht Ablehnung wechseln sich ab. Vieles von dem, was hier als ›mittelalterlich‹ geschildert wird, galt schon in der ausgehenden Antike und noch in der Gegenwart; und vieles, was hier zu Pilgern und Wallfahrten gesagt wird, gilt für Reisen und Reisende überhaupt.

Hinsichtlich der Fortbewegung brachten erst das 19. und 20. Jahrhundert geradezu revolutionäre Umbrüche. Eisenbahn, Kraftfahrzeug und Flugzeug erleichtern und beschleunigen das Reisen. Trotzdem begegnet man auch heute auf den Wegen zu Pilgerstätten Menschen, die auf Annehmlichkeiten verzichten; sie wollen ›per pedes Apostolorum‹, ›zu Fuß wie die Apostel‹ reisen. Und wer sich an Wallfahrtsstätten umschaut, findet noch und wieder Menschen, die für eine außergewöhnliche Gnade danken wollen; er sieht aber auch die Mühseligen und Beladenen, denen kein Arzt helfen kann und die hier wenn schon nicht Heilung, so doch Trost zu finden hoffen.

Erinnern wir uns kurz an einen altbekannten Pilgerbericht:»Seine Eltern reisten jedes Jahr zum Paschafest nach Jerusalem. Auch als Jesus zwölf Jahre alt geworden war, zogen sie hinauf, wie es dem Festbrauch entsprach. Nachdem die Festtage zu Ende waren, machten sie sich auf den Heimweg. Der junge Jesus aber blieb in Jerusalem, ohne daß seine Eltern es merkten. Sie meinten, er sei irgendwo in der Pilgergruppe, und reisten eine Tagesstrecke weit; dann suchten sie ihn bei den Verwandten und Bekannten. Als sie ihn nicht fanden, kehrten sie nach Jerusalem zurück und suchten ihn dort« (Lk 2, 41–45).

Lukas erzählt hier von einem Brauch, der damals von den über die Länder des Mittelmeerraumes, des Nahen und Mittleren Ostens verstreuten Juden mit Eifer gepflegt wurde. Wer es eben konnte, zog Jahr um Jahr nach Jerusalem, um dort das höchste Fest mit Verwandten und anderen Angehörigen des eigenen Volkes zu feiern. Erst recht machten sich fromme Juden, die nur wenige Tagereisen entfernt wohnten, auf den Weg. Von Nazaret aus, dem Heimatort Jesu, rechnete man drei Tage; das entsprach einer durchschnittlichen Leistung von mehr als dreißig Kilometern pro Tag. Da das Paschafest nach dem ersten Frühlingsvollmond gefeiert wurde, konnte es nachts noch sehr kalt werden – was Hitze tagsüber nicht ausschloß.

Lukas entwirft ein anschauliches Bild der Wallfahrt. Kinder wurden nach Möglichkeit mitgenommen; sie wuchsen auf diese Weise in eine ihrem Volk heilige Tradition hinein; auch lernten sie ihre weitere Heimat kennen. Man reiste in einer Gruppe von Verwandten und Nachbarn, die einander kannten. Eltern mußten deshalb nicht genau auf ihre Kinder achtgeben; die Weggefährten dürften sich darum gekümmert haben, daß die Kinder ausreichend zu essen und zu trinken hatten. So konnte es geschehen, daß Eltern – wie Lukas es erzählt – erst spät in Sorge gerieten, z. B. erst, als sie ein wahrscheinlich traditionelles Quartier für die

Nacht aufsuchten. Ihnen blieb nichts anderes übrig, als den Weg zurückzugehen bis zu dem Punkt, an dem sie den Sohn das letzte Mal gesehen hatten, und das hieß in diesem Fall: ihn im Getümmel der großen Stadt Jerusalem zu suchen.

1. Die Heilige Familie auf dem Weg (Ende 11. Jh., Salerno, Dom). Josef hat den Stock geschultert, an dem eine Wasserflasche hängt (vgl. Abb. 3). Anders als im Orient üblich, reitet die Frau, und der Mann geht zu Fuß – ein Hinweis auf die Achtung, derer sich die Frau im Abendland erfreute.

In biblischen Erzählungen wie diesem Bericht des Evangelisten Lukas finden christliche Pilger seit nun fast zwei Jahrtausenden Vorbilder.[1] Sie sind unterwegs zur heiligen Stätte wie Jesus und seine Eltern. Mittelalterliche Quellen kennen noch viele andere biblische Gestalten, denen die Pilger nacheifern sollten: Sie waren unterwegs wie Adam, der das Paradies verlassen mußte, wie Israels Stammväter Abraham, Isaak und Jakob, die keine feste Hei-

14

mat hatten, wie Josef, der ins fremde Land Ägypten verkauft wurde, wie das Volk Israel auf seinem Weg durch die Wüste, wie die Weisen aus dem Morgenland, die den neugeborenen Messias suchten, wie Jesus und die Apostel auf ihren Wanderungen durch das Land, wie die Jünger von Emmaus, die der Auferstandene unerkannt begleitete...

»Nach einem Pilgermarsch von 2400 Kilometern ist am Wochenende der 72 Jahre alte Kölner Hubert Winterscheidt in dem nordwestspanischen Wallfahrtsort Santiago de Compostela eingetroffen. Der Wanderer legte zunächst in fünf Wochen die 1400 Kilometer lange Strecke von Köln bis zum südfranzösischen Wallfahrtsort Lourdes zurück und dann in vier Wochen den Weg nach Santiago in Galicien.«

Auch diese Kurzmeldung der Deutschen Presseagentur aus dem Jahre 1981 sei genauer betrachtet.[2] Der rüstige Kölner stand in jahrtausendealten Traditionen, da er ein fernes Wallfahrtsziel zu Fuß erreichen und bewußt auf technische Errungenschaften verzichten wollte. Wenn man dem Bericht folgt, hat er täglich vierzig Kilometer zurücklegen müssen, um die Strecke in fünf Wochen zu schaffen – eine respektable Leistung: Sie bedeutet entweder den Verzicht auf Ruhetage oder noch höhere Leistungen an den ›Marschtagen‹.

Der Christ ist nicht zu einer Wallfahrt verpflichtet. Trotzdem entschlossen sich immer wieder Menschen, in der Nachfolge Jesu sowie anderer biblischer und nachbiblischer heiliger Männer und Frauen in die Ungesicherheit der Fremde aufzubrechen. Im Folgenden möchten wir Fragen nachgehen, die sich daraus ergeben: Warum machte man Wallfahrten? Wer waren die Pilger? Wie stand man zum Wallfahrtswesen? Wann reiste man? An was mußte man vor dem Aufbruch denken? Womit mußte man unterwegs rechnen? Wo fand man Unterkunft? Was erwartete einen am Ziel der Pilgerfahrt? Welche Folgen hatten diese Reisen für das Denken einzelner und für die abendländische Völkergemeinschaft?

1. DER HINTERGRUND –
RAUM UND ALLGEMEINE GESCHICHTE

Ereignisse und Zusammenhänge, die in diesem Buch erwähnt werden, sollen in Umrissen in die ›allgemeine Geschichte‹ eingeordnet werden können. Deshalb seien aus dem Jahrtausend, das wir als Mittelalter bezeichnen, für das Thema bedeutsame Gegebenheiten und Entwicklungslinien aufgezeigt.

An erster Stelle seien positive Faktoren genannt, die Raum und Klima boten. Die starke Gliederung Europas begünstigte das Reisen, auch über weite Entfernungen. Viele Orte liegen in der Nähe des Meeres oder schiffbarer Flüsse; und zu denen gehörten nicht nur Ströme wie Rhein und Donau, Po und Weichsel, sondern auch Loire und Ill im Elsaß. Gebirge gliedern den Raum; sie waren lange Zeit siedlungsleer und daher verkehrsfeindlich. Und doch hatten die Menschen seit unvordenklichen Zeiten Wege auch durch die Hochgebirge gefunden. Die Alpen, um ein Beispiel zu nennen, weisen in der für Wallfahrer wichtigen Nord-Süd-Richtung zahlreiche Pässe auf, von denen mindestens der Brenner auch im Winter leidlich passierbar war. Es ist bezeichnend, daß auf der Karte, die Etzlaub Ende des Mittelalters von Europa anfertigte und auf der alle Wege nach Rom führen, die Alpen nicht als verkehrsfeindliche Barriere erscheinen.

Als ausgesprochen reisefreundlich erwiesen sich auch das insgesamt milde Klima und die relative Sicherheit vor Naturkatastrophen. Mißernten und Hungersnöte, die es selbstverständlich auch in Europa gegeben hat, waren meist regional und zeitlich begrenzt. Erd- und Seebeben, gewaltige Überschwemmungen, Dürre, Wirbelstürme, die in anderen Breiten und Kontinenten zum Alltag gehören, blieben in Europa die Ausnahme. Die Große Pest in der Mitte des 14. Jahrhunderts hat sich wohl auch deshalb den Menschen so nachhaltig eingeprägt, weil man an Unglück derartigen Ausmaßes nicht gewöhnt war.

Das Christentum hatte sich in den ersten drei Jahrhunderten im Römischen Reich ausgebreitet, von Ägypten bis nach Nordengland, von der Atlantikküste bis an den Euphrat und darüber hinaus bis nach Indien. Nach Ausweis schriftlicher und archäologischer Quellen haben sich in den Umbrüchen der Völkerwanderungszeit Gemeinden an Rhein und Donau gehalten; sie haben den christlichen Glauben an die neuen Herren weitergegeben, die als Eroberer erschienen oder langsam in das Römische Reich einsickerten. In einem Jahrhunderte dauernden Prozeß wurde der größte Teil Europas für das Christentum römischer Prägung gewonnen.

Wallfahrern kam zugute, daß sie in einem insgesamt religiös homogenen Raum zu den großen Pilgerzielen ziehen konnten. Wer sich zum christlichen Glauben bekannte, sollte sein Verhalten am Evangelium ausrichten. Zu den hier genannten Idealen, die Wallfahrern zugute kamen, gehörte das Gebot, im Fremden Jesus selbst aufzunehmen (Mt, 25, 35) und Menschen in Not zu helfen, wie es der barmherzige Samariter getan hatte (Lk 10, 30–37).

Wenn der Pilger unterwegs einen Gottesdienst besuchte, konnte er sich ein wenig wie zu Hause fühlen: Die Gebete, Architektur und Schmuck von Kirchen und Kapellen, Bilder zur Erläuterung der Heilsgeschichte, die Farbe der Meßgewänder, die Gesten des Priesters waren überall einander sehr ähnlich. Selbst wer den genauen Sinn nicht verstand, konnte in das ›Kyrie eleison‹ und in das ›Pater noster‹ einstimmen und mit den Einheimischen zusammen, und oft mit mehr Grund als diese, den Herrn um Erbarmen und Gott um das tägliche Brot bitten.

Latein war auch die Sprache der Gebildeten. Diesen stand damit ein Medium zur Verfügung, in dem sie sich mit ihresgleichen überall in Europa verständigen konnten. Dazu kamen weitere Gemeinsamkeiten im Bereich von Recht, Wirtschaft, Gesellschaft, Kunst.

Zwar machten Fehden und Kriege, Seuchen und Räuberbanden das Reisen gefährlich; doch manche Entwicklung kam den Pilgern zugute und erhöhte ihre Sicherheit unterwegs. In jahrhundertelanger Mühsal schufen Millionen meist anonym bleibender Menschen aus der Natur- eine Kulturlandschaft; Klöster trugen dazu bei, das Land auszubauen und einzelne Siedlungsinseln zu vernetzen. In manchen Landstrichen lagen Weiler oder Dörfer seit der Völkerwanderung in Rufweite, Klöster nicht selten im Abstand einer Tagereise voneinander; seit dem 11. Jahrhundert kamen immer mehr Städte dazu. In Italien, Frankreich, den Niederlanden, West-, Mittel- und Süddeutschland reiht sich oft im Abstand von wenigen Kilometern eine Stadt an die andere. Wer sich in Europa auskannte, wußte um Unterschiede zu anderen Ländern; je weiter man nach Osten kam, desto weiter waren die Siedlungen voneinander entfernt. Mitte des 14. Jahrhunderts war in Deutschland das Netz von Siedlungen dichter als früher und später; denn infolge der Großen Pest wurden viele Orte verlassen und lagen seitdem wüst.

In einem dünn besiedelten Raum mußte man mit unliebsamen Zwischenfällen rechnen, die die Reisezeit verlängerten: Hier war ein Weg verschüttet und nicht freigeräumt, dort der Fährmann gestorben, ohne daß sich ein Nachfolger gefunden hätte. Waren dagegen viele Menschen unterwegs, lohnte es sich, die Gunst des Raumes weiter zu nutzen; unter Einsatz von Kapital und Arbeit wurden Straßen gebaut, Brücken unterhalten, Herbergen eingerichtet. An solchen Verbesserungen der Infrastruktur waren in erster Linie Herrscher, Krieger und Händler interessiert, ferner Handwerker, die seit dem Spätmittelalter oft eins von drei Lehrjahren auswärts verbringen sollten, und selbstverständlich auch Wallfahrer. Seit dem Spätmittelalter war der Verkehr auf manchen Strecken schon so regelmäßig, daß etwa zwischen Frankfurt und Mainz ein »Früheschiff« verkehrte, auf dem Dürer 1521 in die Niederlande reiste;[3] die Bezeichnung läßt ein regelmäßig verkehrendes Spätschiff erwarten.

Je dichter das Land besiedelt war, desto rascher kam man voran. Denn auch Pilger durften davon ausgehen, in absehbarer Zeit Hilfe zu finden, z. B. bei einem Hirten oder in einem Kloster. Im Gebirge bauten hilfsbereite Menschen Hospize, um Pilgern und anderen Reisenden beistehen zu können. In den rasch aufblühenden Städten wurden – gelegentlich eigens für durchreisende Pilger – Spitäler und Bruderschaften gegründet.

Straßen und Pfade verbanden Städte und Dörfer, Klöster und Spitäler; vielerorts war das Wegenetz im Spätmittelalter so dicht, daß leicht ausweichen konnte, wer hörte, daß hier eine Gefahr lauerte, dort eine Brücke fortgeschwemmt oder ein Weg von einer Lawine verschüttet sei. An Wallfahrten Interessierte hatten viel zur Verbesserung der Infrastruktur beigetragen; der schon erwähnte Pilgerführer nach Santiago geht so weit zu sagen, die Erbauer von Straßen, Brücken und Spitälern hätten sich das Himmelreich verdient – nicht anders als Heilige.

Seit der Jahrtausendwende beschleunigte sich die Entwicklung. Das Wachsen der Städte, Ostsiedlung, Reconquista und Kreuzzugsbewegung zeugen auch von der Zunahme der Bevölkerung. Gleichzeitig kam es im sozialen und gewerblichen Bereich zu einer Differenzierung, vor allem in den Städten. Einzelnen und ganzen Gruppen von Menschen gelang es, ihre Unfreiheit nach und nach abzustreifen, so daß sie schließlich als ›Freie‹ selber darüber bestimmen durften, wo sie leben und wie sie arbeiten wollten. Das galt für Bewohner auf dem Lande, Angehörige bestimmter Gewerbe (z. B. Bergleute), vor allem aber für Städter.

Im Frühmittelalter waren noch relativ wenige Menschen unterwegs; Gastfreundschaft wurde ihnen meist unentgeltlich gewährt. Seit der Jahrtausendwende nahm die Zahl der Reisenden rasch zu, auch dank organisierter Wallfahrten. Die Scharen, die nun die Straßen bevölkerten, waren nicht mehr für ein Vergelt's Gott zu beherbergen. Auch nördlich der Alpen wurden gewerbliche Gasthäuser eingerichtet. Doch noch jahrhundertelang haben Klöster, Spitäler und Privatpersonen Pilger unentgeltlich aufgenommen.

Seit dem 13. Jahrhundert waren die sich langsam festigenden Territorialherrschaften ebenso wie Städte, Kaufleute und Pilger, Humanisten und Künstler daran interessiert, daß auf öffentlicher Straße Recht und Ordnung herrschten. Einzelheiten zu dem auch für Pilger so wichtigen Bereich des Rechtes sollen in einem späteren Kapitel folgen; jedoch sei schon hier gesagt: So locker das Messer bei vielen saß, so fest legte sich nach kurzem Prozeß der Strick um den Hals des Delinquenten. Der von weitem sichtbare Galgen sollte Ganoven abschrecken. Sicherer – und unterhaltsamer! – reiste man auf jeden Fall in Gesellschaft; Pilger taten sich deshalb zusammen oder schlossen sich anderen Reisenden an.

Grenzen, wie es sie zwischen einzelnen Reichen und Herrschaften gab, störten nur wenig den normalen Verkehr. Zwar stieg am

2. Pilgerbrücke in nordspanischen Canfranc. Ist hier überhaupt eine Brücke nötig? Der weite Bogen zeigt , daß das schmale Rinnsal kräftig anschwellen kann. Steinerne Brücken, langlebiger als solche aus Holz, mußten nicht nur für viel Geld gebaut, sondern auch unterhalten werden.

Rhein die Zahl der Zollstationen von etwa 20 Ende des 12. Jahrhunderts auf mehr als 60 Ende des 15. Jahrhunderts;[4] doch wirkten sie eher wie Nadelstiche denn als ernsthafte Verkehrsbehinderungen; die Abgaben waren meist niedrig, und ein selbstbewußter Mann wie Dürer verweigerte sie gelegentlich mit Erfolg.[5]

Eine neue Hilfe, die Menschen in früheren Jahrhunderten nicht zur Verfügung gestanden hatte, gab es seit dem Spätmittelalter. Anhand gedruckter, daher preiswerter Karten konnte man sich ein Bild von der Weite, oft auch von Schwierigkeiten einer Reise machen (Fluß- und Gebirgsübergänge), war also nicht mehr auf vage Informationen angewiesen. Auf der Romwegekarte Erhard Etzlaubs, die Mitteleuropa und Italien abdeckt, kann man »die Entfernungen der Städte und der Flußläufe« ablesen.[6] Etzlaub deutet Straßen zwischen bedeutenden Orten durch eine Folge von

21

Punkten an; das Intervall zwischen zwei Punkten entspricht einer deutschen Meile (hier mit 10 000 Schritt angegeben, etwa 7,4 Kilometer). Um eine Entfernung zu bestimmen, brauchte man also nur die Intervalle zwischen zwei Orten auszuzählen. Ein Maßstab am Rand ergänzt die Karte.

Je mehr Menschen reisten, desto sicherer wurden auch Seereisen. Das läßt sich aus der Tatsache schließen, daß Jerusalempilger aus Mitteleuropa in Venedig an Bord gingen. Wäre der Weg zu Lande günstiger gewesen, hätten sie mindestens bis Bari in Unteritalien die Straße gewählt. Als Kolumbus im Oktober 1492 in See stach, um westwärts segelnd das im Osten gelegene Indien zu erreichen, standen ihm hochseetüchtige Schiffe und modernes nautisches Gerät zur Verfügung; mit Jakobsstab, Astrolabium, Quadrant, Kompaß, Zeitmesser, Karte konnte er weit besser als frühere Seefahrer Position und Route seiner Schiffe bestimmen. Er wußte um Winde und Strömungen, er wußte auch, wie lange er für die etwa 1500 Kilometer bis zu den Kanarischen Inseln brauchen würde.[7] Damit sollen sein und seiner Leute Wagemut und Initiative nicht geschmälert werden; als letzte Rettung in Seenot, in der die Schiffe so gut wie hilflos Wind und Wetter ausgeliefert waren, kannte auch Kolumbus, wie wir noch erfahren werden, nur noch das Wallfahrtsgelübde.

2. Eine Vielzahl von Zielen

In der ausgehenden Antike pilgerten Christen vornehmlich ins Heilige Land und zu den Gräbern der Apostel. Dann erweiterte sich der Kreis. Für die Franken z. B. war der hl. Martin, Soldat und Bischof, so etwas wie ein ›National‹heiliger; zu seinem Grab nach Tours pilgerten Könige und einfache Leute. Auch andere Völker hatten zeitweise ein besonders inniges Verhältnis zu einem bestimmten Heiligen, die Iren z. B. zu Patrick, die Deutschen zu Bonifatius, die Engländer zu Thomas Becket, die Norweger zu Olaf, die Ungarn zu Stephan, die Schweizer zu Bruder Klaus; dieser hatte die seinerzeit noch junge Schweiz davor bewahrt, durch inneren Zwist auseinanderzubrechen. Die Verehrung von ›Stammesheiligen‹ spielte eine große Rolle bei der Ausprägung eines Zusammengehörigkeits- und Nationalbewußtseins.

Jerusalem, Rom, Santiago ...

Palästina und Jerusalem sind den Christen seit der frühen Kirchengeschichte heilig, weil Jesus hier gelebt und gelitten hatte, weil er hier gestorben und auferstanden war. Im Mittelalter konnten Pilger das Heilige Land nur in der kurzen Zeit einigermaßen sicher und unbehelligt aufsuchen, da die Kreuzfahrer hier politisch-militärische Gewalt ausübten. Vorher und später mußte man mit Behinderungen und Belästigungen durch muslimische Machthaber rechnen; und auch in der Zeit, da die Kreuzfahrer für ein leidlich regelmäßiges Kommen und Gehen sorgten, drohten auf dem Meer Gefahren durch Elementargewalten und noch mehr durch Seeräuber. 1291 mußten die Kreuzfahrer ihre letzten militärischen Stützpunkte im Heiligen Land räumen. Spätestens von da an war eine Wallfahrt nach Jerusalem wieder mit besonderen Schwierigkeiten verbunden.

Nutznießer dieser Entwicklung wurden die ›großen‹ abendländischen Wallfahrten. Denn Millionen von Pilgern waren weiterhin entschlossen, ferne Ziele aufzusuchen. Die Päpste suchten diesen Strom nach Rom zu lenken, das ebenfalls als Heilige Stadt galt; denn hier ruhten die Apostelfürsten und zahllose Märtyrer, von hier aus lenkte der Papst die abendländische Christenheit. Erstmals rief Papst Bonifaz VIII. das Jahr 1300 zum ›Heiligen Jahr‹ aus, in dem man besonders viele Gnaden sollte erwerben können; heilige Jahre folgten dann im Abstand von fünfzig, später von fünfundzwanzig Jahren und aus besonderen Anlässen.

3. *Der hl. Jakobus (15. Jh., Kupferstich von Martin Schongauer).*
Der Heilige wird hier so dargestellt, wie Pilger oft gereist sind: barfüßig.
An Kragen und Hut trägt er ›sein‹ Pilgerzeichen, die Muschel (vgl. Abb. 10).
zu seinen Füßen Pilger mit den typischen Stäben, die zwischen den beiden
Knäufen leicht in der Hand gleiten. Links oben ein Hinweis auf die Rettung
des zu Unrecht Gehenkten (vgl. S. 158f.).

Die dritte ›große Wallfahrt‹ führte nach Santiago de Compostela. Hier wurde Jakobus der Ältere geehrt, der der Überlieferung nach als erster Apostel das Martyrium erlitten hatte. Seine sterbliche Hülle war auf wunderbare Weise in den Nordwesten der spanischen Halbinsel gekommen, wohin seit der Jahrtausendwende immer mehr Pilger aus allen Ländern Europas zogen. In Santiago feierte und feiert man ›Heilige Jahre‹ immer dann, wenn das Fest des Apostels, der 25. Juli, auf einen Sonntag fällt. – Auch andernorts wurden bestimmte Jahre besonders feierlich begangen, in Aachen z. B. jedes siebte. Die hier Heiltümer genannten Reliquien – unter ihnen Windeln und das Lendentuch Jesu – wurden im 7. Monat und sieben Tage lang gezeigt.

. . . und tausend andere Stätten

Im Laufe des Mittelalters wird der Kreis verehrter Heiliger und aufgesuchter Wallfahrtsstatten immer größer. Seit der Jahrtausendwende und verstärkt im Spätmittelalter nimmt die Verehrung der Muttergottes fast kontinuierlich zu. Bald gibt es allenthalben in Europa Marienwallfahrtsorte, z. B. Altötting, Chartres, Loreto, Montserrat, Rocamadour, Tschenstochau, Walsingham. Überregionale Bedeutung gewannen im deutschen Sprachraum das schon genannte Aachen und Einsiedeln; der Legende nach hat Christus hier im Jahre 948 unter Assistenz von Engeln eine Kapelle geweiht.[8] Verehrt wurden in Köln die hl. Drei Könige, in Thann im Elsaß der hl. Theobald, in Trier der Apostel Matthias, in Wilsnack das Heilige Blut. Nach Ausweis der Quellen pilgerten Menschen auch aus fernen Orten zum Grab des hl. Anno nach Siegburg und zum Grab der hl. Elisabeth nach Marburg. Gelegentlich bildeten Heilige so etwas wie eine Genossenschaft; so jedenfalls läßt sich die Verehrung von vierzehn Heiligen in Franken deuten. In der Regel zählen dazu die hl. Achatius, Aegidius, Barbara, Blasius, Christophorus, Cyriacus, Dionysius, Erasmus, Eustachius, Georg, Katharina, Margareta, Pantaleon und Vitus; an die Stelle des einen oder der anderen dieser Nothelfer tritt gelegentlich Florian oder Leonhard. Daß unter den vierzehn nur drei Frauen sind, ist kein Zufall; Frauen hatten bis in die jüngste Vergangenheit geringere Chancen als Männer, zur Ehre der Altäre erhoben zu werden.[9]

Die Vielfalt von Pilgerzielen sei an einem Beispiel aufgezeigt.[10] Lübecker Bürger verfügten im Spätmittelalter (mindestens) 704 testamentarische Stellvertreter-Wallfahrten nach (mindestens) 42 Orten (in Klammern die Häufigkeit dieser Fahrten): Jerusalem (25), Rom (76) und Santiago de Compostela (46); dazu kamen Ziele mit überregionalem, ja europäischem Einzugsgebiet: Aachen (128), Canterbury (1), Einsiedeln (72), S. Josse (in der Pikardie/Frankreich; 18), Köln (5), Rocamadour (3), Thann (Ober-Elsaß; 111), Trier (12), Trondheim (Norwegen; 4), Walsingham (1), Wilsnack (124); schließlich die vielen Ziele, von denen wir kaum annehmen könnten, daß es sich um Wallfahrtsorte handelt, einmal in einem mehr oder weniger weiten Umkreis von Lübeck: Güstrow (5), Hamburg (1), S. Hulpe (bei Göttingen; 6), Königslutter (5), Osnabrück (2), Ratzeburg (1); dann weitere Ziele in der Ferne; Beverley und Bridlington (beide in England; je 1), Finisterre (unweit Santiago de Compostela; 1) usw.

Warum ausgerechnet hierhin oder dorthin?

Die Verteilung wirft Fragen auf, die sich wohl kaum noch lösen lassen: Warum zogen so viele Norddeutsche nach Thann im Elsaß, warum vergleichsweise wenige nach Köln? Immerhin gab es in Lübeck zeitweise eine Dreikönigsbruderschaft, die die Wallfahrt nach Köln förderte. Warum viele nach Aachen? Warum eher wenige nach Trier, wo man am Grabe eines Apostels beten konnte? Und was zog so viele Ungarn nach Aachen?

Gemessen an der Zahl der Pilger ist in den Quellen eher selten davon die Rede, welche Gründe die Wallfahrer bewogen, sich für eine bestimmte – und das hieß: gegen andere – Wallfahrtsstätte zu entscheiden. Wer auf der Fahrt nach Trondheim in einen Seesturm geriet, konnte zu einem schnellen Gelübde versucht sein: Wenn ich gesund und heil an Land komme, will ich später eine Wallfahrt zum hl. Olaf machen, der in Trondheim verehrt wurde.

Schließlich darf eins nicht vergessen werden: In jeden Altar sollte die Reliquie eines Heiligen eingelassen werden. Das spie-

4. Zu den besonders verehrten Heiligen zählten im Mittelalter Martin von
Tours, Christophorus, Ursula und ihre Gefährtinnen, Felicitas. Zwar
konnte man zu jedem Heiligen flehen, doch wurden vierzehn Nothelfer besonders verehrt, unter ihnen der hl. Christophorus; den rief man an, wenn
ein Gewässer zu durchwaten oder ein Strom zu überqueren war. Hilfe des
hl. Martin war gefragt, wenn man mit unzulänglicher Kleidung von Kälte
überrascht wurde (vgl. Abb. 19). Bildliche Darstellungen von Ursula und
ihren Gefährtinnen zeigen, wie selbstverständlich auch Frauen reisten.

27

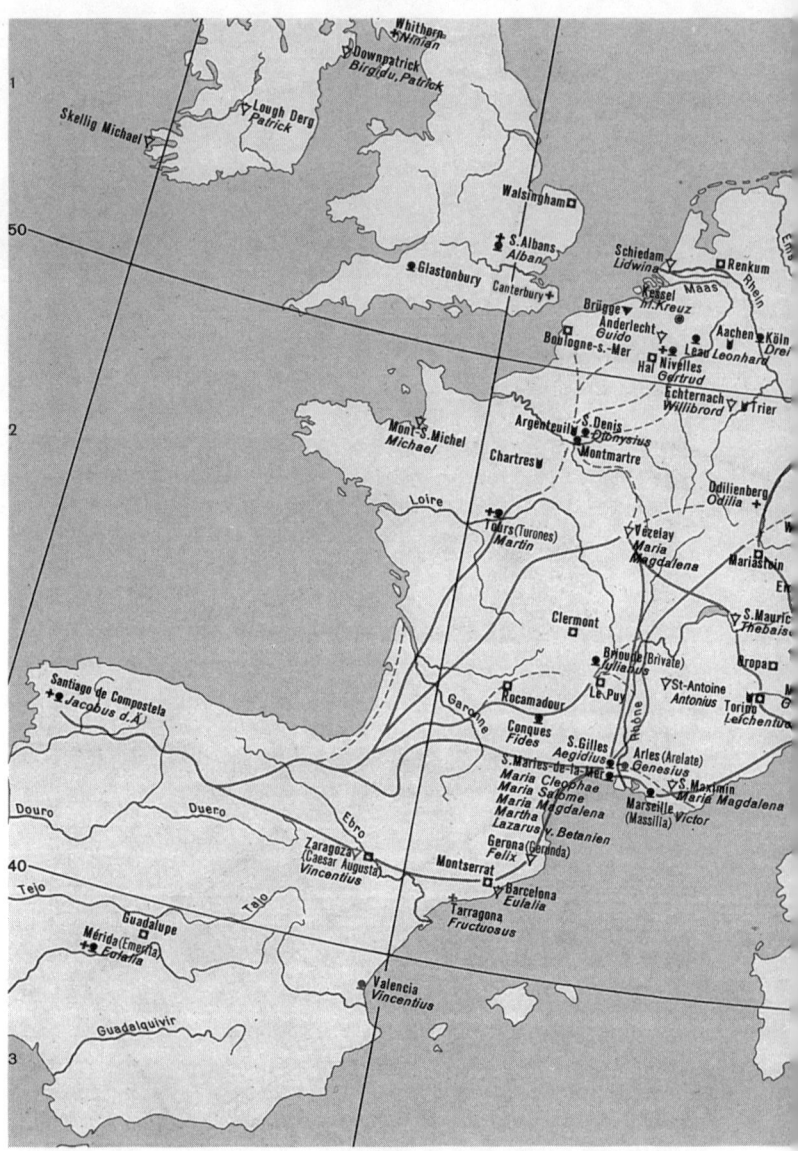

5. Wallfahrtsorte und -routen in Antike und Mittelalter (aus: Atlas zur Kirchengeschichte, S. 18). Das Abendland war mit einem Netz von Wegen überzogen,

28

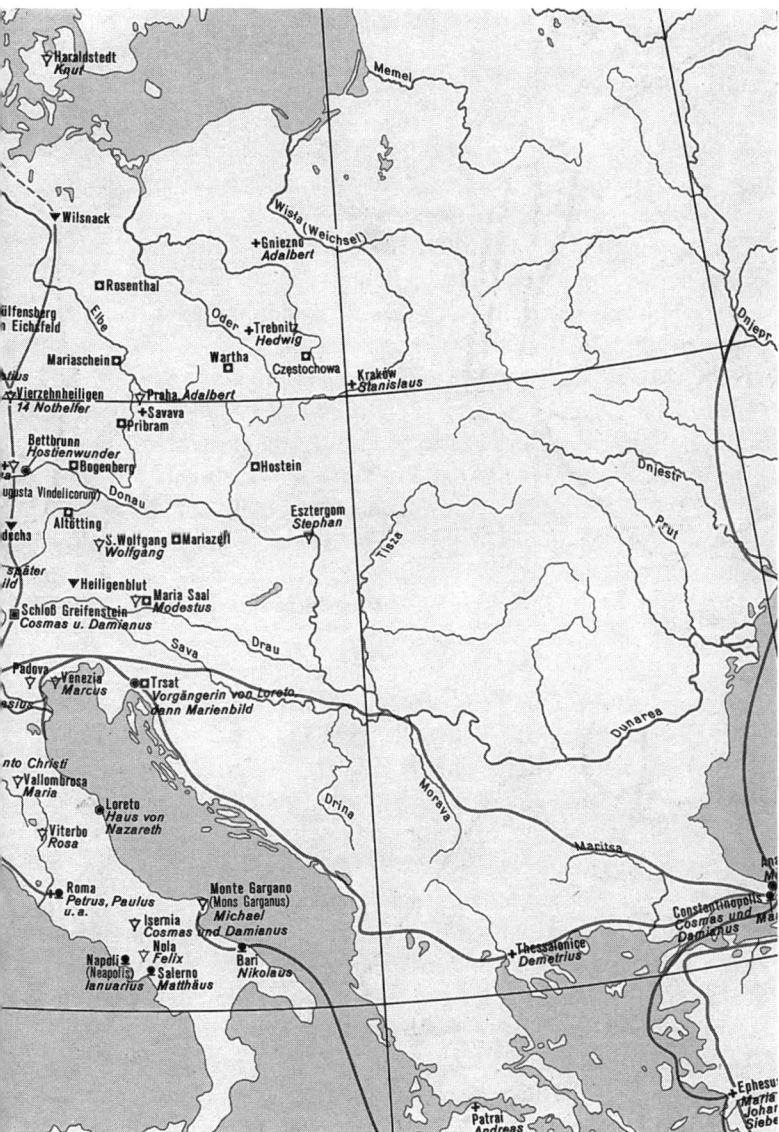

die ein leichtes Ausweichen vor Gefahren und Unbilden begünstigten. Auf
dem Hin- und Rückweg suchte man weitere heilige Stätten auf.

29

geln auch die vielen Ortsnamen auf Sankt, Heilig und Selig im deutschen Sprachraum (z. B. Sankt Peter, Heiligenstadt, Seligenstadt), auf San, Santo, Saint in den romanischen Ländern; dazu kommen in Frankreich noch die ursprünglich auf Dominus lautenden Ortsnamen: Dammartin geht zurück auf Dominus Martinus bzw. ad Dominum Martinum. Zum Wallfahrtsort konnte damit jede geweihte Kirche oder Kapelle werden.

Wer einen Heiligen angerufen hatte, und sei der noch so unbekannt, und Heilung bzw. Rettung erfahren hatte, war geneigt, diesem die Hilfe zuzuschreiben. Er erzählte anderen davon, die es zu gegebener Stunde ihm nachtaten, wieder mit Erfolg – und schon waren mehrere Menschen zu einem bestimmten Ort unterwegs. Am Ziel gab man vor Zeugen die Großtat zu Protokoll, die man erfahren hatte; der Bericht wurde in die Sammlung der Mirakel aufgenommen, die wiederum Propaganda für diesen Heiligen machten. So könnte es sich ergeben haben, daß viele Menschen aus Nord- und Ostdeutschland zum hl. Theobald nach Thann gewallt sind.

Die Wallfahrten betreffenden Angaben in den erwähnten Lübecker Testamenten machen auch deutlich, daß im Spätmittelalter wirklich Millionen von Menschen zu nahen und fernen Pilgerzielen unterwegs waren. Die Zahl von 200000 bis 500000 Pilgern, die eine Schätzung jährlich (!) allein für Santiago nennt,[11] dürfte nicht zu hoch gegriffen sein; denn nach Lübecker Testamenten wurden Hunderte von Menschen beauftragt, auf Wallfahrt zu gehen; ob alle wirklich ihre Reise angetreten haben, kann dahingestellt bleiben. Ergänzend eine weitere Zahl: Im Jahre 1466 dürften etwa 130000 Pilger Einsiedeln aufgesucht haben.[12]

Auf einer Fernwallfahrt wollte der Pilger möglichst viele Heiligen ehren. Wer von Norddeutschland aus nach Rom zog, konnte es ohne sonderliche Schwierigkeiten so einrichten, daß er auf dem Hinweg über Köln, Thann und Einsiedeln reiste, auf dem Rückweg über Altötting und Wilsnack; und wer nach Santiago pilgerte, besuchte auf dem Hinweg vielleicht die hl. Maria Magdalena in Vézelay, die Muttergottes in Le Puy, die hl. Fides in Conques – und auf dem Rückweg den hl. Martin in Tours.

Nur wenigen Wallfahrtszielen, Rom z. B., war es vergönnt,

durch die Jahrhunderte immer wieder Scharen von Pilgern anzu-
ziehen. Die meisten Orte kannten einen – oft steilen – Anstieg der
Zahl der Pilger, eine Zeit der Blüte und dann des Verfalls, auf den
vielleicht eine neue Blüte folgte. Wie ein Wallfahrtsort seine Beliebtheit einbüßen konnte, erfährt man z. B. in Vézelay, wo die
hl. Maria Magdalena verehrt wurde. Als Zweifel an der Echtheit
ihrer Reliquien immer bohrender wurden, versiegte der Strom der
Pilger – mit verheerenden Folgen für das heimische Gewerbe.
Auch eine Bulle, in der Papst Pius II. dazu aufrief, dem wirtschaft-
lich darniederliegenden Ort wieder Mittel für Unterhaltung und
Instandsetzung der Kirche zukommen zu lassen, half nichts.[13]
Lange vor der Reformation wurden Fragen laut, ob in Wilsnack
wohl wirklich geweihte Hostien mit wunderbarem Blut verehrt
würden: »vele ghelerde lude (...) twyvelden hiirane«.[14]

Von der Wallfahrt über die Bildungs- zur Vergnügungsreise

Chaucers ›Canterbury Tales‹ zeigen, daß es auf Wallfahrten recht
lebenslustig zugehen konnte. Auch andere Quellen bezeugen, daß
im ausgehenden Mittelalter Wallfahrt und Vergnügungsfahrt
nicht immer scharf abgegrenzt waren. Der eine gönnte sich die
Freuden einer mehrwöchigen Badekur in nobler Gesellschaft,[15]
der andere notierte in mehreren Sprachen »goede frauwe laist
mich bij uch slaeffen«.[16]

Seit dem 16. Jahrhundert erfreuten sich bei Adel und Bürger-
tum Bildungsreisen zunehmender Beliebtheit, vor allem in neugläubigen Kreisen. Diese Reisen weisen bemerkenswerte Gemeinsamkeiten mit Pilgerfahrten auf: Oft erscheinen sie wie deren
Fortsetzung, aber mit anderer Absicht. Man reiste weiterhin nach
Rom, doch interessierte man sich hier nun in erster Linie für die
Stätten antiker Größe; das schloß einen Besuch der Apostelgrä-
ber nicht aus.

Bildungsreisende kamen seit der Reformation in den Genuß
von Einrichtungen, die vornehmlich Pilgern zugedacht waren. So
kehrte Platter, ein Medizinstudent aus Basel, im Jahre 1598 in
Alès (Südfrankreich) in einem »Au bourdon, Zum Bilgerstab« genannten Hause ein; und im Kloster Montserrat kam er im weite-

Häufigkeit der Erwähnungen

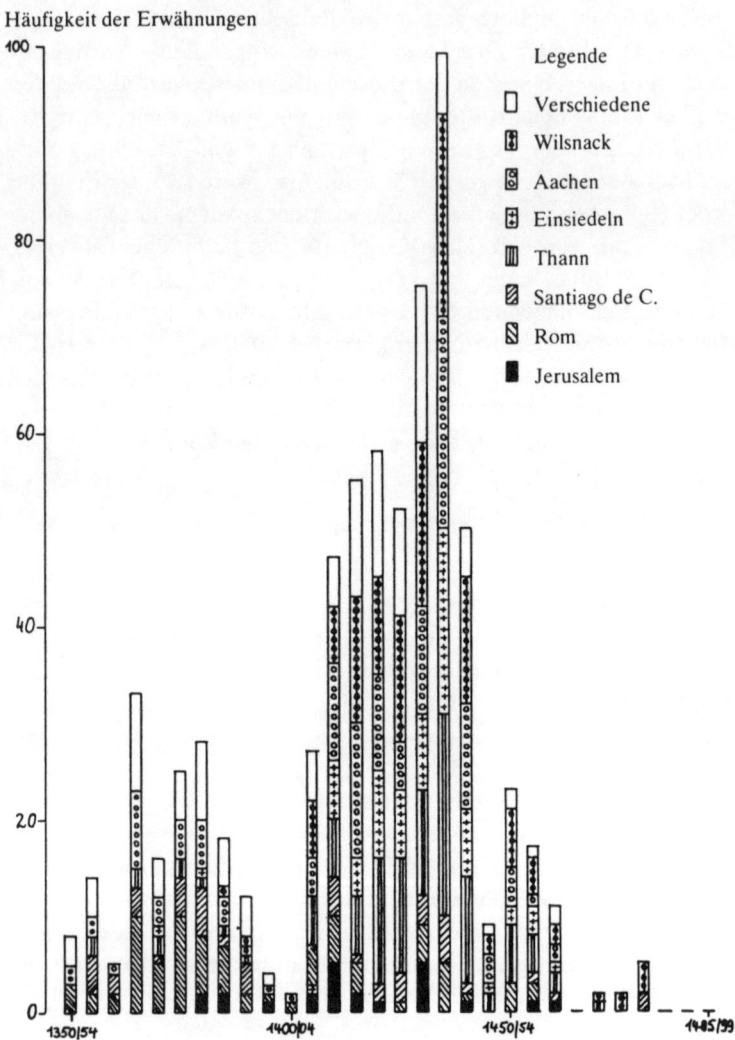

Legende

☐ Verschiedene

▦ Wilsnack

▧ Aachen

⊞ Einsiedeln

▥ Thann

▨ Santiago de C.

▧ Rom

■ Jerusalem

6. *Wichtigste, in Lübecker Testamenten genannte Wallfahrtsziele, 1350–1495 (es wurden jeweils fünf Jahre zusammengefaßt: 1350–1354, 1355–1359 usw.). Deutlich wird der › Boom‹ von testamentarisch verfügten Fernwallfahrten in der ersten Hälfte des 15. Jahrhunderts.*

32

ren Verlauf seiner Reise in den Genuß bester benediktinischer Gastfreundschaft.[17]

Ernsthafte Pilger und bildungsbeflissene Forscher hatten, so möchte man sagen, einen gemeinsamen Trend zur Rationalisierung: Beiden war zielloses Umherschweifen (vagari) zuwider; beide waren auf umsichtige Vorbereitung und sorgfältige Durchführung ihrer Reise bedacht. Beide nahmen Umwege in Kauf, der eine, um an abgelegenen heiligen Stätten zusätzliche Gnaden zu gewinnen; der andere, um außergewöhnliche Pflanzen, Tiere, Steine, technische Einrichtungen usf. kennenzulernen. Insgesamt wollten Pilger und Bildungsreisende von ihrer Fahrt größtmöglichen Nutzen haben. Daraus ergaben sich Gemeinsamkeiten auch bei der Nachbereitung: Weiter vertiefen wollte der Pilger seinen Glauben, der Bildungsreisende seine Erkenntnis; der eine wertete die unterwegs angefertigten Aufzeichnungen aus und korrespondierte mit Autoritäten, die er persönlich oder über Druckschriften kennengelernt hatte; der andere betete auch zuhause zu ›seinem‹ Heiligen, richtete vielleicht auch in einer Ecke seiner Wohnung eine kleine Erinnerungsstätte mit Mitbringseln vom Wallfahrtort ein und trug durch Erzählungen von all dem, was er an der heiligen Stätte gehört und gesehen hatte, weiter zu deren Ruhm bei. Wer es konnte, stiftete darüber hinaus einen Altar oder eine Kapelle gerade diesem Heiligen. In wichtigen Punkten unterschieden sich beide: Dem Pilger ging es um das ewige Heil, dem Bildungsreisenden um das Verstehen dieser Welt. Neu- und Wissensgier war unter Pilgern verpönt; Forschungsdrang war ein Wesensmerkmal des Bildungsreisenden.

3. Wer waren die Pilger?

Am Ende des ersten Abschnitts sei nochmals der Blick auf die Zusammensetzung der Pilgerscharen gelenkt. Mehrheitlich dürften es erwachsene und gesunde Männer gewesen sein; doch waren unter ihnen auch viele Frauen, Kinder und Kranke.

Viele Frauen

Bonifatius erwähnt ehemalige Pilgerinnen, die ihre Tage in Bordellen beendeten, wie noch zu zeigen ist. Einen anderen Typus stellt Chaucer in seinen *Canterbury Erzählungen* vor: Alisonn aus Bath, eine lebensfrohe, reiselustige Sünderin.

> Ein wackres Weib war stets sie für und für,
> Fünf Gatten führte sie zur Kirchentür;
> Wie sie sich sonst ergötzt in jüngern Tagen,
> Davon will ich für jetzt nichts weiter sagen.
> Dreimal ist sie zum Heil'gen Grab gezogen,
> Durchschiffte manchen fremden Stromes Wogen.
> Sie war in Rom, war in Boulogne auch,
> in Köln, Sankt Jago dann nach frommem Brauch.[18]

In aussichtsloser Lage gelobten Frauen vielleicht häufiger als Männer eine Wallfahrt; denn auf ihren Schultern lag die Hauptlast der Erziehung von Kindern – und die wurden oft Opfer eines Unfalls: Dieses hatte sich verbrüht, jenes war unversehens in einen Weiher gefallen. Wußte die Mutter keine andere Hilfe, gelobte sie in ihrer Not eine Wallfahrt. Auch wenn von Heilungen an Männern oder Knaben die Rede ist, spielen Frauen in den Berichten oft die entscheidende Rolle. Sie ergreifen die Initiative, einen Heiligen anzurufen, sie leisten das Gelübde, Mütter häufiger als Väter. In manchen Kreisen galt das Gebet einer Frau wohl als wirkmächtiger; nach Ausweis der Elisabethmirakel jedenfalls wurden Frauen eher als Männer um ein Gelübde gebeten.[19] Und da ist es denkbar, daß sie häufiger eine Bittwallfahrt unternehmen, ein behindertes Kind oder einen kranken Ehemann an die heilige Stätte begleiten mußten.

In den Hausordnungen von Klöstern, Spitälern und Armenherbergen waren Frauen vorgesehen; das Johanniterspital in Jerusalem, das noch gewürdigt werden soll, sieht ausdrücklich die Aufnahme von Müttern mit kleinen Kindern vor. Bei langen Reisen stellte sich vielleicht erst Wochen nach dem Aufbruch eine Schwangerschaft heraus. Wiederholt ist davon die Rede, daß eine Frau auf hoher See oder auf einer Straße von Geburtsnöten überrascht und nur dank der Hilfe der Gottesmutter oder des hl. Michael gerettet wurde, etwa auf dem Weg durch das Watt zum Mont St. Michel. Insgesamt verwundert es nicht, daß Schätzungen davon ausgehen, Frauen hätten unter den Pilgern 35 oder gar 50 Prozent ausgemacht.[20]

Kinder

Noch schwerer ist der Anteil von Kindern unter den Pilgern zu schätzen; Mirakel vermitteln allerdings eine gewisse Vorstellung. Unter den 307 nach Anrufung Annos Geheilten sind immerhin 123 Kinder, entsprechend etwa 40 Prozent; Mädchen und Frauen machen in dieser Gruppe etwa 43 Prozent aus.[21] Nach Ausweis der Elisabethmirakel waren 62 von 106 Geretteten unter sechzehn Jahre alt, entsprechend 58 Prozent; auch hier fällt mit 54 von 106 der hohe Anteil von Frauen auf.[22]

Die häufige Erwähnung von Kindern ist alles andere als selbstverständlich. Aus späterer Zeit liegen Äußerungen vor, die von Gleichgültigkeit und Lieblosigkeit Kindern gegenüber zeugen; sie schwächten die Arbeitskraft der Mutter während der Schwangerschaft; angesichts der vielen, im Kindbett gestorbenen Frauen bedeuteten sie eine potentielle Lebensgefahr für die Mutter; schließlich galten sie, solange sie nicht arbeiten konnten, als ›unnütze Esser‹... In den Anno-, Elisabeth- und Theobaldmirakeln begegnet an keiner Stelle eine negative Einstellung zum Kind. Aus ihnen sprechen vielmehr Sorge, herzliche Anteilnahme, liebevolle

Zuneigung der Eltern für die kranke Tochter, den behinderten oder verunglückten Sohn. Das sei auch deshalb an dieser Stelle betont, weil man in der wissenschaftlichen Literatur noch immer Äußerungen lesen kann, wonach die Kindheit erst spät ›entdeckt‹ worden und Elternliebe zum kleinen Kind ganz ungewöhnlich gewesen sei,

Wiederholt scheint Mitleid sogar in dem meist nüchternen Bericht von Protokollanten auf: Eine Mutter hat gerade ihrer Tochter das Münster in Thann gezeigt, »in dem das tochterlin mit andacht ist bewegt worden, Got und sand Thieboldt (Theobald) zu loben. Da ist dem kind wider wee worden, sprechend: ›Muter, ich empfinde, der heilig welle noch mer ein zeichen an mir würken‹.« Kurz darauf wird das Kind von einem weiteren (Blasen- oder Gallen-) Stein befreit.[23]

Gelegentlich haben Kinder die Inititiative ergriffen, und zwar nicht nur in der Art, daß sie Verwandte zu einer Wallfahrt mit ihnen drängten, sondern so, daß sie ohne die Begleitung von Erwachsenen spontan zu einer Wallfahrt aufbrachen. Wiederholt berichten die Quellen von Kinderkreuzzügen und Kinderwallfahrten, die den Erwachsenen so überraschend vorkamen wie eine Seuche oder ein Unwetter. Im Jahre 1455 kam es zu einer großen zweijährigen Fahrt zum Mont Saint Michel in der Normandie. Eine Quelle zu diesem Ereignis sei auch deshalb ausführlich zitiert, weil sie Einzelheiten bringt, die für Wallfahrten insgesamt galten: Zusammenschluß zu kleinen Gruppen, Ähnlichkeit mit einer Prozession, Fahne, Schwierigkeiten und Hilfen unterwegs, Opfergabe am Ziel.

»An ihr beteiligten sich kleine Kinder von acht, neun, zehn und zwölf Jahren aus allen Landen, Städten, Dörfern, aus Deutschland, Welschland und auch aus anderen Ländern. Sie schlossen sich zu großen Haufen zusammen und verließen Vater und Mutter. Zu zweit und zweit gingen sie alle zusammen in einer Prozession; Fahnen, auf denen der heilige Michael abgebildet war, trug man ihnen voran. Kinder, die aus einer Stadt oder aus einem Dorf waren, hielten sich zusammen.« Ein Jammer sei es gewesen zu sehen, »wie die Kinder so gegen den Willen ihrer Eltern wegzogen, ganz ohne Zehrgeld. Doch fanden sie gesund wieder heim;

denn überall hatte man ihnen unterwegs ausreichend zu essen und zu trinken gereicht. Als sie zum Mont Saint Michel kamen, opferten sie die Fahnen dem heiligen Michael.«

Zuletzt sollen sich ihnen auch alte Leute angeschlossen haben, Männer und Frauen, Knechte und Mägde.[24] Jahrhunderte früher waren Kinder zu einem Kreuzzug aufgebrochen: Ohne Führer oder verführt, gingen sie unterwegs elend zugrunde; viele wurden in die Sklaverei verkauft, nur wenige kehrten geschunden, mißbraucht, früh gealtert in ihre Heimat zurück.

Kranke

Vielen blieb oft nur noch eine Hoffnung: Dank der Fürsprache eines Heiligen möchte Gott ihnen so helfen, wie Jesus nach Ausweis der Evangelien Blinde, Taube, Stumme, Lahme geheilt hatte. Der Pilgerführer nach Santiago preist den hl. Martin: Aussätzigen, Schlafwandlern, Epileptikern und anderen Gebrechlichen hat er die ersehnte Gesundheit wiedergeschenkt. Zu seiner Basilika in Tours, zu seinem Schrein strömen die Kranken, »Besessene werden vom Dämon befreit; Blinden wird das Augenlicht geschenkt, Lahme können gehen, jede Art von Krankheit wird geheilt; allen demütig Flehenden wird völlige Linderung zuteil«.[25]

Der Philologe ist geneigt, in Übereinstimmungen zwischen den Evangelien und den Mirakeln Topoi zu sehen, Gemeinplätze, wie sie auch in anderen Kulturkreisen zur Charakterisierung außerordentlicher Gestalten dienen. Doch darf man sich mit einer solchen Erklärung begnügen? Die Erinnerung an Worte der Evangelien stärkte die Hoffnung auf Heilung; sollte neuer Lebensmut nicht auch Kräfte wecken, die die Gesundung befördern? Oder zumindest einem Kranken helfen, mit seinem Leiden zurechtzukommen? Viele suchten an heiliger Stätte Mut und Kraft, um die Krankheit tragen zu können. Warum wären sonst zahllose Menschen unterwegs gewesen, die keine Heilung erwarten konnten? Blinde mußten geführt werden; Gelähmten blieb oft nichts anderes übrig, als ihren Körper zentimeterweise zu einem Wallfahrtsort zu schleifen.

Bewaffnete Pilger – ein Widerspruch in sich?

Eine große Gruppe wurde beiläufig bereits erwähnt: Bis an die Zähne bewaffnete Kreuzfahrer – in den Quellen ebenfalls ›peregrini‹, Pilger genannt – kämpften mit Feuer und Schwert gegen Muslime, Heiden und Christen. Es kann hier nicht im einzelnen dargelegt werden, wie es zu einer solchen Perversion des ursprünglich friedlichen Pilgerwesens hatte kommen können. Der Übergang war gleitend: Wie andere Menschen durften Pilger sich gegen Angriffe auf Leib und Leben wehren – wozu ja auch der Stab dienen sollte. Was war zu tun, wenn man von Menschen angegriffen wurde, etwa von ›Ungläubigen‹ im Heiligen Land? Es hätte nahegelegen, zuhause zu bleiben oder einen Wallfahrtsort aufzusuchen, an dem man keinen Andersgläubigen in die Quere kam; denn als Christ war man – anders als der Muslim, das sei an dieser Stelle wiederholt – nicht zum Besuch heiliger Stätten verpflichtet. Jesus hatte keine Wallfahrt geboten, wohl aber, Unrecht geduldig zu leiden, gegebenenfalls sogar sein Blut für ihn hinzugeben. All das war bekannt und wurde auch im Mittelalter wieder und wieder von den Gegnern bewaffneter christlicher Wallfahrten ausgeführt.

Trotzdem kam es im 11. Jahrhundert zu einer Bewegung, die Jahrhunderte lang das Abendland in Atem hielt, Tausende in Bewegung setzte, unter ihnen Fromme und Idealisten, Habenichtse und Verbrecher. Die christlich geprägte Gesellschaft war empfindlich geworden; die Ehre genoß hohen Stellenwert unter Adligen; in der Nachfolge Jesu sollte der Christ sich jedoch durch Demut auszeichnen. »Gott will es«, meinten die Führer der öffentlichen Meinung, unter ihnen Päpste, Bischöfe und Ordensgründer; Gott gebiete, den Muslimen die Herrschaft über Christen und heilige Stätten zu entreißen, sie aus einst christlich beherrschten Gebieten zu vertreiben (in Spanien); Gott gebiete, dort mit Gewalt das Evangelium einzuführen, wo unbewaffnete, nur dem Wort vertrauende Missionare gescheitert waren (in den slavischen Ländern und im Baltikum); Gott gebiete, sogar Christen mit Krieg zu überziehen, die als Häretiker galten (in Südfrankreich).

Zur großen Überraschung des Papstes, der im Jahre 1095 auf einer Synode in Clermont den christlichen Adel aufgerufen hatte, den bedrängten Christen im Osten zu helfen, fand der Appell Gehör. Bald setzte sich – ergänzend zu dem eigentlichen Heer – ein Haufen von ›Pilgern‹ in Bewegung. Eine breite Spur der Verbrechen und Verwüstung hinter sich lassend, zog er auf dem Landweg, über den Balkan und durch Kleinasien nach Palästina. Nach kurzer Belagerung wurde Jerusalem am 15. Juli 1099 eingenommen. Im Namen des christlichen Erlösergottes richteten die ›Pilger‹ ein entsetzliches Blutbad unter den Bewohnern der Stadt an, unter Christen, Juden und Muslimen. Einige der Anführer gründeten hier und in anderen eroberten Städten Herrschaften.[26]

In den folgenden Jahrhunderten wurden immer wieder ›Pilger‹ aufgeboten, um den hart bedrängten lateinischen Christen im Heiligen Land zu helfen. So lange die Muslime unter sich zerstritten waren und ständig Verstärkung aus dem Abendland eintraf, konnte man die Herrschaft behaupten. Als sich die Verhältnisse umkehrten, die Christen einander wechselseitig bekämpften, mit Saladin ein fähiger muslimischer Herrscher über das Land von Syrien bis nach Ägypten gebot, gerieten die Christen immer mehr in die Defensive. Zwar gelang es Kaiser Friedrich II. im Jahre 1229, vertraglich den Christen freien Zugang zu den heiligen Stätten zu erwirken und gar die lateinische Herrschaft über Jerusalem zurückzugewinnen. Doch änderte das grundsätzlich nichts an den Machtverhältnissen. Seit 1244 herrschten wieder Muslime in Jerusalem, und 1291 fiel mit Akkon der letzte Posten lateinisch-christlicher Herrschaft im Heiligen Land.[27]

In den Kreuzzügen hat das Abendland erstmals in großem Stil über seine bisherigen Grenzen hinausgegriffen und jenseits des Meeres Herrschaft begründet. Ein Grund für diesen Expansionsdrang mag den Menschen seinerzeit vielleicht nicht klar bewußt gewesen sein: der Bevölkerungsüberschuß. Oft begaben sich zweite und dritte Söhne, die daheim kein Auskommen fanden, auf ›Pilgerfahrt‹ ins Heilige Land.

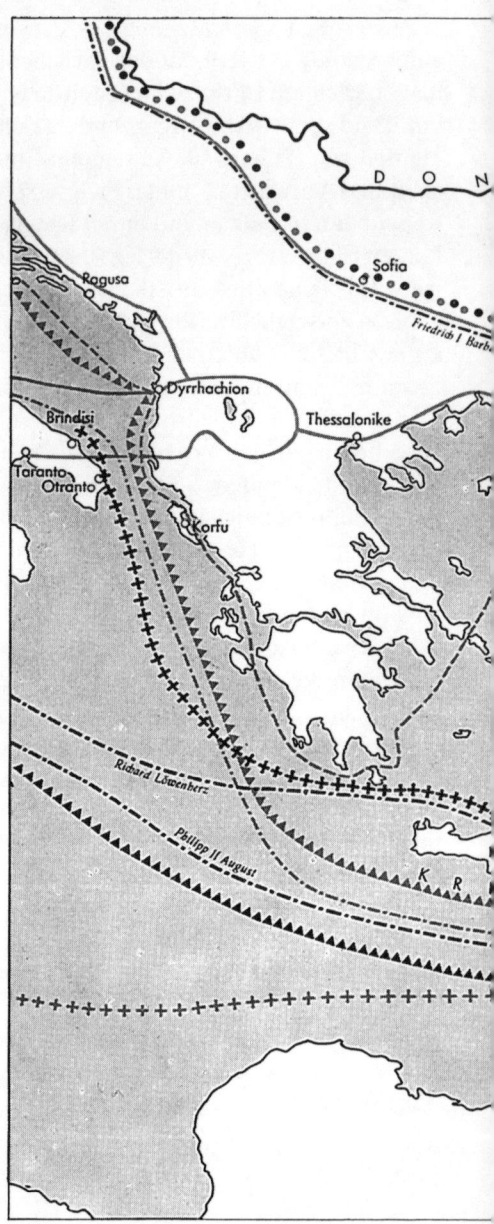

7. *Wege der Kreuzfahrer*
   (aus: LThK², Bd. 6).
   Schiffe, die von Vene-
   dig ins Heilige Land
   fuhren, blieben gern
   in Sichtweite von
   Land. Waren Schiffe
   und Seeleute den
   Herausforderungen
   gewachsen und die
   Seeräuber in Schach
   gehalten, konnte man
   auf der direkten
   Route fern vom Fest-
   land fahren.

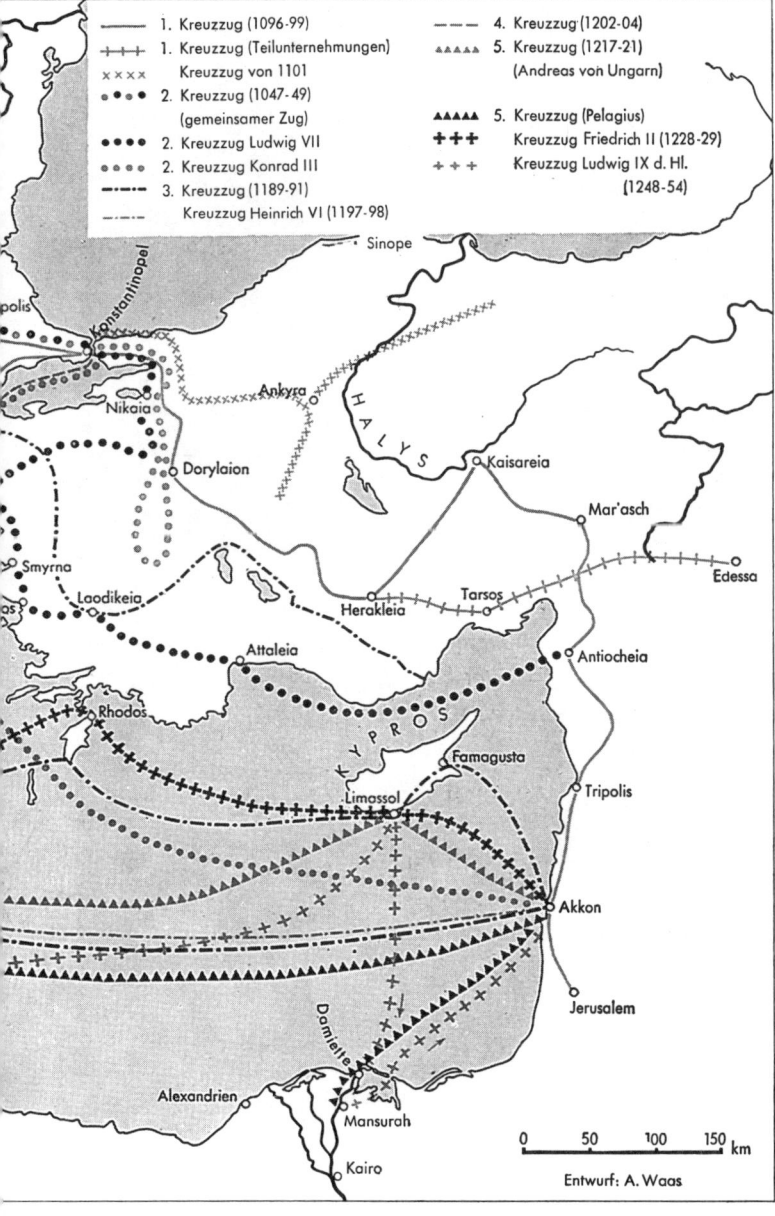

1. Kreuzzug (1096-99)
1. Kreuzzug (Teilunternehmungen)
   Kreuzzug von 1101
2. Kreuzzug (1047-49)
   (gemeinsamer Zug)
2. Kreuzzug Ludwig VII
2. Kreuzzug Konrad III
3. Kreuzzug (1189-91)
   Kreuzzug Heinrich VI (1197-98)

4. Kreuzzug (1202-04)
5. Kreuzzug (1217-21)
   (Andreas von Ungarn)

5. Kreuzzug (Pelagius)
   Kreuzzug Friedrich II (1228-29)
   Kreuzzug Ludwig IX d. Hl.
   (1248-54)

Sinope
Konstantinopel
polis
Nikaia
Ankyra
HALYS
Kaisareia
Dorylaion
Mar'asch
Smyrna
Laodikeia
as
Herakleia
Tarsos
Edessa
Attaleia
Antiocheia
Rhodos
KYPROS
Famagusta
Limassol
Tripolis
Akkon
Jerusalem
Damiette
Alexandrien
Mansurah
Kairo

0   50   100   150 km

Entwurf: A. Waas

8. *Heimkehr eines Pilgers (Kreuzgang des Klosters Belval, Lothringen). Das Kreuz auf der Brust weist den Mann als Kreuzfahrer aus. In seinem verhärmten Gesicht spiegeln sich Strapazen, in dem der Frau Kummer und Not. Kreuzfahrer hatten geringe Chancen, lebend heimzukehren; auch deshalb hatten die Frauen in Abwesenheit ihres Mannes oft einen schweren Stand all denen gegenüber, die zu Diensten und Treue verpflichtet waren. Vgl. Tafel VII.*

42

4. Motive der Wallfahrer

Warum wurden in all den Jahrhunderten immer wieder Wallfahrten unternommen? Was trieb Menschen aller Altersstufen, Schichten und Berufe auf die Straße? Was bewog sie dazu, zahllose Unannehmlichkeiten auf sich zu nehmen? Zwar dürften viele Pilger mehrere Gründe für ihre Reise gehabt haben, doch ausschlaggebend war oft:

Der Glaube an Gott, das Vertrauen zu den Heiligen

»Aus Liebe zu dieser Heiligen vergibt der Herr den Sündern ihre Vergehen, den Blinden schenkt er das Augenlicht, den Stummen löst er die Zunge; Lahme werden aufgerichtet, Besessene vom Dämon befreit, vielen anderen werden hier unsagbare Wohltaten zuteil.« Mit diesen Worten preist ein Pilgerführer aus der ersten Hälfte des 12. Jahrhunderts die in Vézelay verehrte Maria Magdalena; ähnlich äußert er sich zu anderen Heiligen, allen voran zum hl. Jakobus, dessen Ruhm das Buch propagiert.[28]

Da Gott eines Tages Rechenschaft fordern werde, suchte der sündige Mensch nach Helfern; er fand sie in den Heiligen: Frauen und Männer, die als Verwandte, Freunde und Jünger das Leben Jesu geteilt hatten, die als Märtyrer für ihn ihr Blut vergossen, die als Bekenner von seinen Worten und Werken Zeugnis gegeben, die als Engel Gottes Botschaften den Menschen übermittelt hatten. Märtyrer und Bekenner waren sündige Menschen gewesen, wie die Pilger, die sich insofern in ihnen wiedererkennen konnten; doch hatten die Heiligen die entscheidenden Bewährungsproben schon bestanden; sie lebten als Gottes Freunde in der Nähe Jesu und waren daher geeignet, eine Vermittlerrolle zwischen dem sündigen Erdenbürger und dem heiligen, strengen Richtergott zu übernehmen. Der eben zitierte Pilgerführer ist überzeugt, daß die auf den Alyscamps, einem altehrwürdigen Friedhof bei Arles, bestatteten Märtyrer und Bekenner am Tag der Auferstehung denen, die dort fromm zu Gott gebetet und seine Heiligen verehrt haben, »helfen werden, das Heil zu gewinnen«[29].

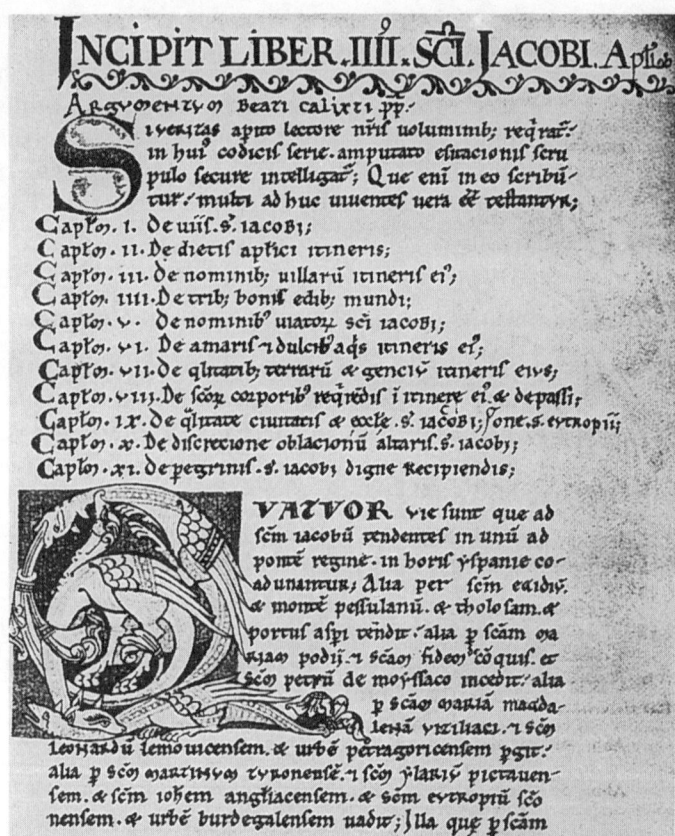

9. *Aus dem Codex Calixtinus (12. Jh., Kathedrale von Santiago de Compostela). Oberste Zeile: »Incipit Liber quart(us) S(an)c(t)i Jacobi Ap(osto)li«; in der Mitte, anfangend mit der von Fabelwesen gebildeten Initiale Q, »Quatuor vi(a)e sunt qu(a)e ad s(an)c(tu)m Iacobu(m) tendentes, in unu(m) ad Ponte(m) Regin(a)e, in horis Yspani(a)e, coadunantur« (Das vierte Buch des hl. Apostels Jakobus beginnt... Vier Wege sind es, die zum hl. Jakobus hinstreben, und sie vereinigen sich zu einem bei Puente la Reine in spanischen Landen).*

Hinter diesem Glauben standen Erfahrungen, wie sie jedem aus dem weltlichen Bereich vertraut waren. Wer ein Anliegen hatte, traute sich nicht direkt unter die Augen des Herrschers, suchte vielmehr nach einem Fürsprecher. Es ist nur folgerichtig, daß das Wort ›intercessor‹ (wörtlich: Dazwischentreter) in lateinischen Quellen sowohl den Heiligen meint, der zwischen Gott und Mensch vermitteln soll, als auch den Menschen aus der Umgebung eines Großen, der die Bitte weiterleitet, die von Angesicht zu Angesicht vorzutragen der ›kleine Mann‹ sich scheut.

In Mirakeln, an vielen Wallfahrtsorten aufgezeichneten Berichten von wunderbaren Ereignissen, fällt wiederholt die grundsätzlich rechtgläubige Einstellung auf: An erster Stelle wird Gott angerufen. Wunder, so heißt es in Mirakeln des hl. Theobald aus Thann, ereignen sich »von Influsz der tugend (d. h. Kraft) des heiligen geistes« und »durch daz gebett und verdienen der lieben heiligen«[30].

Nach einer Zeit der Unsicherheit und religiöser Wirren bestätigte das Trienter Konzil (1545–1563) die in die frühe Kirchengeschichte zurückreichende Lehre von den Heiligen und erlaubte ausdrücklich deren Verehrung, auch in Form von Wallfahrten. Als Glauben der Kirche verkündeten die Konzilsväter: Die Märtyrer und anderen Heiligen herrschen im Paradies mit Christus; sie verwenden sich bei Gott für die Menschen; ihre Leiber dürfen verehrt werden; durch sie gewährt Gott den Menschen viele Wohltaten; man besucht die Orte, die an sie erinnern, um sie zu Helfern zu gewinnen.[31] Gefragt war solche Hilfe vor allem dann, wenn man Gott entgegentreten mußte, in der Todesstunde bzw. beim Jüngsten Gericht; gefragt war sie aber auch in den kleinen und großen Nöten dieses Lebens.

Besuch heiliger Stätten und Erwerb von Reliquien

Juden, Griechen und Römer, in deren Welt das Christentum hineinwuchs, war die Vorstellung vertraut, daß die Gottheit sich an bestimmten Orten den Menschen offenbart; oft waren das markante Berge, Bäume oder Quellen. An solchen Stätten war er deshalb nach der Überzeugung der Gläubigen eher ansprechbar. Legenden erzählten, wie Menschen hier geholfen worden war und Gott seine Gegenwart gezeigt hatte. Man wußte, daß Gottes Freunde andere Orte geheiligt hatten durch ihr Wirken, durch ihr Leiden oder dadurch, daß ihre sterbliche Hülle hier ruhte.

Manchen genügte es nicht, nur einmal an einem solchen Ort zu Besuch gewesen zu sein. Sie wollten Reliquien in ihrer Nähe haben, also sterbliche Überreste von Märtyrern und Bekennern sowie Gegenstände, die deshalb als geheiligt galten, weil Jesus oder seine Heiligen sie berührt hatten. Sie verlegten ihren Wohnsitz an heilige Stätten, wie es Menschen am Niederrhein taten, die in unmittelbarer Nähe der Heiligen leben wollten; aus ›Ad Sanctos‹ (bei den Heiligen) ist der Ortsname Xanten hervorgegangen.

Andere wollten in unmittelbarer Nähe der Heiligen bestattet werden. Viele mittelalterliche Pilger zogen gegen Ende ihres Lebens nach Jerusalem, um hier zu sterben und hier die Wiederkunft Christi zu erwarten, oder nach Rom, um hier den hl. Petrus als Himmelspförtner zu gewinnen. Wieder andere überführten die sterblichen Überreste von Heiligen an ihren Heimatort, mit oder ohne Billigung der jeweils Zuständigen. Mit Erlaubnis zumindest des Papstes (ob auch der jeweiligen Gemeinde, ist eine andere Frage) wurden viele Reliquien von Märtyrern aus Rom ins Frankenreich überführt; solche Translationen dienten Ende des 8., Anfang des 9. Jahrhunderts auch dazu, die gerade zum Christentum bekehrten Sachsen in die römische Kirche einzubinden. Die Überführung erfolgte oft in feierlicher Prozession; zu dem Zug stießen Pilger von nah und fern, die dem Heiligen eine Wegstrecke weit ehrendes Geleit gaben; unterwegs trugen sie ihm ihre Anliegen vor und erfuhren nicht selten dieselbe Hilfe, die Pilger an ›festen‹ heiligen Stätten fanden.

In späteren Jahrhunderten hat man wiederholt Reliquien zu den Menschen getragen. Im Jahre 1194 wurden die Stadt Chartres und ihre Kathedrale ein Raub der Flammen. Wunderbarerweise blieb das Hemd unversehrt, das der Legende nach Maria bei der Geburt des Jesuskindes getragen hatte. Diese kostbare Reliquie wurde nun auf einen ›Werbe-Feldzug‹ geschickt, um Mittel für den Wiederaufbau der Kathedrale zu sammeln.[32] Wenn Heilige zu den Menschen kamen, konnte man ihnen in seiner Heimatstadt die gebührende Ehre erweisen; es war nur billig, daß man den Betrag, den man für eine weite Pilgerfahrt hätte aufwenden müssen, für einen frommen Zweck spendete.

10. *Pilger im Tympanon der Kathedrale Saint-Lazare in Autun. Sie sind ausgewiesen durch Muschel bzw. Kreuz, die hier noch die Tasche schmücken (vgl. Abb. 3)*

47

Die unrechtmäßige Überführung von Reliquien war unter weltlichen und geistlichen Großen weit verbreitet. Hier seien nur einige Beispiele genannt. In einer Nacht- und Nebelaktion wurde die sterbliche Hülle des Evangelisten Markus von Alexandrien nach Venedig gebracht. Gebeine des Bischofs Nikolaus ruhen heute im Abendland, in Bari. Wirkungsstätte und erste Grablege des Heiligen war Myra in Kleinasien. Ob man die Überführung von dort nach Unteritalien als Diebstahl bezeichnen muß, sei dahingestellt. Die Folge jedoch war, daß Nikolaus heute zu den wenigen Heiligen der ganzen, ungeteilten Christenheit des Abend- und des Morgenlandes zählt; an seinem Grab begegnen sich seit Jahrhunderten römische Christen und Christen der Ostkirchen. Zu einem abscheulichen Raubzug kam es im Jahre 1204: Der vierte Kreuzzug wurde zur Eroberung von Byzanz pervertiert; neben unermeßlichen Schätzen an edlen Metallen und kostbaren Steinen fielen zahlreiche Reliquien den ›Kreuzfahrern‹ in die Hände; sie nahmen sie mit in ihre Heimat, wo die entsprechenden Heiligen nicht selten bis auf den heutigen Tag verehrt werden.

Wir nennen Raub, was die Zeitgenossen oft als verzeihlichen, da heiligen Diebstahl bewerteten; ein ganzes Buch konnte diesem Thema gewidmet werden.[33] Die – im allgemeinen hochgestellten – Täter rechtfertigten ihr Tun wiederholt mit zwei Argumenten: An dem angestammten Platz hätten die Menschen den Heiligen durch Nachlässigkeit gekränkt; es galt dann als recht, solche Mißachtung gutzumachen dadurch, daß man ihn an einen Ort überführte, wo für die gebührende Ehre gesorgt war. Zweites Argument: Sollte der Heilige mit dieser Behandlung nicht einverstanden sein, so würde er sich zu wehren wissen, etwa dadurch, daß er die Täter schreckte oder bestrafte, z. B. mit einem körperlichen Leiden. Dieses Denken ist auch dem Autor des Pilgerführers nach Santiago vertraut. Noch nie sei es, wie von vielen bezeugt werde, »irgend jemandem gelungen, die Leiber folgender vier Heiliger aus ihren Grabstätten zu entführen: Die Gebeine des hl. Jakobus Zebedäus, des hl. Martin von Tours, des hl. Leonhard aus dem Limousin und die des hl. Ägidius, des Bekenners Christi«. Zwar soll einst Philipp, König der Franken, versucht haben, diese Leiber in sein Reich zu übertragen; »doch gelang es ihm trotz großer Mühe nicht, sie aus ihren Sarkophagen zu heben«. Zum hl. Leonhard heißt es später, es sei unmöglich, »auch nur den kleinsten Teil seiner Gebeine fortzutragen; das wird einem nicht einmal mit dem Staub aus seinem Grabe gelingen«. Ähnlich wird die Nichtübertragbarkeit des hl. Jakobus wiederholt.[34] Derartige Versicherungen sollten etwaige »Interessenten« abschrecken, vor allem aber den Ruhm einer heiligen Stätte mehren. Ein Ort, der einem Heiligen so lieb war, daß sich nicht einmal Staub, geschweige denn Reliquien von dort entfernen ließen, mußte Pilgern besonderen Segen bringen, den sie anderswo nicht gewinnen konnten.

Gesegnet war der Ort jedoch des Heiligen wegen. Man reiste nicht nach Tours, sondern suchte den hl. Martin auf, nicht nach Rom, sondern zu den Schwellen der Apostel. In den sogenannten ›Reichsannalen‹, deren Verfasser dem fränkischen Königshof nahestand, heißt es etwa, Karl der Große habe 786 beschlossen, »um des Gebetes willen zu den Schwellen der heiligen Apostel zu ziehen«.[35] Eine solche Pilgerfahrt schloß hochpolitische Ziele und Verhandlungen an Ort und Stelle nicht aus. Viele suchten einmal oder mehrmals in ihrem Leben den einen Heiligen auf, zu dem sie ein inniges Verhältnis gefunden hatten.

Grundlage derartiger Reisen war das unerschütterliche Vertrauen, daß Heilige dank der ihnen von Gott verliehenen Kraft helfen können. Aus den Heiligsprechungsakten der 1231 verstorbenen Elisabeth von Thüringen etwa spricht die Gewißheit der Menschen, daß die Landgräfin auch nach ihrem Tode ansprechbar, daß sie den Leidenden nahe ist und den Mühseligen hilft. Nicht selten bekunden die zu ihrem Grabe nach Marburg Gepilgerten ein so gutes Gewissen, daß sie unbekümmert Elisabeth Vorwürfe machen oder ihr gar mit Drohungen begegnen, wenn sie nicht gleich erhört werden. Eine Frau hatte mit ihrer neunjährigen, von Buckel und Kropf geplagten Tochter vergeblich zehn Tage lang am Grabe gebetet. Schließlich murmelt die Mutter unwillig, allen Menschen vom Besuch des Grabes abraten zu wollen, da Elisabeth *sie* nicht erhört habe. Zornig tritt sie den Rückweg an; unterwegs befiehlt Elisabeth der Tochter im Traum, aufzustehen und zu gehen – die Tochter ist geheilt. Ein Gelähmter wurde am Grab nur von seinem Buckel befreit. Auf der Rückreise droht er: »Heilige Elisabeth, zu dir werde ich künftig nicht kommen, es sei denn, daß ich dank deiner Barmherzigkeit allein gehen kann; und ich werde gehen, wenn mir die Möglichkeit dazu gegeben wird.« Auch dieser erfährt im Traum, daß er wieder gehen könne. Eine Mutter fleht elf Wochen lang vergeblich am Grab um Gesundheit für ihren Sohn; als sie sieht, wie viele geheilt werden, erklärt sie kategorisch: »Allem was dort geschieht, werde ich keinerlei Glauben schenken, da mir während so langer Zeit in meinem Sohn keine Gnade widerfahren ist.« In den folgenden Tagen setzt die Heilung ein.[36] Die Heilige hat allen dreien also geholfen und die jeweilige Mutter ihr Hadern nicht entgelten lassen.

Woher wußte man, daß man sich an diesen oder jene Heilige wenden sollte? Manche erhielten den entscheidenden Rat im Traum, andere von Verwandten, Freunden, Bekannten, denen gegenüber ein bestimmter Heiliger sich bewährt hatte. Wieder andere irrten monate-, vielleicht auch jahrelang an vielen Wallfahrtsorten umher auf der Suche nach Hilfe. Es konnte sehr wohl sein, daß ein Heiliger schließlich half, der weit entfernt verehrt wurde; der Heilige, an dessen Grab man gerade betete, schien taub zu sein. Mit dem Rätsel, daß ein Gebet hier erhört wurde und dort nicht, fand man sich ab. Hatte doch schon Augustinus demütig bekannt: »Gott ist überall und wird durch keinen Raum umschlossen oder begrenzt. Wer kann aber seinen Plan durchschauen, weshalb Wunder an dem einen Ort geschehen, an dem anderen aber nicht?«[37]

Heimatlosigkeit in der Nachfolge Jesu

Im Frühmittelalter verließen irische Mönche aus Liebe zu Gott die Gesichertheit ihrer Klöster, um in den unwirtlichen Weiten des Kontinents das Ideal asketischer Heimatlosigkeit zu leben und den Glauben auszubreiten. Sie strebten nicht einem bestimmten Wallfahrtsziel zu, vielmehr sollte der Weg das Ziel sein. Ihre Pilgerschaft bedeutete eine Lebensform, die dem Missionsauftrag Jesu und dem Beispiel des wandernden Abraham gerecht zu werden suchte.[38]

11. *Elisabeth kämmt einen Aussätzigen*
(Tafel 16 des Lübecker Elisabethzyklus). Als Fürstin hat Elisabeth sich in
den Dienst der Niedrigsten gestellt und damit Maßstäbe caritativen Han-
delns gesetzt, die auch Pilgern zugute kamen.

12. *Pilger begegnen einem griechischen Mönch (1483, Holzschnitt von*
Erhard Rehwick).

Gelübde

Auf der Rückfahrt aus der Neuen Welt gerieten Kolumbus und
seine Leute am 14. Februar 1493 in einen schweren Seesturm. Sie
taten alles Menschenmögliche, um ein Kentern zu verhindern; angesichts des sicheren Untergangs blieb nur noch ein Mittel: Kolumbus »befahl, einen Pilger auszulosen, der zur heiligen Maria
von Guadalupe wallfahren und eine fünf Pfund schwere Wachs-
kerze darbringen sollte, und alle sollten geloben, daß jener, den
das Los träfe, die Pilgerschaft antreten würde«. Man schüttete so
viele Erbsen, wie Menschen auf dem Schiff waren, in eine Mütze;
in eine Erbse war ein Kreuz geritzt; dann mischte man. »Als erster
griff der Admiral in die Mütze, und er zog die Erbse mit dem
Kreuz; so fiel das Los auf ihn, und von da an betrachtet er sich als
Pilger und in der Pflicht, das Gelübde zu erfüllen.« Kolumbus ließ
noch zwei weitere Pilger auslosen; der eine sollte nach Loreto wallen »zu dem Gotteshaus, wo Unsere Liebe Frau viele große Wun-

52

der getan hat und immer noch tut«. Das Los fiel auf einen Matrosen; Kolumbus versprach, ihm die Reisekosten zu erstatten. Der dritte sollte eine Nacht im Kloster Santa Clara de Moguer wachen und eine Messe lesen lassen, »weshalb die Erbsen samt der mit dem Kreuz bezeichneten abermals ausgelost wurden, und wieder fiel das Los auf den Admiral.« Schließlich gelobten alle, daß sie, sobald sie Land erreichten, bloß mit einem Hemd bekleidet, zu einer der Muttergottes geweihten Kirche ziehen würden, um dort zu beten.[39]

Kolumbus und seine Leute wußten, was in auswegloser Lage zu tun war. Man verpflichtet sich zu einer außerordentlichen Tat, sucht Gott und seine Heiligen für sich zu gewinnen in der Hoffnung, daß sie daran interessiert sind, die Menschen zu retten, da ihnen nur dann die versprochene Ehrung erwiesen werden kann. (In einem Seesturm war kein Platz für feinsinnige Unterscheidungen, nach denen man nur Gott ein Gelübde ablegt, Menschen und Heiligen dagegen ein Versprechen macht.)[40] Mannschaft und Schiff sollten gerettet werden; doch auch angesichts des Todes hütete man sich, mehr zu versprechen als man glaubte leisten zu können. Es galt wohl als unmöglich, daß sich die ganze Mannschaft zu einem fernen Pilgerziel aufmachte; andererseits war die wunderbare Rettung aus Lebensgefahr eine zu ernste Sache, als daß man sie auf die leichte Schulter hätte nehmen dürfen. Stellvertretend für alle Menschen an Bord sollten drei das Gelübde erfüllen; Vergleichbares ist auch von Seeleuten aus dem Ost- und Nordseeraum überliefert. Die drei Pilger wurden nicht willkürlich bestimmt; vielmehr sollte durch das Los Gott selbst entscheiden, vor dem Offiziere und Mannschaften gleich sind. Um das Gottesurteil herbeizuführen, ergriff in diesem Fall der Ranghöchste die Initiative; es konnte aber auch eine beliebige Person sein, sofern sie nur ehrbar, vertrauenswürdig war. Die Entsendung der Stellvertreter-Pilger sollte die übrigen Geretteten nicht davon entbinden, persönlich ihre Dankbarkeit zu bekunden: Die gelobte Kerze wurde von allen gemeinsam gestiftet, und allen war es zuzumuten, nach der glücklichen Landung als Beter und Büßer das nächste Marienheiligtum aufzusuchen. Von realistischem Sinn zeugt auch die Tatsache, daß Kolumbus mehrere Pilger auslosen ließ; es war unwahrscheinlich, daß alle drei unterwegs starben, das Gelübde mißachteten oder unwürdig waren. Daß eine Pilgerfahrt mit Aufwendungen verbunden war, zeigt die Zusage des Kolumbus, dem Matrosen die Kosten seiner Reise zu erstatten. Eine weitere Beobachtung: Hier wird vorzugsweise die Hilfe der Muttergottes angerufen; in früheren Jahrhunderten hätte man sich wohl eher an einen der Apostel oder an andere Heilige gewandt.

Bitte

Viele Pilger wollten an heiliger Stätte eine Bitte vortragen, oft um Befreiung von einer Krankheit, die kein Arzt heilen konnte. Blinde, Stumme, Taube, Lahme flehten Gott und seine Heiligen an. Kinderlosigkeit war nicht nur ein privates Übel; der Friede war in Gefahr, wenn beim Tod des Herrschers kein legitimer Erbe folgen konnte. Aber auch Menschen bescheidenen Lebenszuschnitts flehten um Hilfe in solchem Kummer; so wurde der spätere Bischof Benno II. (etwa 1020/25 – 1088) von Osnabrück geboren, nachdem seine Eltern nach Rom gepilgert waren, um dort Christus und seinen Aposteln ihren innigsten Wunsch vorzutragen.[41]

Testamentarische Verfügungen

Zu allen Zeiten der Kirchengeschichte hat es das stellvertretende Gebet gegeben, etwa der Eltern für ihr Kind, der Familie für einen bewußtlosen Angehörigen; im Spätmittelalter wurden auch viele Wallfahrer entsandt, die anstelle eines Kranken, Gebrechlichen oder auch Verstorbenen an heiliger Stätte beten sollten. Manchmal sollte damit eine vor Jahren, vielleicht Jahrzehnten eingegangene Schuld abgelöst werden. So ordnete im Jahre 1406 der Lübecker Bürger Clawes (Nicolaus) Stenrot in seiner letztwilligen Verfügung an, seine Testamentsvollstrecker sollten je einen Pilger nach Thann im Elsaß und nach Wilsnack in Brandenburg entsenden »to Salicheit und to Troste myner Sele« (zur Seligkeit und zum Troste meiner Seele). 1413 setzte Johannes Hilge, ebenfalls aus Lübeck, hundert lübische Mark aus, mit denen je ein Pilger nach

Santiago und Jerusalem entsandt werden sollte; der Jerusalempilger solle am heiligen Grab, ferner an den Stätten, wo Gott geboren war und wo er seine Jünger gespeist hatte, sowie am Kalvarienberg je einen Dukaten opfern, »up dat mi God barmhertich sy«.[42]

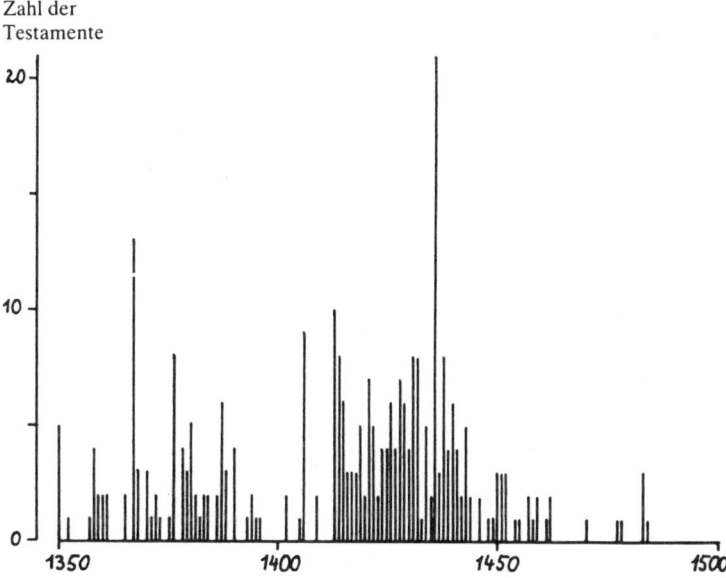

13. *Häufigkeit von Lübecker Testamenten, in denen auch Wallfahrten geboten werden (1350–1500). Quelle: von Melle.*

Der Gedanke stellvertretenden Gebetes, stellvertretender Buße war den Menschen so vertraut, daß sie über die Problematik nicht nachdachten, die mit der Entsendung bezahlter Stellvertreter-Pilger verbunden war. Wie selbstverständlich heißt es, ein Pilger solle diese oder jene Reise »*in meo nomine*« (in meinem Namen) machen. Wiederholt sollen die von der Pilgerfahrt erwarteten Gnaden beiden Eheleuten und etwa lebenden oder verstorbenen Kindern zugute kommen.

Angesichts der unterwegs lauernden Gefahren ist es verständlich, daß mancher sich Monat um Monat, Jahr um Jahr scheute, ein Wallfahrtsgelübde einzulösen – bis ihm schließlich auf dem Sterbebett das Gewissen schlug. Mit einem solchen Aufschieben waren auch Vorteile verbunden: Man war den Beschwernissen der Reise aus dem Weg gegangen, hatte das Geld für die Wallfahrt vielleicht gar in das Geschäft investieren können. Jetzt, angesichts des Todes, ließ sich das Versäumnis wiedergutmachen. Je größer die Summen waren, die für das Seelenheil ausgesetzt wurden, desto weniger blieb für ungeliebte Mitmenschen übrig; auch insofern konnte man noch auf dem Sterbebett Rechnungen begleichen.

Eine solche Vermutung ist erlaubt, weil in manchen Verfügungen rein ökonomisches Denken begegnet. Die Tatsache, daß Erblasser mehrere Pilgerreisen durch verschiedene Personen anordnen, läßt sich jedenfalls als Akt der Risikostreuung deuten. Wer sich als Kaufmann davor hütete, das ganze Vermögen in *ein* Geschäft zu stecken, eher Anteile an verschiedenen Gesellschaften erwarb, wird ähnlich gehandelt haben, wenn es um die Absicherung des Seelenheiles ging: Die Hinterlassenschaft wurde so geteilt, daß Meßstipendien *plus* Armenspeisung *plus* Spende zugunsten eines Kirchenbaues *plus* Anrufung der Muttergottes in Aachen *plus* Fürbitte beim heiligen Jakobus in Compostela möglich waren. Sollte die Armenspeise veruntreut werden oder einer der Pilger unwürdig sein, so war insgesamt doch ausreichend für das Jenseits vorgesorgt.

Sühne

Auf ihr Bußrecht gestützt, verhängte die irische Kirche im frühen Mittelalter schnell eine Bußwallfahrt von drei, sieben oder zehn Jahren, wenn nicht auf Lebenszeit.[43] Solche Strenge wurde in späteren Jahrhunderten gemildert, zumal auf dem Kontinent. Nach Ausweis der Annomirakel war einer vornehmen Frau in der Beichte eine mehrtägige Bußwallfahrt aufgetragen worden. Obwohl die Frau einen ernsthaft erkrankten Säugling hat, will oder muß sie ihre Buße gleich verrichten; ihr Töchterchen vertraut sie einer Amme und deren Mann an; dann bricht sie auf. Die Fortset-

zung der Geschichte sei, da sie weitere Einzelheiten zum Thema
Pilgerfahrt bringt, kurz erzählt: Bald nach dem Fortgang der Mutter stirbt das Kind. In ihrer Not rufen die Pflegeeltern Anno um
Hilfe an – und das Kind lebt! Als nach einigen Tagen die Mutter
hört, was geschehen ist, erfüllt sie das von den Pflegeeltern gelei-
stete Gelübde. Zusammen mit befreundeten Damen und Diene-
rinnen zieht sie zum Kloster Siegburg, betet dort, löst das Gelübde
ein und erzählt den Umstehenden, welches Wunder Anno an ihrer
Tochter gewirkt hat.[44]

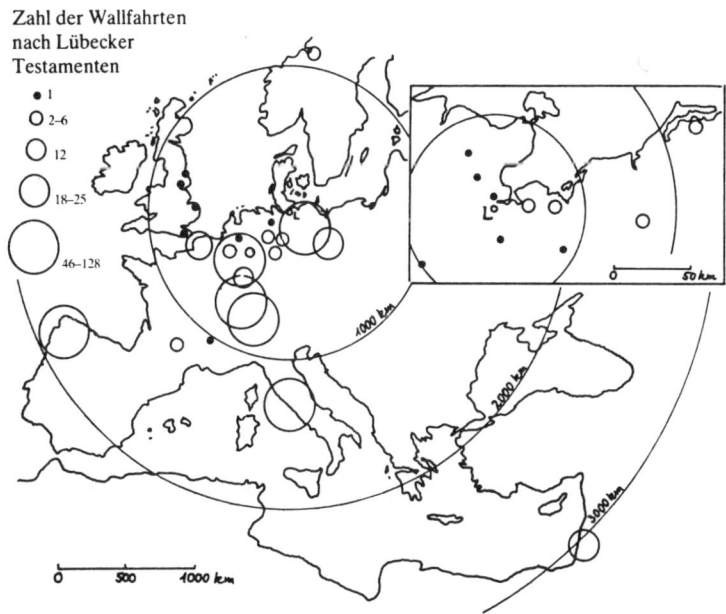

14. *Lage der wichtigsten, in Lübecker Testamenten erwähnten Wallfahrtsorte, sowie ihre Entfernung von Lübeck (die Kreise um Lübeck haben
einen Durchmesser von etwa 1000, 2000 und 3000 Kilometern, bzw. im
Kasten von 60 und 120 Kilometern, wobei die Entfernung von 60 Kilometern etwa zwei Tagreisen entspricht). Auffällig viele Lübecker Pilger
sind über die ›Rheinschiene‹ (Köln, Thann i. E., Einsiedeln) nach Rom
gewallt.*

57

Die Sühne sollte in einem angemessenen Verhältnis zur Schuld stehen; um von ihren Sünden losgesprochen zu werden, mußten manche Sünder weite Wallfahrten auf sich nehmen, wie Gestalten aus Sage und Geschichte zeigen. Tannhäuser pilgerte nach Rom, wo ihm der Papst die Lossprechung verweigerte, sie vielmehr von einer als unmöglich erscheinenden Bedingung abhängig machte; hier griff Gott ein, um zu zeigen, daß sein Erbarmen keine Grenze kennt: Das dürre Holz des Zepters fing an, in der Hand des Papstes zu grünen.[45] Im Jahre 1102 äußerte Kaiser Heinrich IV. gegenüber seinem Taufpaten, Abt Hugo von Cluny, er wolle den von ihm der Kirche zugefügten Schaden wiedergutmachen und dann zum Hl. Grab nach Jerusalem pilgern. Seine Absicht, auf diese Weise die Absolution vom Kirchenbann zu erlangen, eröffnete er auch den auf einem Reichstag zu Mainz Versammelten während des Gottesdienstes am Feste Epiphanie 1103. Zwar wurde das Vorhaben nicht verwirklicht, doch wurde im Zusammenhang damit ein Reichslandfrieden verkündet, wovon noch zu sprechen ist.[46]

Im Jahre 1139 verfügte das Zweite Laterankonzil, ›Brandstifter‹ und deren Helfer sollten ein ganzes Jahr in Jerusalem oder in Spanien im Dienste Gottes büßen[47] – wohl bei der Bekämpfung der Muslime. Ein halbes Jahrhundert später erlaubte Kaiser Friedrich I. im Jahre 1186 den Bischöfen, unterwürfige ›Brandstifter‹ mit einer Wallfahrt nach Jerusalem oder Santiago zu bestrafen.[48] Konzil und Kaiser meinten Mächtige, die sich gegen das Fehdeverbot versündigt, Christen umgebracht und ganze Landstriche verwüstet hatten. Später (in der Schweiz und in den Niederlanden bis in die Neuzeit) wurden auch ›einfache‹ Übeltäter, die von einem kirchlichen oder weltlichen Gericht zu einer Leibes- oder Lebensstrafe verurteilt worden waren, zu einer Bußwallfahrt begnadigt. Eine solche Praxis hat man in Belgien jüngst wieder aufgegriffen zur Resozialisierung straffällig gewordener Jugendlicher.[49]

Eine Bußwallfahrt lief auf die zeitweise Verbannung hinaus, z. B. drei Jahre für die Strecke von Mecheln (Malines; im heutigen Südbelgien) nach Rom und Santiago; nach Santiago und zurück rechnete man von Mecheln aus etwa ein Jahr. Nicht selten waren die Verurteilten schon äußerlich an Ketten, Fußeisen oder einer Brandmarkung zu erkennen. Mancher Büßer kehrte geläutert heim; inzwischen war vielleicht Gras über die Angelegenheit gewachsen, deretwegen er die mühsame Reise hatte unternehmen müssen. Andere fingen unterwegs ein neues Leben an, wieder andere wurden erneut straffällig oder kamen auf sonstige Weise um. Da am Heimatort nicht wieder Blut floß und der Übeltäter längere Zeit fortbleiben mußte, konnte der Friede in der gestörten Gemeinschaft leichter wiederhergestellt werden. Noch besser war es für den Frieden, wenn der Verurteilte endgültig fortblieb. Unproblematisch war es allerdings nicht, sich Übeltäter auf solche Weise vom Halse zu schaffen. Zu Bußwallfahrten verurteilte Verbrecher machten die Wege unsicher, zumal die Büßer kein Geld mitnehmen, sich vielmehr zu ihrem Ziel durchbetteln sollten; auch deshalb konnten Buß- und Strafwallfahrten ins Vagabundenwesen abgleiten.[50]

Ketzern wurde gelegentlich eine Pilgerfahrt auferlegt, mit der sie öffentlich ihren Widerruf bekunden sollten.[51] Mancher nutzte diese Buße, um Glaubensgenossen zu treffen oder gar die Häresie auszubreiten.[52] Auch bei Behexten galt eine Pilgerfahrt als Heilmittel. ›Echte‹ Pilger konnten dadurch leicht in argen Verdacht geraten. Seit dem Hochmittelalter wollten Wallfahrer oft einen Ablaß gewinnen, d. h. die Tilgung zeitlicher Strafen für begangene Sünden.[53]

Nachahmung

Bei der Wallfahrt als Frömmigkeitsübung sowie bei der Auswahl des Zieles dürften Vorbilder eine nicht zu unterschätzende Rolle gespielt haben. So berichtet eine Chronik, daß Guillaume Taillefer II., Graf von Angoulême, 1026/27 ins Heilige Land gepilgert sei. Damit habe er »sehr vielen Herren, Menschen mit mittlerem Vermögen, aber auch Armen« das gute Beispiel gegeben. Bischöfe, Grafen, Barone und eine ungeheure Menge von Menschen aller Stände hätten daraufhin den Weg nach Jerusalem genommen.[54]

Flucht

Mancher unternahm eine Wallfahrt, um sich drückenden Pflichten zu entziehen. Wenn Bischof Anno von Minden 1174/75 nach Santiago gepilgert ist, dann vielleicht auch deshalb, weil er Kaiser Friedrich Barbarossa nicht auf einen Heerzug nach Italien begleiten wollte.[55] Andere drängte es, wieder einmal unter Menschen zu kommen. Widerstände der Umgebung ließen sich durch ein Gelübde oder einen Traum überwinden: Wiederholt ist in Wundererzählungen davon die Rede, der oder die Heilige habe die Wallfahrt in einer Vision geboten. Hinter einem solchen Traum konnte das unbewußte Verlangen stehen, für einige Zeit dem Alltag mit seiner Eintönigkeit, seinem Ärger mit Eltern, dem Ehegatten, behinderten Angehörigen oder Nachbarn zu entfliehen und einmal zu sich selbst zu kommen.[56]

Auch bei Wallfahrten gab es ›Push and Pull‹-Effekte: Angezogen wurden viele Pilger von der Aussicht auf Abwechslung oder sogar Heilung; aus ihrer Heimat fortgestoßen wurden sie von Pest, Hunger und Krieg, die oft genug zusammen auftraten. Die Legenda aurea erwähnt eine Familie, die bei passender Gelegenheit ein Gelübde einlöste: Einer drohenden Seuche wich sie mit einer längst gelobten, aber noch nicht ausgeführten Pilgerfahrt aus[57] – und trug dadurch vielleicht zur weiteren Ausbreitung der Seuche bei. Auch andere Katastrophen konnten Menschen zu einer Pilgerfahrt veranlassen. Außer punktförmigen Übeln lösten langfristig wirkende Lasten eine Wallfahrt aus, z. B. drückende Abgaben oder Dienste an den Grundherren. Vielleicht hatte man von Pilgern gehört oder selber auf einer Wallfahrt gesehen, daß das Leben andernorts weniger beschwerlich war.

Nicht nur hier kann man von Mitnahmeeffekten sprechen. Bewußt oder unbewußt haben sich Studenten, Handwerker und andere unterwegs nach besseren Bedingungen umgeschaut und dann in der Fremde ein neues Leben angefangen. Ein gewisser Arnald Fitzhedmar war mit seiner Familie aus Deutschland zum Grabe des hl. Thomas Becket in Canterbury gepilgert; er blieb in England und wurde später in den Rat der Stadt London aufgenommen.[58] Kaufleute beobachteten auf ihren Wallfahrten auch Preise und Märkte, schätzten Ernteaussichten ab, lernten Menschen persönlich kennen, mit denen sie geschäftlich in Kontakt standen, machten vielleicht auch einen Umweg, um auf einer Messe Handel zu treiben. Das um so eher, als Wallfahrtsorte wie Zurzach am Hochrhein, Siegburg unweit Bonn und St. Denis bei Paris gleichzeitig mit der Wallfahrt Märkte veranstalteten.

15. *Pilgerrast am Wegrand (14. Jh.). Das Bild wirbt für die Wallfahrt; es zeigt, daß die Straßen von anderen gottesfürchtigen Menschen belebt sind (vgl. Abb. 24). Seit dem Spätmittelalter luden Bildstöcke zu Gebet und Rast ein; sie zeigten, daß man sich einer Siedlung näherte. Das Steinkreuz mahnt an den Tod; wer auf einer Wallfahrt starb, vertraute auf die besondere Fürsprache des Heiligen, dem die Wallfahrt gegolten hatte.*

Abenteuerlust und Wunsch nach Unterhaltung

Weitere Motive seien stichwortartig genannt: Abenteuer, von manchen Rittern mühsam gesucht, konnte man auf jeder längeren Pilgerfahrt erleben. In den um 1387 aufgezeichneten *Canterbury Tales* – Erzählungen, mit denen sich Frauen und Männer auf der viertägigen Wallfahrt von London nach Canterbury unterhalten – geht es weniger fromm als lebenslustig zu: Man wollte Menschen und ihre Schicksale kennenlernen. Das schloß nicht aus, daß man außer angenehmen Erinnerungen auch den Segen Gottes und seines Heiligen heimtragen wollte.[59]

Die meisten werden nicht nur ein einziges Motiv gehabt haben. Im Früh- und Hochmittelalter spielte die Askese eine gewichtige Rolle; im Spätmittelalter scheint wiederholt der Wunsch nach Unterhaltung überwogen zu haben. Doch darf man auch dann noch von einem Miteinander ganz unterschiedlich motivierter Wallfahrer ausgehen. Neben denen, die die Pilgerfahrt wie eine Vergnügungsreise genossen, gingen Menschen, die mit der Nachfolge Jesu Ernst machen wollten.

Geistliche Wallfahrten

Nach nüchterner Einschätzung ihrer Leistungsfähigkeit blieb Alten und Kranken oft nichts anderes übrig, als auf eine Fernwallfahrt zu verzichten. Einen gewissen Ersatz fanden sie in der ›geistlichen Wallfahrt‹, zumal in der frühen Neuzeit, als die Obrigkeit Fernwallfahrten erschwerte oder verbot.

Zum Jubeljahr 1500 räumt Geiler von Kaysersberg, einer der großen, humanistisch gebildeten elsässischen Gelehrten, ausdrücklich auch Gefangenen die Möglichkeit einer »geistlichen Romfahrt« ein.[60] Er veranschlagt für die Fahrt fünfzig Tage; diese Zahl ergibt sich nicht aus der Entfernung von Straßburg nach Rom, sondern aus dem Charakter von fünfzig als ›heiliger‹ Zahl (sieben mal sieben plus eins; Sieben als Zahl der Tugenden, Gaben des heiligen Geistes, Sakramente, Seligkeiten, Bitten im Vaterunser, Todsünden, Schöpfungstage; fünfzig Tage zwischen Ostern und Pfingsten).

Die geistliche Pilgerfahrt solle man wie eine wirkliche eröffnen mit Beichte und Kommunion; man solle alle Tage gliedern, den Tag mit dem Besuch der Messe eröffnen, dann zu festgesetzten Zeiten andächtig beten und Ablässe erwerben; man könne z. B. alle zwei Stunden, in denen ein Pilger »eyn myl pfligt zuo gon«, ein Vaterunser sprechen, an das sich die Bitte schließen möge »Got biß (sei) genedig mir sunder«. Der Seelsorger Geiler warnt den geistlichen Pilger davor, sich zuviel vorzunehmen: lieber wenige

Gebete mit ein oder zwei Worten oder ganz ohne Worte, aber andächtig und regelmäßig, als anfangs lange, später dann gar keine Gebete mehr.

Nach 21 Tagen weiß der Pilger sich in Rom; wie der ›richtige‹ Wallfahrer hier an sieben Tagen die sieben Hauptkirchen aufsucht, so soll der geistliche Pilger an sieben Tagen in Straßburg in sieben Kirchen beten, angefangen mit dem Münster Unserer Lieben Frau. Die 21 Tage des ›Rückweges‹ sollen wie die des Hinweges gestaltet werden.

Als Kanzelredner ist Geiler wiederholt auf soziale Nöte seiner Zeit eingegangen, so auch hier: Macht ein Reicher die ›geistliche Pilgerfahrt‹, so soll er täglich soviel Almosen den Armen reichen, wie er auf dem Weg nach Rom für »zerung« hätte ausgeben müssen. Ist er arm, soll er Mitleid mit dem Notdürftigen zeigen oder sich bei dem Reichen für diesen mit Worten verwenden.

Während der ›Pilgerfahrt‹ solle man fasten oder auf Freuden des Lebens freiwillig verzichten: gutes Essen, weiches Bett, Bad, angenehme Kleider, Geschwätz; statt dessen solle man übel liegen, arbeiten, schwitzen »und ander armetselikeyt so die bilger lyden muossen«. Das und alles andere solle jeder so ordnen, »das es füglich sey«.

5. VORBEREITUNGEN

Mancher ist Hals über Kopf zu einer Wallfahrt aufgebrochen, angeregt z. B. durch eine Predigt. Pilger war man nicht erst, wenn man unterwegs war, sondern von dem Augenblick an, da man den Entschluß zur Reise gefaßt hatte. Wie wir gesehen haben, betrachtete sich Kolumbus von dem Augenblick an als Pilger, da das Los auf ihn gefallen war, noch mitten auf dem Ozean.

War man bettelarm, brauchte nichts geregelt zu werden. Die meisten jedoch werden wohlüberlegt alles Notwendige geordnet haben. Je höher man auf der gesellschaftlichen Leiter stand, desto sorgfältiger wollte das Unternehmen vorbereitet sein: König und Papst ließen im allgemeinen von langer Hand die Route planen; denn Menschen und Institutionen, deren Hilfe sie in Anspruch nehmen wollten, sollten sich auf den hohen Besuch einstellen können.

Wissen um die Lage des Zieles

Häufiger, als aus den Quellen hervorgeht, dürfte jemand eine Pilgerfahrt gelobt haben, ohne sich darüber klar zu sein, auf was er sich einließ. Vierzehn Tage lang schwebte der Sohn eines »freien Herrn« zwischen Leben und Tod. Schließlich verspricht der Vater, den hl. Theobald aufzusuchen – ohne zu wissen, wo dieser »wohnt und Zeichen tut«, d. h. wo Thann liegt.[61] Ein Extremfall? Im Hochmittelalter sind Menschen sogar zu einem Kreuzzug aufgebrochen mit völlig unzureichenden Vorstellungen von der Lage Jerusalems.

Man tat also gut daran, sich zunächst Klarheit über die Lage des Zieles zu verschaffen. Aber wie? Viele werden nicht mehr in Erfahrung gebracht haben als: weit, sehr weit, oder: drei Tage, fünf Wochen, vier Monate, zwei Jahre. Genauere Angaben waren schon deshalb schwierig, weil es keine ›international‹ genormten Maße gab; je nach Land war die Meile ganz unterschiedlich lang.

Glück hatte, wer Menschen befragen konnte, die schon einmal den betreffenden Ort aufgesucht hatten: Wie bist du gereist? Zu Fuß oder? Wie lange hast du für den Hin-, wie lange für den Rückweg gebraucht? Welche Jahreszeit sollte man wählen? Wen und was kannst du empfehlen? Was würdest du heute anders machen? An was sollte ich denken? Solche Fragen stellt man ja auch heute noch, wenn man allein zum ersten Mal ein fremdes Land besucht.

Vielen war es nicht vergönnt, kompetente Auskunft von einer vertrauenswürdigen Person zu erhalten: Der eine hatte wirkliche Schwierigkeiten vergessen, eine Peinigung verdrängt, der andere bauschte bestandene Abenteuer maßlos auf. Zahllose mußten sich wohl mit dem begnügen, was Fremde ihnen auf dem Markt, am Brunnen, in der Kirche, auf einem Weg erzählten; dazu kamen Ratschläge aus zweiter und dritter Hand, die so viel wert waren wie nicht nachprüfbare Gerüchte.

Man sollte Erfahrungen beherzigen, die man selber unterwegs gemacht hatte, und, bei längeren Reisen, vor allem an den Wechsel der Jahreszeiten denken. Aber auch dann galt: Wer den Winter in der Normandie kennengelernt hatte, konnte deshalb noch nicht ahnen, was ihn im Sommer im Hochgebirge erwartete; und wer wußte, daß es in Mitteleuropa gelegentlich wochenlang nicht regnet, dachte kaum daran, daß man in südlichen Ländern verdursten kann, wenn Flüsse und Bäche ausgetrocknet sind.

Man gibt sich zu erkennen

Wieder und wieder sind Pilger abgebildet worden. Oft läßt sich nicht genau sagen, ob hier der Typus dargestellt wird oder eine Person, die der Künstler mit eigenen Augen gesehen hat. Wenn bildliche Darstellungen einander oft ähnlich sind, dann liegt das auch an Sachzwängen: Unabhängig davon, ob sie als Kaufleute eine Handelsmesse oder als Pilger einen Heiligen aufsuchen wollten, dürften Fernreisende sich ähnlich verhalten haben. Es lohnt sich, einen Augenblick bei der als typisch geltenden Ausstattung zu verweilen. Pilger werden oft dargestellt mit Hemd und Hose, Strümpfen und Schuhen bekleidet. Der schon erwähnte Geiler von Kaysersberg rät auf grund von Erfahrungen, die er auf weiten

Reisen hatte machen können: Die Schuhe sollen gut sein, jedoch »nit gancz neü«, sondern vorher schon einmal getragen; denn in neuen Schuhen sei es »gar beß (böse) iber feld gan«.[62] In der Hand hält der Pilger im Spätmittelalter oft einen Rosenkranz – von Erasmus boshaft ›Schlangeneier‹ genannt.[63]

Unentbehrlich war der lange, oft ärmellose Mantel; er schützte gegen Regen und Kälte, nachts diente er als Decke. Der breitkrempige Hut schirmte das Gesicht gegen die Sonne und sorgte dafür, daß der Regen nicht in den Nacken lief; an den Hut steckte man – wohl seit Mitte des 14. Jahrhunderts – nach Erreichen des Ziels das Pilgerzeichen; in früheren Zeiten hatte man es an der Tasche befestigt.

16. *Der ›typische‹ Pilger mit leichtem Gepäck:*
Die Flasche enthält das lebensnotwendige Wasser. Pilgerzeichen und -kleidung sollten ihrem Träger besonderen Schutz verleihen. Bemerkenswert sind die zielstrebige Haltung und der Bart; Körperpflege war unterwegs weniger gefragt. Wahrscheinlich war der knorrige Stock weiter verbreitet als man nach Abbildungen von schönen Stäben glauben möchte.

Der Stab, der glatt in der Hand zwischen den beiden typischen Knäufen lief, bot Halt im Gebirge; auf ihn stützte man sich, wenn man einen reißenden Fluß durchwaten mußte oder ein kleines Gewässer überspringen wollte; mit ihm erwehrte man sich bösartiger Tiere und Menschen. Man sollte aber das Recht des jeweiligen Landes achten und es deshalb kennen. Der Grundsatz ›Unwissenheit schützt nicht vor Strafe‹ ist manchem verhängnisvoll geworden. Mittelalterliche Pilger werden ähnliche Erfahrungen gemacht haben wie der schon erwähnte Platter; als er Ende des 16. Jahrhunderts nach Spanien einreiste, entging er jenseits der Grenze mit knapper Not der Galeerenstrafe, da er unwissentlich ein Gesetz übertreten hatte: »*Non se pue traer baston con hierro.* Man kan oder darf kein mitt eysen beschlagene stecken tragen«.[64] Solche Stäbe galten in Spanien offensichtlich als Angriffswaffe.

Erwünscht: Landes- und Sprachkenntnisse

Selbst wenn man sich wegkundigen Reisenden anschließen konnte, empfahl es sich, vor dem Aufbruch Auskünfte über die Länder einzuholen, durch die man ziehen würde. Landes- und Sprachkenntnisse wollte daher auch der schon mehrfach erwähnte Pilgerführer vermitteln. Folgendes habe ihn bewogen, so schreibt er, Orte und Etappen aufzuführen: »Gläubige, die zum hl. Jakobus pilgern, sollen vor Reiseantritt, wenn sie sich diese Aufzeichnungen vorlesen lassen, planen können; sie sollen wissen, mit welchen Ausgaben sie auf dem Weg rechnen müssen«.[65] Der Pilgerführer wäre viel zu sperrig und teuer gewesen, als daß ihn der landläufige Wallfahrer hätte ins Gepäck stecken können: Beschreibungen von Wegen, Orten, Völkern und Heiligen; Ratschläge zu besonderen Gefahren und Schwierigkeiten; nicht zuletzt Aufforderungen zu uneigennütziger Hilfe für Santiagopilger. Der des Lesens Unkundige sollte sich den Pilgerführer vorlesen lassen. Einige wenige konnten das tun; für die große Masse war es unmöglich angesichts der hohen Kosten von Hand gefertigter Abschriften. Doch es gab das mündlich weitergegebene Wort, dem größte Bedeutung zukam in einer Zeit, in der die meisten Menschen weder lesen noch schreiben konnten.

Die Kosten

Anders als von ihm in Aussicht gestellt, hat der Autor des Pilgerführers sich nicht zu den Kosten einer Wallfahrt nach Santiago
geäußert. Nach Meinung des schon zitierten Geiler von Kaysersberg brauchte der Pilger Geld »gar wol«; denn wo »einer hin
kompt an (ohne) gelt, der ist ain unwerder moensch«. Größere
Summen solle er in sein Wams nähen oder wo er es »am aller heim-
lichestenn mag behalten«.[66]

Ein ›normaler‹ Reisender mußte folgende Waren und Dienstleistungen bezahlen: Essen und Trinken; Unterkunft für sich, ggf.
für Diener und das Reittier; Kleidung (nicht zuletzt Schuhe); Almosen und Spenden; Trinkgelder; ›Verehrungen‹, die Wege und
Türen öffneten (wer hier von ›Bestechung‹ spricht, wird den sozialen und wirtschaftlichen Gegebenheiten der Zeit nicht gerecht);
Beichtpfennig und ähnliche kirchliche Gebühren; Geldwechsel;
Körper- und Gesundheitspflege (Diät und Bad, Arzt und Apothe-
ker); Brücken- und Wege-, Fähr- und Schiffsgelder; Paß und Ge-
sundheitsbescheinigung (beide mußten ggf. unterwegs erneuert
werden); Geleit. Mit einer Vergütung rechneten auch Führer
durch ein fremdes Land sowie Dolmetscher. Je nach Lebenszu-
schnitt kamen weitere Aufwendungen dazu, z. B. für Fuhrdienste;
von Glücksspiel und Freudenmädchen sollte der Pilger sich fern
halten. Essen, Trinken und Wohnung bekam man natürlich auch
daheim nicht umsonst; viele vergessen das, wenn sie Preise in der
Fremde als überhöht anprangern.

Es gab Pauschalarrangements, z. B. von venezianischen Reedern organisierte Reisen ins Heilige Land und zurück. Erfah-
rungswerte gingen in die Vergütung der schon erwähnten Frauen
und Männer ein, die stellvertretend für andere eine Wallfahrt aus-
führten. Ein wohlhabender Lübecker Bürger, Hermann van der
Beke, wies 1422 seine Testamentsvollstrecker an, einen Priester
nach Jerusalem zu entsenden; aus seinem Nachlaß sollten sie ihn
»redeliken« entlohnen, »uppe dat he so vele truweliker vor my
bidde«.[67]

Die Reise – oder, wie es öfter heißt: die Arbeit – sollte redlich
belohnt werden. Wie sah das konkret aus? Offensichtlich konnte

ein Erblasser bei den Testamentsvollstreckern genaue Kenntnisse
darüber voraussetzen, welche Kosten mit einer Reise zum Heiligen Blut nach Wilsnack oder »to unser leven Vrowen to Aken«
bzw. »ad Dominam nostram dilectam in Aquis«, »ad sanctum Ja-
cobum Kumpstelle« oder »versus magnam Romam« verbunden
waren. Anders ist kaum zu erklären, daß in vielen Testamenten
genaue Angaben fehlen. Indirekt ist damit auch ein Hinweis darauf gegeben, daß Nachlaßverwalter welterfahrene, praktisch ver-
anlagte Menschen sein mußten.

Aus den gelegentlich genaueren Angaben in Testamenten seien
einige zusammengestellt: Von Lübeck nach Aachen rechnete man
zwei bis zehn Mark, nach Jerusalem 60 bis 100 Mark (für einen
Priester 130), nach Rom 10 bis 30 Mark (20 bis 45, wenn der Stellvertreter während der ganzen Fastenzeit hier für das Seelenheil
des Verblichenen beten sollte), nach Santiago zehn bis zwanzig,
nach Thann und Einsiedeln (in einer Reise) zehn Mark, zum hl.
Olaf in Trondheim (Norwegen) 15 Mark, nach Güstrow in Meck-
lenburg, barfuß und in Wolle, zehn Mark.

Die Aufzählung ließe sich fortsetzen unter Einbeziehung zahlreicher Wenn und Aber. Sie mag genügen, um die Spannweite der
›Löhne‹ aufzuzeigen, die – wenn sie allgemein gefaßt sind – zwischen zwei Polen schwankten: Der Pilger sollte seine Reise »bequem« machen können bzw. soviel erhalten, daß er unterwegs
nicht betteln mußte. Wie zu erwarten, orientierten sich die Vergü-
tungen am Stand des Pilgers: Ein Priester erhielt für denselben
Weg mehr als ein Laie, bis zum Doppelten. Ferner zeigt sich, daß
weitere Erschwernisse, die freiwillig übernommen wurden, angemessen vergütet werden sollten: Wer barfuß und in Wolle gekleidet nach Güstrow ziehen sollte, durfte dafür ebensoviel erwarten
wie der Pilger nach Thann: zehn Mark für 100 bzw. 700 Kilometer
Luftlinie ab Lübeck.

So wie man sich an einer Handelsgesellschaft mit einer Kapital-
einlage beteiligen konnte, so auch an einer Wallfahrt: 1387 setzte
Hillegundis Gholdenzee eine Pilgerbeihilfe aus. Wenn ein recht-
schaffener, in Christus frommer Mensch ins Heilige Land wallen
und das Grab des Herrn besuchen wolle, sollten ihm zehn Mark
gegeben werden oder soviel, wie die Testamentsvollstrecker für

richtig hielten, »ut ero particeps suorum vestigiorum – auf daß ich seiner Reise teilhaftig werde«. Ähnlich heißt es ein andermal, einem Jakobspilger sollten zehn Mark gegeben werden, »dat ik der halven Reyse to myner Salicheyt moghe delaftich (teilhaftig) werden«. Handelsbräuche werden auch sonst wie selbstverständlich auf Pilgerfahrten übertragen. Wie ein Kaufmann seinen Agenten beauftragt, ein Geschäft in einem fernen Land abzuwickeln, so ordnet der Lübecker Bürger Hinrik Arndes 1421 an, man solle in England einen Mann gewinnen, der die von ihm gelobten Wallfahrten nach Beverley, Bridlington, Canterbury und Walsingham ausführt.

Preise mögen eine Vorstellung vom Wert der genannten Beträge vermitteln (aus der Zeit von 1376 bis 1450; eine lübische Mark hatte 16 Schilling; die schleichende Geldentwertung kann hier nicht berücksichtigt werden). Für ein Wirtschaftspferd zahlte man acht, für ein Paar Ochsen vier Mark; ein Paar Schuhe kostete drei Schilling, ein Paar Stiefel elf, und für 100 Kilogramm Roggen bezahlte man sechs Schilling. Das stellvertretende Gebet eines Pilgers kostete also soviel wie zwei Ochsen, wenn es in Aachen gesprochen werden sollte; den Gegenwert von zwei bis vier Wirtschaftspferden (zehn bis dreißig Mark) mußte aufwenden, wer im fernen Rom Gott um Gnade für das eigene Seelenheil bitten lassen wollte. Aus vielen Testamenten geht der hohe Wert einzelner Kleidungsstücke hervor. Einmal soll mit dem Erlös eines silbernen Gürtels eine Santiagofahrt finanziert werden; ein andermal soll der beste Rock verkauft werden zugunsten einer Pilgerfahrt nach Thann und Aachen.

Naturgemäß erscheinen in den Testamenten keine reinen Sühnewallfahrten, z. B. für Friedensbruch. Da auch diese gelegentlich mit Geld abzulösen waren, gab es regelrechte tabellarisch zusammengestellte Taxen.[68]

Die Kosten waren nach oben nicht begrenzt. Wer unterwegs in die Hand des Feindes fiel – ›Reise‹ bedeutet ursprünglich Kriegszug[69] –, mußte oft die Einnahmen eines Jahres, evt. aber auch mehr als sein Vermögen einsetzen, um sich freizukaufen. Wohlhabende Jerusalempilger gaben gelegentlich hohe Summen aus, während sie in Venedig auf die Abfahrt des Schiffes warteten; gewaltige Beträge wurden dort auch nach der glücklichen Heimkehr für den Kauf von Luxusgütern aufgewendet.

Habenichtse bringen es zu allen Zeiten fertig, ohne Bargeld weit zu reisen. Sie müssen mitleiderregend aussehen oder anspruchslos sein, möglichst beides zusammen; galten sie obendrein noch als zuverlässig und fromm, konnten sie stellvertretende Wallfahrten ausführen. Ein Zubrot ließ sich verdienen, wenn man mündliche oder schriftliche Nachrichten übermittelte. Allerdings geriet man dann in einen Zielkonflikt; man riskierte den Verlust seiner Unbefangenheit und seines besonderen Rechtsstatus; ein Bote konnte nicht Privilegien beanspruchen, die Pilgern – wenn auch oft genug widerwillig – eingeräumt wurden. Mancher wird abwechselnd gebettelt und sich ein paar Pfennige verdient haben, z. B. durch Rudern auf einem Schiff. Wie unkonventionell sogar später als heilig Verehrte vorgingen, zeigt die Legende von der Maria Aegyptiaca: Maria wollte einst von Ägypten nach Jerusalem reisen, um das Heilige Kreuz zu verehren. Als die Schiffer den Lohn für die Überfahrt forderten, »antwortete ich: ›Den kann ich euch nicht geben; aber nehmt meinen Leib und macht euch mit dem bezahlt.‹ Also nahmen sie mich mit und mein Leib war ihnen das Fährgeld«.[70]

Gepäck

Für alle, besonders für den Fußreisenden galt: So wenig wie möglich, so viel wie nötig. Am leichtesten, dafür unschätzbar wertvoll waren Freibriefe und ähnliche Bescheinigungen, die im Laufe des Mittelalters immer vielfältiger wurden. Eine Tasche barg Ausweise und Geld. Mancher versteckte Goldmünzen im Gürtel, zwischen den Schuhsohlen oder, wenn er durch muslimisches Gebiet zog, zwischen Vorräten von Schweinefleisch. Ein Messer trug man am Gürtel, den Löffel oft am Hut; die Gabel setzte sich als Besteck auch in begüterten Kreisen erst in der Neuzeit langsam durch.

In einem Empfehlungsschreiben hatte der zuständige Pfarrer die Rechtgläubigkeit des Pilgers bezeugt und die heilige(n) Stätte(n) genannt, die dieser andächtig besuchen wolle. Dazu kamen

Reisepaß, Passierscheine für einzelne Orte und Gesundheitszeugnis. Derartige Bestätigungen galten spätestens seit dem fünfzehnten Jahrhundert als wünschenswert; wer sie vorweisen konnte, ersparte sich Ärger. Freibriefe, die an bestimmte Personen oder – besser noch – an Institutionen wie Spitäler, Klöster gerichtet waren, ersetzten Gepäck, Geld und Wertgegenstände, bekam man mit ihnen doch günstigstenfalls kostenlos, wofür andere teuer bezahlen mußten: Essen, Trinken, Unterkunft, Überfahrt auf Fähren usf. Ein Freibrief war soviel wert wie ein ›Tischlein deck dich!‹, von dem Pilger oft geträumt haben werden. Für Räuber dagegen waren solche Dokumente so gut wie wertlos.

Ein über die Schulter geworfener oder am Stab aufgehängter Sack barg weitere ›Habseligkeiten‹: Kleidung; ein Paar Sohlen, die zu den typischen Verschleißteilen eines langen Fußmarsches gehören; (Leder)Becher; Netz oder Angelschnur, um unterwegs Fische zu fangen; ein Feuerzeug brauchte man, wenn man sie braten und wenn man nachts Licht machen wollte. Nach Meinung Geilers von Kaysersberg sollte der Stärkste einer Gruppe den Sack tragen; gegebenenfalls sollte man einen Fuhrmann fragen, ob man besonders schweres Gepäck auf dessen Wagen packen dürfe.[71] Auch leichtes Gepäck war seinerzeit längst nicht so bequem zu tragen wie ein moderner Rucksack.

An Marschverpflegung waren Brot und Käse gefragt, mit denen sich der Bedarf an Kohlehydraten, Fett und Eiweiß decken ließ. Auf die Bedeutung des Brotes verweist das Wort ›Kumpan‹, französisch ›copain‹: derjenige, mit dem man sein Brot teilt. (Einen Käse hatte auch das tapfere Schneiderlein als Wegzehrung eingesteckt. Das Märchen spricht vom wenig haltbaren Käse der armen Leute: Wenn man ihn drückt, fließt Wasser heraus). Man mußte auch an die nötige Flüssigkeit denken; Wein, in Maßen genossen, stärkt den Kreislauf; obendrein ist er keimfrei. Trinkwasser führte man in einem ausgehöhlten Kürbis mit, in einer Tierblase, einem Krug oder einer Flasche, größere Mengen in bruchsicheren Lederschläuchen von geringem Eigengewicht. Denn Trockenzonen gibt es nicht nur in Asien, wie der Name eines südfranzösischen Klosters zeigt: St. Guilhem-le-Désert (St. Wilhelm in der Wüste).

17. Kirche und Kloster von Saint-Guilhelm-le-Désert (804 gegründet). Wollte man die von Seeräubern unsicher gemachte Küstenstraße meiden, mußte man durch eine trockene Gegend (désert, Wüste) ziehen, in der das Kloster eine Oase bildet.

Zwang zu Kompromissen

Wie selbstverständlich wurden Schuhe, Tasche und Geld erwähnt. Dabei wollte der fromme Pilger Jesus nachfolgen, der seinen Jüngern eingeschärft hatte, weder Geld mit auf die Reise zu nehmen noch Tasche, Schuhe und Stab (Mt 10, 9–10). Dieses Evangelium wurde in der Messe vorgelesen, in der der Pilger vor seinem Aufbruch gesegnet und dann feierlich entlassen wurde. Dieses Wort greift auch eine Predigt auf, die mit den Worten ›Veneranda dies‹ (ehrwürdiger Tag) beginnt und Papst Calixt II. (1119–1124) zugeschrieben wird.[72] Die Predigt, die nachdrücklich für die Wallfahrt nach Santiago wirbt, ruft ein weiteres Wort des Evangeliums in

73

Erinnerung: Wer vollkommen sein wolle, solle seine ganze Habe verkaufen, den Erlös den Armen geben und Jesus nachfolgen (Mt 19, 21). Verwende man den Erlös dagegen, um unterwegs üppig zu essen und zu trinken, beraube man Gott; solche Menschen sollten aus der Schar echter Pilger ausgeschlossen sein.

Hätte man diese Befehle wörtlich genommen, wäre man unterwegs zahllosen Menschen und Einrichtungen zur Last gefallen. Man brauchte ein gewisses finanzielles Polster für die schon erwähnten Waren und Dienstleistungen. Deshalb erlaubt die Predigt unter bestimmten Auflagen, Geld mitzunehmen. Richtig handele, wer damit unterwegs Armen und bedürftigen Pilgern helfe. Schließlich wollte man zur Unterhaltung von Kirchen und Spitälern beitragen, die am Wege lagen; nicht zuletzt sollte man in aller Demut am Ziel eine angemessene Gabe niederlegen.

Der Predigttext erinnert an ein weiteres Wort der Heiligen Schrift (Apg 5, 1–10): »So wie die Menge der Gläubigen einstmals ein Herz und eine Seele war und nichts zu eigen, sondern alles gemeinsam besaß, so soll den Pilgern alles gemeinsam gehören, sie seien ein Herz und eine Seele.« Schimpflich sei es und schwerste Sünde, wenn ein Pilger hungrig, der andere aber trunken sei. Alles, was geteilt werde, erstrahle heller. Als genügte diese Mahnung noch nicht, holt der Autor der Predigt zu einer massiven Drohung aus. Er verweist auf das Schicksal derer, die sich gegen dieses Gebot versündigt haben: Wer als Pilger nicht mit den Bedürftigen teile, »sei mit Ananias und Saphira verdammt, die... unmittelbar den Tod erlitten«.

Bildung einer Genossenschaft

Die Predigt hält es für selbstverständlich, daß Pilger zu einem fernen Wallfahrtsziel in Gruppen reisen und sich – mindestens für einen Teil der Reise – zusammenschließen. Man hatte bessere Überlebenschancen, wenn man sich vertrauenswürdigen Mitmenschen zugesellen durfte, die diese Reise schon einmal gemacht hatten. Gegebenenfalls wartete man, bis sich geeignete Gefährten fanden. So verfuhr z. B. Bonifatius auf seiner ersten Romreise 718 in einem Hafenort am Ärmelkanal. Man wollte unvermeidliche

Risiken mildern und sich die Langeweile vertreiben; von letzterem ist in Quellen zum Wallfahrtswesen zwar seltener die Rede als in Berichten von reisenden Kaufleuten,[73] doch legt Chaucer den Canterbury-Pilgern Erzählungen in den Mund, in denen von Liebesabenteuern viel, von Frömmigkeit wenig die Rede ist.

Wechselseitige Hilfe war gefragt bei Unfall und Krankheit, bei der Überquerung von Flüssen, gegenüber bösartigen Menschen und angriffslustigen Tieren. Bei ungerechtfertigter Anklage kam es auf das Zeugnis eines unbescholtenen Menschen an, daß man den Brückenzoll auch wirklich bezahlt, eine Ware ehrlich erworben hatte. Eine Gruppe gewinnt an Festigkeit, wenn ihre Mitglieder sich durch ein besonderes Versprechen aneinander binden. Seit der Jahrtausendwende begegnen häufig Schutz- und Rechtshilfegemeinschaften: Kaufleute bildeten für eine Fahrt eine Hanse (= Schar, lat. *cohors*) bzw. einen Schiffskonvoi oder eine Gilde (zur Versicherung gegen Seeräuber und Schiffbruch); Studierende schlossen sich zu Universitäten, Bewohner von Kommunen zu Eidgenossenschaften (coniuratio) zusammen. Wie Verschwörungen aller Art waren solche Genossenschaften der Obrigkeit suspekt und wurden deshalb immer wieder verboten; doch blieben sie als Einrichtungen zur Selbsthilfe unentbehrlich. Zudem waren die Grenzen zwischen einer regelrechten Eidgenossenschaft und dem Anschluß an vertrauenswürdige Mitmenschen fließend.

Wie vertraut das genossenschaftliche Element mit zeitweiliger Selbstbindung den Menschen war, zeigt die Legenda aurea, in der man eine Werbeschrift für das Wallfahren sehen kann: Um 1070 pilgerte eine Gruppe von Lothringern zum hl. Jakobus nach Galizien. Mit Ausnahme eines Mannes schworen sie einander Treue und Hilfe. Als unterwegs einer erkrankte, harrten seine Gefährten fünfzehn Tage lang aus; dann setzten sie ihre Reise fort. Nur der, der nicht geschworen hat, sorgt weiter für den Kranken; als der stirbt, gerät er in Angst, da man ihn für den Tod des Gefährten verantwortlich machen könnte. Doch der hl. Jakobus erscheint, spendet Trost und trägt beide nach Santiago. Dem Hilfsbereiten trägt er auf, seinen Gefährten auszurichten, ihre Wallfahrt sei nichts wert, da sie ihr Versprechen gebrochen hätten.[74]

Wie das Beispiel zeigt, hatte eine Genossenschaft nicht nur Vorteile: Ein (Fuß-) Kranker bestimmte das Tempo der Karawane. Ein weiterer Nachteil: Je größer die Gruppe war, desto schwerer fand man unterwegs Unterkunft und – in Zeiten regionaler Knappheit – Verpflegung. Insgesamt überwogen aber die Vorteile einer kleinen, etwa vier bis fünf Personen umfassenden Gruppe, wenn man einander vertrauen konnte.

In einen Konflikt geriet, wer einen Pilger als Stellvertreter entsandte. Der sollte sich, im Interesse seiner Sicherheit, anderen Reisenden anschließen; nun wußte man, wie es in Gesellschaft zugehen kann. Der Pilger sollte aber von seinem Aufbruch bis zu seiner Heimkehr fromm sein, denn der Weg gehörte untrennbar zum Ziel. Mit solchen Erwägungen dürfte sich eine Bestimmung in Testamenten erklären, nach der zwar mehrere Pilger zu einem Ort entsandt werden sollten, doch nacheinander.

Gilden unterstützten ihre Angehörigen materiell und ideell. »Wenn jemand eine Pilgerfahrt zum Heiligen Land nach Jerusalem zu machen wünscht, soll ihm jeder von den Brüdern und Schwestern einen Pfennig geben, und wenn nach Santiago oder Rom, einen halben Pfennig.« So steht es in den Statuten der Schneidergilde von Lincoln in England, die 1389 aufzeichnen ließ, was bei ihr seit langem Brauch war.[75] Dank eines solchen Zusammenlegens, so erfahren wir beiläufig, konnten auch wenig Bemittelte weite Pilgerfahrten unternehmen. Mit einem Silberpfennig gewannen Angehörige der Gilde Anteil an den Gnaden, die ihr Bruder unterwegs gewinnen würde. Wie die Statuten weiter ausführen, unterstützten die Mitglieder der Gilde den Pilger auch dadurch, daß sie ihn feierlich bis vor die Tore der Stadt geleiteten, ihn bei seiner Rückkehr ebenso einholten und mit ihm zu seiner Pfarrkirche gingen. Wenn der Pilger sich in der Fremde Schritt für Schritt zu seinem Ziel vorarbeitete, konnte er Trost in dem Gedanken finden, daß die Daheimgebliebenen ihn in ihr fürbittendes Gebet eingeschlossen hatten.

Aussöhnung, Testament und Abschied

Realisten wußten, daß sie unterwegs mehr noch als daheim »vom Tod umfangen« waren, wie es in einer bekannten Sequenz heißt. Man tat daher gut daran, sein Haus so zu ordnen, als würde man es lebend nicht wiedersehen. Wie eine Erinnerungshilfe lesen sich die Aufzählungen in der schon erwähnten Predigt Geilers: Der Pilger solle »denen, die ihm Unrecht zugefügt haben, vergeben, alle Vorwürfe, die andere oder sein Gewissen ihm machen, wenn möglich, beilegen, von seinem Geistlichen, seinen Untergebenen, seinem Weib oder mit wem er sonst verbunden ist, eine rechtmäßige Erlaubnis einholen«.[76] Wenn möglich, soll er zurückgeben, was er unrechtmäßig besitzt; in seinem Herrschaftsbereich soll er Frieden stiften sowie Gott und den Menschen gegenüber seine Schulden begleichen; er soll sein Haus ordnen, und dazu gehört, daß er seine Frau in die Herrschaft über das Haus einsetzt und das Gesinde zum Gehorsam gegenüber ihrer Herrin verpflichtet. Nach Rat seiner Verwandten sowie Priester soll er über seine Güter für den Fall seines Todes verfügen und auch ausreichend Almosen für die Bedürftigen aussetzen.

Welche Not die Daheimgebliebenen um einen lieben Menschen ausstanden, der auf Pilgerfahrt ging, kann man sich denken. Ergreifende Berichte haben die Chronisten vom Abschied hoher Herrschaften aufgezeichnet. 1224 hatte Landgraf Ludwig von Thüringen versprochen, sich an dem Kreuzzug zu beteiligen, den König Friedrich II. bei seiner Krönung in Aachen gelobt hatte und der immer wieder verschoben worden war.[77] Zu dieser Zeit war es unter Kirchenrechtlern umstritten, ob der Mann ohne vorherige Zustimmung seiner Frau eine Teilnahme am Kreuzzug geloben dürfe. Ludwig hat sich über die Einschränkung hinweggesetzt. Die schmerzliche Nachricht wollte er seiner Frau so lange wie möglich vorenthalten, gab man doch Kreuzfahrern nur geringe Chancen, lebend heimzukehren. Zufällig findet Elisabeth in der Kleidung ihres Mannes das Kreuz und sinkt ohnmächtig zu Boden.

Im Frühjahr 1227 trifft Ludwig die Vorbereitungen zur Reise. Er ordnet die Länder seiner Herrschaft, bittet in Klöstern um Segen und empfiehlt sich dem Gebet von Mönchen und Monialen. Am 24. Juni, dem Fest Johannes des Täufers, brechen die Kreuzfahrer auf. Elisabeth kann sich von ihrem Mann nicht losreißen und begleitet ihn Tag um Tag eine Etappe weiter. Schließlich müssen die Liebenden sich trennen. Der Abschied hat die Zeitgenossen beeindruckt; denn 1233 berichtet eine Frau, sie habe Anfang des Jahres auf dem Weg nach Marburg die Leute ein Lied in deutscher Sprache vom tränenreichen Abschied der Landgräfin singen hören. Nicht zufällig dürfte gerade auch die Szene des Abschieds im Elisabethschrein und einem der schönsten Fenster der Elisabethkirche in Marburg festgehalten sein.

Einige Jahrzehnte später begleitete Joinville, ein französischer Adliger, König Ludwig von Frankreich auf einen Kreuzzug.[78] Ludwig hatte diese Fahrt gelobt, nachdem er wider Erwarten von einer tödlichen Krankheit genesen war; als die Königinmutter von dem Gelübde hört, legt sie Trauerkleider an, als sei ihr Sohn gestorben. Zum Abschied lädt Joinville Verwandte und Freunde zu einem rauschenden, viertägigen Fest ein; am fünften Tag – einem Freitag, an dem man in besonderer Weise des Kreuzestodes Jesu gedachte – bittet er die Anwesenden um Verzeihung für Unrecht, das er ihnen zugefügt hat, und leistet Wiedergutmachung. Dann bricht er auf, barfuß, im Büßerhemd, den Pilgerstab in der Hand; an den Gräbern von Heiligen bittet er um Schutz für die Fahrt. Später schreibt er: »Beim Aufbruch wollte ich mich niemals umwenden, um noch einmal Joinville zu sehen – aus Furcht, mir könnte das Herz brechen beim Anblick des Schlosses, das ich mit meinen beiden Kindern zurückließ«.

Pilgermesse

Gebet und Segen spielten beim Abschied eines ›Großen‹, der auf Pilgerfahrt ging, schon deshalb eine bedeutende Rolle, weil eines der höchsten Güter auf dem Spiel stand: der Friede. Erlitt ein Herrscher unterwegs den Tod, waren langdauernde, Tausende in Mitleidenschaft ziehende Auseinandersetzungen um das Erbe zu befürchten. Feierlich ausgestaltet wurde indessen auch der Auszug ›kleiner Leute‹.

Hatte man seine Angelegenheiten geordnet, erbat man nach Beichte und Kommunion den Segen der Kirche. In der Messe wurden eigens auf Pilger und Reisende abgestimmte Gebete gesprochen; wie ein roter Faden zieht sich durch die Texte, die dem Alten und Neuen Testament entnommen sind, die Bitte um das Erbarmen Gottes. Das Eingangsgebet fleht mit den Worten des Psalmisten (Ps 25, 11–12.1): »Erlöse mich Herr, und erbarme dich meiner; mein Fuß steht auf dem rechten Weg: in den Hallen will ich den Herrn preisen. Auf den Herrn hoffe ich, und ich werde nicht erkranken.« Die Lesung (Gen 28, 10–12. 13–15. 18, 20–22) erzählt, wie Jakob sich zum Schlafen einen Stein unter den Kopf legte; ein weiches Kopfkissen werden die wenigsten Pilger unterwegs gehabt haben. Nachts erschien Gott und verhieß dem Jakob: »Ich will dein Hüter sein auf allen deinen Wegen und dich in dieses Land zurückführen.« Als Jakob morgens aufwacht, bringt er auf diesem Stein ein Opfer dar und gelobt: Wenn der Herr mit ihm sein, ihn behüten, ihm Brot und Kleidung geben wolle, werde er ihm nach glücklicher Heimkehr von allem, was Gott ihm geben wolle, den Zehnten opfern.

Ein Zwischengesang greift ein immer wieder zitiertes Gebet auf (Ps 90, 11–13): »Seinen Engeln hat Gott befohlen, dich zu behüten auf allen deinen Wegen. Auf ihren Händen sollen sie dich tragen, daß dein Fuß nie an einen Stein stoße. Über Natter und Schlange sollst du gehen, treten auf Löwen und Drachen«. Das Alleluja jubelt: »Zum Hause des Herrn wollen wir ziehen« (Ps 123, 1). Das Evangelium spricht von den Großtaten Jesu, der seine Jünger ausgesandt und ihnen außerordentliche Vollmacht gegeben hatte (Mt 10, 7–14): Im Namen Jesu sollten sie Kranke heilen, Tote auferwecken, Aussätzige reinigen, Dämonen austreiben. Diese Worte gaben Kranken, die zum Grabe eines dieser Jünger pilgerten, Hoffnung. Sollte der Jünger über die Kraft, die Jesus ihm verliehen hatte, als er noch lebte, nicht erst recht verfügen, nachdem er ins ewige Leben als Freund Jesu eingegangen war? Das Evangelium schärft dann – wovon schon gesprochen wurde – den Jüngern ein, weder Gold noch Silber noch Geld mitzunehmen, weder Tasche noch Kleidung zum Wechseln, weder Schuhe noch Stab: Dafür sollten sie denen, die sie aufnahmen, ein großes Geschenk machen können; ihr Wunsch »Friede sei diesem Hause« sollte in Erfüllung gehen. Nach der Kommunion schließlich betet die Gemeinde: »Deine Sakramente, Herr, die wir empfangen haben, sollen deine auf dich hoffenden Diener bewahren und sie gegen alle Widrigkeiten schützen.«[79]

Segen über Tasche, Stab und Pilger

Während oder nach der Messfeier wurden Stab, Tasche und Pilger gesegnet.[80] Die Pilger knieten dazu vor dem Altar nieder; sie legten Stab und Tasche zu Füßen des Priesters ab, der daraufhin Gebete sprach, die er je nach Ziel der Pilger leicht abwandelte:

»Herr Jesus Christus, Erlöser und Gründer der Welt. Den heiligen Aposteln hast du geboten, sie sollten beim Auszug zur Verkündigung des Wortes nur einen Stab mitnehmen (Mk 6, 8). Demütig flehend bitten wir dich, diese Pilgertaschen und diese Pilgerstäbe zu segnen, damit diejenigen, die sie nun als Zeichen der Pilgerfahrt und als Stütze ihres Körpers ergreifen werden, die Fülle deiner himmlischen Gnade gewinnen und den Schutz deines Segens erhalten mögen.«

Wollten die Pilger zu Schiff ins Heilige Land fahren, lautete der Segen:

»Gott, der du zum Ruhme deines Namens unsere Väter durch das Rote Meer geführt hast, demütig bitten wir dich: Halte fern von deinen Dienern alle Widerwärtigkeiten, schenke ihnen immer eine ruhige Überfahrt und einen wünschenswerten Hafen. Wir bitten dich, Herr, höre versöhnt auf unser Flehen und sende aus himmlischen Höhen deinen Engel, auf daß er deine über die Tiefen des Meeres fahrenden Diener beschütze. Geleite sie zu den Stätten, die sie sich bestimmt haben und gib, daß sie nach Erfüllung ihres Vorhabens, nach Beendigung ihrer Reise voll Freude und Zufriedenheit in ihre Heimat zurückkehren.«

Der Priester übergab dann Stab und Tasche mit den Worten:

»Nehmt diese Stäbe und diese Taschen und zieht zu den Schwellen der Apostel im Namen des Vaters und des Sohnes und des Heiligen Geistes. Dank der Fürbitten der heiligen Gottesmutter Maria, aller Apostel und aller Heiligen möget ihr in dieser Welt den Nachlaß eurer Sünden und in der künftigen Welt die Gemeinschaft mit allen Guten gewinnen.«

Bei einer Sühnewallfahrt stellte der Priester den Pilger unter den besonderen Schirm eines Engels, den auch andere Reisende anriefen; es ist bemerkenswert, daß Raffael ihnen ein heiterer Begleiter sein soll:

»Nimm diesen Stab mit auf deinen Weg im Namen unseres Herrn. Jesus Christus hat seinem Diener Tobias den heiligen Engel Raffael als Führer und Weggefährten gegeben; so mag er auch dir den Engel des Friedens senden, der dich zu dem Ort geleite, den du zur Buße für die (von dir) verübten Verbrechen aufzusuchen strebst. Der Engel des Friedens sei dir ein heiterer Begleiter, und kein Feind soll dir den Lohn für deine Pilgerfahrt entreißen. Fern von dir seien die bösen Geister; der hl. Geist dagegen schenke dir sein huldvolles Geleit.«

Die Tasche reichte der Priester mit Worten, aus denen hervorgeht, daß Pilger oft mehrere heilige Stätten aufsuchten:

»Nehmt im Namen unseres Herrn Jesus Christus würdig diese Taschen zu eurer Pilgerkleidung. Gezüchtigt, geheilt und gebessert möget ihr zum Grab des Herrn (bzw. zu den Schwellen der Apostel Petrus und Paulus) und der anderen Heiligen, zu denen ihr zu wallen wünscht, gelangen und nach Abschluß eurer Wallfahrt unversehrt zu uns zurückkehren. Das gewähre der Herr.«

Den Höhepunkt der Feier bildete der Segen über die Pilger, mit dem diese unter den besonderen Schutz Gottes und seiner Heiligen gestellt wurden und in dem der Priester an große Vorbilder erinnerte:

»Allmächtiger, ewiger Gott, der du das Menschengeschlecht gegründet und erneuert hast, du hast deinen Knecht Abraham geheißen, aus dem Land seiner Geburt fort und in das ihm versprochene Land der Verheißung zu ziehen; das Volk Israel hast du unter vielen Wundertaten durch die Wüste ziehen lassen, damit es dich anbete. Dich bitten wir: Du mögest die, die zu den Schwellen der heiligen Petrus und Paulus ziehen, um dich dort zu verehren, aus allen Gefahren befreien und aus den Verschlingungen der Sünden und Sünder lösen. Gott, der du denen, die auf dich vertrauen, der wahre Weg bist, ebne ihren Weg, damit sie inmitten der Wirren dieser Welt durch deinen Schirm geschützt werden. Herr, sende deinen Engel, den du dem Tobias, deinem Knecht, als Begleiter zugesellt hattest, damit sie in ihm auf ihren Wegen einen Verteidiger gegen die Nachstellungen aller sichtbaren und unsichtbaren Feinde haben.«

18. *Aus dem Pilgerführer »Die Walfart und Strass zu sant Jakob« des Hermann Künig von Vach (1494). Dank des Buchdrucks konnten Pilger ihre Erfahrungen (und nicht selten auch Erfindungen!) an das lesehungrige Publikum weitergeben. Nach Ausweis ihrer Pilgerzeichen haben die hier abgebildeten Männer schon manche Wallfahrt gemacht.*

Pilger sollten geeignet sein

Wieviele Gefahren den Menschen unterwegs drohten, wie leicht sie in Sünde verfallen möchten, welche Sündenlast sie schon mitnahmen: all das kommt in den Gebeten zur Sprache. Auch Forderungen an den Pilger werden angesprochen: Wollte man anderen nicht zur Last fallen, brauchte man außer Geld, Kleidung usf. eine Eigenschaft, die in lateinischen Testamenten oft mit dem Wort ›idoneus‹ umschrieben wird; ›idoneus‹, d. h. geeignet, sollten auch Bewerber um die Würde des Königs oder des Bischofs sein; eher noch als diese, die ihr Amt oft als Reisende ausübten, brauchten Pilger eine überdurchschnittlich gute Konstitution.

Der Pilger mußte Kälte und Hitze, Hunger und Durst, Krankheit und Ungeziefer vertragen können, sich Dieben, Mördern und Piraten gewachsen zeigen, zu schweigen von manchen Wirten, die eher den Strang als Vertrauen verdient hatten. Deshalb sollte, wie Geiler von Kaysersberg rät,[81] der Pilger auch verschwiegen sein: In Wirtshäusern solle er nicht mit Schätzen angeben, die er mit sich führt – und im übertragenen Sinne solle er nicht mit den guten Werken prahlen, die er sich als Schätze im Jenseits erworben habe. Weiter soll der Pilger sich nicht durch Gefahren irritieren lassen, die nach Meinung Geilers vor allem in Städten und Gasthäusern lauern: Spott über diese Art der Frömmigkeit; Tanz, Bad und andere Lustbarkeiten. Im Gedanken an seine begrenzten finanziellen Mittel läßt der Pilger sich vom Wirt nicht zu kostspieligen Speisen und Getränken verlocken. Wenn er immer wieder an die Lieben daheim denkt, fällt es ihm leichter, den Versuchungen unterwegs zu widerstehen. Ist er unter die Räuber gefallen, verzage er nicht, sondern bettele sich durch bis zu seinem Ziel.

Belastbar mußten Stellvertreter-Pilger sein, wurde doch gelegentlich verfügt, sie sollten – ggf. gar während eines Heiligen Jahres – zu bestimmter Zeit in Rom täglich die sieben Hauptkirchen zum Gebet aufsuchen. Wer die an einem Tag zu Fuß erreichen will, muß über Kraft und Ausdauer verfügen. Ferner sollten solche Stellvertreter ehrlich, fromm, vertrauenswürdig sein. Je mehr Menschen diesen Forderungen gerecht wurden, desto besser waren die Aussichten des Reisenden, gesund wieder heimzukehren.

6. Pilgern, wenn der Himmel lacht

Ruhen sollten in den Hansestädten die Fahrten der Kaufleute und Pilger so lange wie die Seeschiffahrt (von Martini bis Petri Stuhlfeier, 11. November bis 22. Februar); in einem Lübecker Testament heißt es deshalb: Der Pilger soll aufbrechen »to der ersten Abervard«.[82] Im Frühjahr fanden Mensch und Reittier leichter Proviant; man konnte mit leidlich begehbaren Wegen rechnen; Stege über Bäche und kleine Flüsse waren vielleicht ausgebessert; das Hochwasser der Flüsse war abgelaufen, und Fähren wurden wieder bedient; dank der Schneeschmelze in den Alpen führten Rhein und Rhône im Sommer ausreichend Wasser für die Schiffahrt. Schließlich wurden die Tage länger, so daß man bis zum Anbruch der Dunkelheit spürbar mehr ›schaffte‹.

Dann brachen Könige zum Reichstag (oft an Pfingsten), Prälaten zu Synoden, Kaufleute zum Handel, Söldner zum Krieg und Pilger zu nahen und fernen Wallfahrtsstätten auf. Um 1387 schildert Chaucer im allgemeinen Prolog der *Canterbury-Erzählungen* diese Jahreszeit so idyllisch, wie seine wohlhabenden Zeitgenossen sie erlebt haben können:

> Wenn der Aprilmond sanften Regen bringt,
> Der Märzendürre an die Wurzel dringt
> Und jede Ader mit solch Säften schwellt,
> Daß diese Kraft erzeugt die Blumenwelt,...
> Wenn lust'ge Melodie das Vöglein macht,
> Das offnen Auges schläft die ganze Nacht...
> Dann treibt das Volk die Wallfahrtslust
> Und Pilger, fortzuziehn zu fremdem Strande,
> Zu fernen Heil'gen, kund in manchem Lande.[83]

Auf einen Aufbruch der Pilger zu einer Zeit, da man mit freundlichem Wetter rechnen konnte, hatte sich mancher Ort eingestellt. In Siegburg setzte der ›Pilgerbetrieb‹ in der Karwoche ein, spätestens am Jahrestag der ersten Kanonisierung Annos (29. April), schwoll zu Pfingsten an und ebbte erst mit dem Kirchweihfest (22. September) wieder ab. Einer alten Tradition treu, brachen viele Ungarn im März/April aus ihrer Heimat auf, trafen sich im Mai in Andernach am Rhein und zogen weiter mit Kreuz und Fahne nach Aachen; hier versammelten sich alle sieben Jahre Angehörige vieler Nationen zum vierzehntägigen Fest der Heiltumsweisung um den 17. Juli. In Vézelay feierte man das Fest der Maria Magdalena am 22. Juli, in Einsiedeln das der Engelweihe am 14. September, am Monte Gargano und am Mont St. Michel das des hl. Michael am 29. September, in Tours das des hl. Martin am 11. November. In Compostela hatte man das Hauptfest des hl. Jakobus vom 30. Dezember (nach mozarabischem Ritus) auf den 25. Juli (nach römischem Brauch) verlegt. Wer dann über See anreiste, vermied die gefürchteten Frühjahrs- und Herbststürme der Biskaya; wer zu Lande aus Mitteleuropa kam, fand auf dem Hin- und Rückweg die Pyrenäenpässe schneefrei vor.

Allerdings mußten Santiagopilger dafür einen Nachteil in Kauf nehmen: Die Sommerhitze während des wochenlangen Marsches war um so drückender, als Nordspanien ein waldarmes Land ist. Man mied dann die heiße Tagesmitte; wer während der sternklaren Nacht wanderte, sparte gar Herbergskosten. Eine spanische Bezeichnung der Milchstraße – »camino de Santiago«, Weg zum heiligen Jakobus – hält die Erinnerung an Pilger wach, die sich nachts an den Sternen ›orientiert‹ haben. Naheliegend war das auch deshalb, weil die Milchstraße in Mitteleuropa oft von Nordosten nach Südwesten weist; wie die Wege der Pilger ist sie nicht scharf abgegrenzt; und den Pilgern mochten die zahllosen Sterne der Milchstraße wie ein Abbild ihrer großen Scharen erscheinen.

Alles sprach dafür, zum Reisen die wärmere Jahreszeit zu nutzen: Vom Frühjahr bis in den Herbst führten Kirchweihfeste und Jahrmärkte Menschen von nah und fern zusammen. Schwierigkeiten der Übernachtung und Verpflegung waren im Sommer leichter zu lösen; bei milder Witterung wird mancher lieber in einem Heuhaufen oder unter einem Baum kampiert haben als in einer verlausten Herberge. Mit wilden Beeren und nahrhaften Nüssen ließ sich eine zeitlang der Hunger stillen. Da ohnehin mehr Menschen unterwegs waren, konnte man Hirten und Bauern nach dem Weg und der Möglichkeit fragen, Gefahren auszuweichen, die im Wald oder an Engpässen lauerten. In ›Stoßzeiten‹, wenn für die Heu- und Getreideernte zusätzliche Arbeitskräfte gebraucht wurden, verdingte sich mancher beim Bauern um Nachtlager, Mahlzeit und Zehrpfennig.

Für das Reisen in der warmen Jahreszeit sprach ferner, daß die meisten Pilger kaum Geld für festes Schuhwerk gehabt haben oder das einzige Paar schonen mußten, deshalb barfuß oder mit leichter Fußbekleidung gereist sein dürften. Es ist jedenfalls bezeichnend, daß sich nach einer Abbildung am Elisabethschrein zur Landgräfin, als sie Hungrige speist, nur Barfüßige drängen. Noch im 20. Jahrhundert legten auf den sandigen ›Sommerwegen‹, die parallel zu den gepflasterten Straßen verliefen, in ländlichen Gebieten Deutschlands Angehörige der Unterschicht auch weite Strecken barfuß zurück; sie wollten ihre Schuhe schonen, die sie deshalb in der Hand trugen. Wenn mittelalterliche Quellen es eigens betonen, daß die eine oder andere Person »barfuß wie ein Büßer« zu einer Pilgerstätte gezogen sei, sind im allgemeinen Wohlhabende gemeint; anders als der Großteil der Bevölkerung konnten sie normalerweise mit bekleideten Füßen gehen oder gar hoch zu Roß reiten.

In der warmen Jahreszeit konnte man sich Kaufleuten und anderen Reisenden anschließen, um leidlich geschützt zu sein und Unterhaltung zu finden. Behinderte hatten dann eher Aussicht, auf einem Gefährt mitgenommen zu werden. Blinde mußten ja geführt, Gelähmte getragen oder gefahren werden – sofern sie sich nicht, als ›Schemeler‹, mühsam kriechend zum Ziel schleppten; das war bei milder Witterung eine Qual, bei Nässe und Kälte vollends unerträglich. Wer einmal bei Nebel oder Schneetreiben seinen Weg hat suchen müssen, versteht, daß man in Mittel- und Westeuropa im Winter möglichst daheim blieb. Mußten Wohlhabende weit reisen, planten sie ein eigenes Winterquartier oft von langer Hand; Bildungsbeflissene nutzten diese Zeit zum Lesen in einer Bibliothek.

Indessen sahen sich gelegentlich auch im Westen Pilger gezwungen, bei widriger Witterung aufzubrechen. In Testamenten konnte es heißen, der Stellvertreter solle »statim me mortuo« (sofort nach meinem Tod) bzw. »zunder langhe togerynghe« (ohne langes Zögern) oder binnen der ersten vier Wochen nach dem Tod des Erblassers die Wallfahrt antreten.[84] Auch andere Gründe führten zum Aufbruch im Winter. Zu bestimmten Zeiten galt das Gebet als besonders wirkmächtig. Manche Pilger wollten oder sollten es so einrichten, daß sie während der Fastenzeit in Rom waren. Norddeutsche mußten dazu im Winter aufbrechen; durch Alpen und Apenninen kamen sie zu einer Zeit, da der Übergang außerordentlich mühsam und gefährlich war – ganz gleich, ob man zu Fuß ging oder ritt.

19. Der 1623 Meter hohe Paß von Somport, den die von Arles kommenden Pilger auf dem Weg nach Santiago passieren mußten, ist bis ins späte Frühjahr verschneit. Wer hier in Nebel oder Schneesturm geriet, schwebte in Lebensgefahr.

Im Hochgebirge drohten im Winter, mehr noch als ohnehin, gefährliche Zwischenfälle, wenn nicht tödliche Unfälle. Bei klirrendem Frost schützten Kleidung und Schuhe kaum gegen Schnee und schneidenden Wind; die Kälte war um so schwerer zu ertragen, als die meisten Menschen schlecht ernährt und kreislaufstärkende Mittel – abgesehen vom Wein – so gut wie unbekannt waren. 1077 sah sich Kaiser Heinrich IV. zu einem dramatischen Alpenübergang genötigt; bei dieser Gelegenheit schenkte man den Pferden offensichtlich mehr Aufmerksamkeit als den mitreisenden Frauen, unter denen auch die Kaiserin war.[85]

Jahrhunderte später schildert Haydn die Not eines Reisenden. Das Oratorium ›Die Jahreszeiten‹ wurde zwar erst an der Wende vom 18. zum 19. Jahrhundert komponiert; doch die hier aufscheinende Wirklichkeit war im Mittelalter sicher noch härter. »Vergebens suchet er den Weg, ihn leitet weder Pfad noch Spur«. Die Musik malt aus, wie mühsam Lukas durch den Schnee stapft: »Angst beklemmt sein Herz,/da er den Tag sich neigen sieht/und Müdigkeit und Frost/ihm alle Glieder lähmt.« Die glückliche Wendung, die Lukas erfährt, war vielen Pilgern nicht vergönnt: »Doch plötzlich trifft sein spähend Aug/der Schimmer eines nahen Lichts./Da lebt er wieder auf,/vor Freude pocht sein Herz./Er geht, er eilt der Hütte zu,/wo starr und matt er Labung hofft«.[86]

7. Pilgerfahrt war Arbeit

»Mit welchen Gefährten lebt der Mensch? Ich antworte: Mit sieben, die ihn ständig bedrängen. Das sind Hunger, Durst, Hitze, Kälte, Müdigkeit, Krankheit und Tod.« So antwortet ein Philosoph dem König in den Gesta Romanorum, einer Sammlung lateinischer Kurzgeschichten; sie dürfte um 1300 entstanden sein und war bald in ganz Europa verbreitet.[87]

Nöte, die alle Menschen trafen, verschärften sich auf Reisen; da deren Mühsal alle packte (mehr oder weniger hart, das sei eingeräumt), läßt Reisen sich als demokratisierendes Element in einer hierarchisch aufgebauten Gesellschaft verstehen. Wie ein Echo auf die Erkenntnis des Philosophen wirkt, was ein wohlsituierter Pariser Bürger Ende des 14. Jahrhunderts seine Frau zu bedenken bat: Er müsse hierhin und dorthin reisen, »bei Regen, Wind, Schnee und Hagel, einmal durchnäßt, dann wieder ausgedörrt, einmal in Schweiß gebadet, dann wieder frierend, schlecht verpflegt, schlecht untergebracht, schlecht gewärmt und gebettet«.[88]

Seelische Belastungen läßt der wackere Bürger unerwähnt; vielleicht war er immer mit vertrauenswürdigen Menschen gereist. Davon durfte ein Pilger nicht ausgehen. Hatte er den Schutz von Stadt oder Dorf, Burg oder Kloster verlassen, war er in der Fremde. Er teilte die Straße auch mit Außenseitern der Gesellschaft, die geneigt waren, sich für erlittenes Unrecht an Wehrlosen schadlos zu halten. Er bekam zu spüren, daß die Grenzen zwischen gesellschaftlich geduldetem Wandern und dem geächteten Umherstreifen fließend waren. Auch Spielleute, Gaukler, Zigeuner (seit 1417 bezeugt), Menschen also, die von den Seßhaften halb gefürchtet, halb verachtet wurden, strebten zu den großen Wallfahrtsterminen. Wollte er nicht bestohlen, betrogen oder als vermeintlicher Verbrecher am nächsten Baum aufgeknüpft werden, mußte der Pilger ein gerüttelt Maß an Menschenkenntnis mitbringen. Im Gespräch mit Fremden sollte er nach wenigen Sätzen wissen, wem er vertrauen konnte und wen er tunlichst mied.

Mit jedem Schritt mußte er das Gewicht seines Körpers und des Gepäcks von einem Bein auf das andere verlagern, dreißig-, vierzig-, fünfzigtausendmal am Tag. Es wird verständlich, daß das englische Wort für reisen, ›to travel‹, auf französisch ›travailler‹ zurückgeht: arbeiten, sich mühen. Es ist nur recht, daß die Pilgerfahrt des Stellvertreters in Testamenten ›Arbeit‹ genannt wird.

Zusätzlich freiwillige Mühsal

Als reichten die üblichen Strapazen noch nicht, die Weg, Jahreszeit, Mitreisende bedeuteten, unterzog sich mancher freiwillig weiteren Lasten, wie aus Thann berichtet wird: Zugunsten ihres Neugeborenen, das mit einer verwachsenen Hand zur Welt gekommen ist, hat eine Frau die weite Reise von Lübeck aus mit einem »Opfer«, in Wolle gekleidet und barfuß, zurückgelegt; ein Mann hat die Fahrt unternommen »nackendig one alle kleider«.[89] Dieser war schutzlos Sonne und Insekten ausgeliefert, jene trug Kleidung, die – zumal bei Hitze – auf der Haut scheuert und juckt. Andere hatten ein Kreuz geschultert, wieder andere fasteten.

Weitere trugen im wahrsten Sinne des Wortes gewichtige Votivgaben, z. B. Ketten, von denen sie befreit worden waren. Von Santiagopilgern wurde zeitweise erwartet, daß sie sich unmittelbar in den Dienst der Bauhütte stellten; die romanische Basilika war noch nicht fertiggestellt zu der Zeit, da der Pilgerführer abgefaßt wurde. Hier heißt es nämlich: Von Triacastela, am Fuße des Cebreropasses, schon in Galizien, »nehmen die Pilger einen Stein mit bis nach Castañola; aus dem Stein wird Kalk gebrannt zum Bau der Basilika des hl. Jakobus«.[90] Pilger trugen auch andere wertvolle Materialien wie Eisen und Blei zur Baustelle. So sparte die Bauhütte Transportkosten, und der Pilger war stolz darauf, direkt zu dem Werk beigetragen zu haben. Darüber hinaus schuf er Erinnerung; er lebte in den von ihm herbeigeschafften Rohstoffen weiter; die erinnerten den Heiligen an den Wallfahrer, auch wenn der schon längst heimgekehrt oder gar gestorben war – wie der Spender eines Altartuches, wovon noch zu reden ist.

Vernachlässigung des Körpers – freiwillig oder als auferlegte Buße – bedeutete eine weitere Beschwernis; man weiß allerdings nicht, ob das von allen so empfunden wurde. Wer sich nicht wusch, badete, Bart- und Haupthaare ungeschoren ließ, Finger- und Fußnägel weder schnitt noch säuberte, verbreitete penetranten Gestank, gedeutet vielleicht als Ruch der Heiligkeit. Für manche hatte das den Vorteil, daß sie Verlockungen des anderen Geschlechts leichter widerstehen konnten.

Verständigung mit Anderssprachigen – eine weitere Klippe

»Wenn du sie erst reden hörtest, glaubtest du dich an das Gekläffe von Hunden erinnert.« Abfällig äußert sich der Pilgerführer zu Navarrern bzw. Basken.[91] Fernwallfahrer kamen unter Menschen, deren Sprache sie oft nicht verstanden. Zwar lebten Angehörige unterschiedlicher Sprachfamilien in vielen Ländern friedlich zusammen, im Deutschen Reich z. B. Germanen, Slawen und Romanen – wie in diesem Jahrhundert noch in Galizien oder in der Dobrudscha. Doch kam es immer wieder zu Reibungen, Folge auch von Dünkel, wie das Zitat zeigt.

Gebildete, und das waren oft Kleriker, konnten sich unter ihresgleichen auf Latein verständlich machen; im Abendland war es die Sprache der Liturgie, des Rechtes, der Universität. Herrschern wie Karl dem Großen, Otto I. und Friedrich II. waren mehrere Sprachen vertraut. Die Anrainer von Nord- und Ostsee kamen mit dem Niederdeutschen zurecht, auch dank der Bedeutung der Hanse in diesem Raum. Seit der Zeit der Kreuzzüge war vielen Adligen und Rittern Französisch geläufig, das im Mittelmeergebiet verstärkt im 13. Jahrhundert Verkehrssprache wurde. (Eine noch größere Bedeutung hatte Arabisch im Raum zwischen Spanien und Hinterindien, Mongolisch von West- bis nach Ostasien.) In Grenzräumen verstanden viele Menschen mehrere Sprachen, z. B. Deutsch und Slawisch in Mitteldeutschland, Latein und Arabisch in Spanien, Latein, Griechisch und Arabisch zur Zeit Kaiser Friedrichs II. in Sizilien.[92]

Wer vor seinem Aufbruch keine Sprachen lernen wollte oder konnte, hatte einen Grund mehr, sich einer Gruppe erfahrener Pilger anzuschließen; wenigstens dieser oder jener sollte sich leidlich mit den Menschen anderer Zunge verständigen können, durch deren Land man käme. Je langsamer man reiste, desto länger konnte man sich an das fremde Idiom gewöhnen; von daher hatten Pilger, die zu Fuß reisten, vielleicht einen Vorteil gegenüber Berittenen.

Noch bessere Chancen zum Erlernen einer Sprache hatten die, die längere Zeit auf kleinstem Raum zusammenleben mußten, z. B. während einer Seefahrt. Wie der Pilgerführer mit einigen baskischen Vokabeln denen Hilfe bot, die nach Santiago unterwegs waren, so sorgte der Mainzer Domherr Breydenbach aufgrund eigener Erfahrungen für all die, die wie er ins Heilige Land fahren würden. Im Anschluß an den eigentlichen Reisebericht bringt er ein recht ausführliches deutsch-arabisches Wörterverzeichnis.[93] Da dieses Buch schon gedruckt wurde, könnten Wohlhabende es – anders als den Pilgerführer Jahrhunderte früher – in ihrem Gepäck gehabt haben.

Welche Folgen sprachliche Mißverständnisse haben konnten, erfuhren Mönche, die der hl. Franz von Assisi nach Deutschland gesandt hatte, auf daß sie auch hier die evangelische Armut lebten. Als man sie bei ihrer Einreise fragte, ob sie Ketzer seien, antworteten sie in wahrhaft franziskanischer Einfalt mit ›Ja‹, dem einzigen deutschen Wort, das sie sich eingeprägt hatten;[94] es hätte sie auf den Scheiterhaufen bringen können.

Wochenlang fromm sein?

Nicht erst am Ziel sollte der Pilger Gott und die Heiligen ehren; die ganze Fahrt sollte ein Gebet sein. Aber kann man wochenlang andächtig sein? Bei der Aussendung hatte der Priester unverblümt von Gefahren und Versuchungen gesprochen; beim Aufbruch hat mancher vielleicht ähnlich realistisch gebetet; man könnte die Bitte mit dem Vorzeichen vor einer Klammer in der Arithmetik vergleichen: ›Lieber Gott, lieber Jakobus! Nehmt mich, wie ich bin. Und wenn ich unterwegs schimpfe, wenn ich den Tag verwünsche, an dem ich mich zu dieser Fahrt entschlossen habe, dann laßt eins gelten: Ich erdulde alle Unbill Euch zu Ehren. Was ich an Widerwärtigkeiten ertragen muß, magst Du, o Gott, als Sühne für meine Schuld ansehen (oder: dem zugute kommen lassen, in dessen Namen ich hier gehe, als hätte er all das auf sich genommen). Und verleihe der Reise ein gutes Ende.‹

Mit Schicksalsgefährten schloß man sich auch deshalb zusammen, weil man die Eintönigkeit überspielen wollte. Gemeinsames Beten und Singen verkürzt den Weg. Das Lied »In Gottes Namen fahren wir«[95] dürfte aus dem 13. Jahrhundert stammen. Wie alle Wallfahrtslieder hat es viele Strophen, und jede wird mit dem Ruf »Kyrie eleison« abgeschlossen. Das Flehen um göttliches Erbarmen war angesichts der Mühen des Weges berechtigt; es wird konkretisiert in den Bitten um Rettung vor dem ewigen Tod, um Reinigung von Sünde, um von Heiligen vermittelte Gnade und Huld, um Schutz vor des Teufels List, um Abwendung von Krankheit und Krieg, Hungersnot und allem Übel. Offensichtlich sangen Deutsche unterwegs besonders gern, denn sie sind damit in Frankreichs Süden aufgefallen. In den Aegidius-Mirakeln ist nämlich von einem Gefangenen die Rede, der nachts hörte, wie Scharen von Deutschen dem hl. Acgidius »in gewohnter Weise« Loblieder sangen.[96]

Menschen aus einer weitgehend schriftlosen Kultur kennen vieles auswendig; einprägsam zusammengefaßt, sind unterschiedliche Stoffe damals jedem vertraut gewesen. Wenn man sie sich erzählte, konnte man die Länge des Weges vergessen. Man mochte auch über die Bitten des Vaterunsers nachdenken, oder über die Hauptsünden, wozu Geiler von Kaysersberg rät.[97] Der Pilger sollte also über Hoffahrt, Neid, Zorn, Trägheit, Völlerei und Unkeuschheit meditieren und dann die hl. Maria sowie die anderen heiligen Jungfrauen bitten, ihm bei Gott Reinheit des Lebens zu erwerben; ihnen habe Gott solche Gnade verliehen, daß sie dem Laster widerstanden; deshalb könnten sie Gott bitten, dem Pilger dieselbe Kraft zu schenken; denn niemand könne rein und keusch bleiben, sofern Gott ihm nicht die Gnade dazu verleihe. Wenn man das alles beherzigt habe, dann solle man die letzte Bitte des Vaterunsers sprechen: »sunder erlöß unß vor allem ibel amen«.

An einzelnen Orten hafteten bestimmte Erzählungen, die in das kollektive Gedächtnis eingegangen sind. Aus gegebenem Anlaß berichtet der Pilgerführer Einzelheiten aus dem Leben von Märtyrern und Bekennern sowie aus Epen, die sich um Karl den Großen, Roland und andere Helden rankten.[98] Auch dies ist eins der Elemente, die seit eh und je zur Menschheitsgeschichte gehören; das Alte Testament ist voll von Kultortsagen, die zu bestimmten Orten gehören, z. B. zu den Eichen von Mamre (Gen 18).

Zu Fuß, aber auch hoch zu Roß

So wie ihre Vorbilder, die Apostel und die Jünger auf dem Weg nach Emmaus, gingen rechte Pilger zu Fuß, viele sogar barfuß; die einen, weil das Geld für Schuhwerk fehlte; andere um zu büßen oder um ihrer Bitte an den Heiligen Nachdruck zu verleihen.

Begüterte ritten hoch zu Roß; wollten sie Demut bekunden, wählten sie ein Maultier; wer sich in der Nachfolge Jesu sah, entschied sich für den Esel. Berittene galten als wohlhabend; sie hatten deshalb für alle Kosten selber aufzukommen. Nach einer Faustregel rechnete man für Stall, Stroh, Hafer und Pflege des Reittieres etwa soviel wie für die eigene Übernachtung und Verpflegung. Reiter hatten auch höhere Gebühren zu entrichten. Nach einer »Fergenordnung«, die die Stadt Wimpfen am Neckar 1539 erließ, zahlte der Fußgänger für das Übersetzen mit der Fähre einen Pfennig, der »Mensch zu roß« drei Pfennig;[99] in früheren Jahrhunderten dürfte ein ähnlicher Tarif gegolten haben. Nicht zuletzt: Ein stattlicher Reiter wurde unterwegs von wirklich oder scheinbar Bedürftigen ganz anders bedrängt als ein barfüßiger Pilger, und Wegelagerer erwarteten bei ihm größere Beute; er konnte ihnen freilich auch eher entkommen.

Fahren?

Wenige Pilger dürften in vierrädrigen Wagen gereist sein, am ehesten Frauen sowie Alte, Kranke und Schwache, die nicht (mehr) gehen oder reiten konnten. Das hing mit dem Zustand der Straßen, fehlendem Komfort und vor allem der Verkehrssicherheit der Wagen zusammen: Wegen unzulänglicher Bremsen konnte eine Fahrt bergab böse ausgehen. Nach einer Darstellung aus dem Jahre 1483 hat Papst Johannes XXIII. auf der Fahrt zum Konstan-

zer Konzil 1414 einen Wagenunfall erlitten.[100] Zwar war im Spätmittelalter der Wagenkasten manchmal schon an Ledergurten
aufgehängt, die Stöße wenigstens zum Teil auffingen; auch gab es
schon Planwagen mit schließbaren Fenstern oder Vorhängen, die
vor Staub, Sonne, Regen schützten. Doch verglichen mit dem Ritt
auf einem sanften Zelter wird die Fahrt im Wagen über längere
Strecken eine Tortur gewesen sein. Die lenkbare Vorderachse,
eine wichtige Verbesserung, soll sich erst seit der zweiten Hälfte
des 15. Jahrhunderts langsam durchgesetzt haben.[101] Bequemer
fuhr man möglicherweise auf einem Karren, weil sich zwei Räder
leichter als vier den Unebenheiten des Weges anpassen. Was das
Quietschen der Achsen und das Fluchen der Fuhrleute angeht,
war man wohl weniger empfindlich als wir.

Erasmus von Rotterdam beschreibt das Gespräch von zwei alten Männern. Nach erfolglosem Feilschen mit einem Fuhrmann
sind sie losgetrottet, um den Preis doch noch zu drücken; man
sollte meinen, sie seien an der Fahrt nicht interessiert. Später steigen sie zu und vertreiben mit munterem Geschwätz dem Fuhrmann die Zeit. Der zeigt sich erkenntlich: Am Ziel kippt er sie
nicht in eine große Pfütze, wie er es jüngst mit Mönchen gemacht
hat![102]

Trotz aller Unzulänglichkeiten zwei- und vierrädriger Gefährte
wird sich mancher glücklich geschätzt haben, wenn er – z. B. auf
einer Weinfuhre vom Oberrhein nach Einsiedeln und gleichsam
als Trittbrettfahrer – ein Stück weit mitgenommen wurde; er
konnte sich ausruhen und Kräfte sammeln für den weiteren Weg.

Die wissenschaftliche Literatur ist sich weitgehend einig, wie
unzulänglich Wege noch bis in die Neuzeit waren. Pilger hätten
sich glücklich geschätzt, wenn ihnen Straßen von der Qualität unserer Wald- und Feldwege zur Verfügung gestanden hätten, die
fachmännisch angelegt sind und regelmäßig gewartet werden.
Hochstraßen mit parallel geführten Gräben, die das Wasser sammeln, waren den Römern vertraut; in Mitteleuropa wurden sie
erst wieder in der Neuzeit gebaut. Um 1600 galt die relativ gut
ausgebaute Straße von Paris nach Orléans fast schon als Weltwun-
der, obwohl sie zu dieser Zeit noch nicht durchgehend gepflastert
war. Immerhin sollten Königsstraßen so breit sein, daß ein Wagen

dem anderen ausweichen konnte, was auf Wegen oft nicht möglich war.

Bei ausgiebigen Niederschlägen liefen Schlaglöcher voll Wasser, verwandelten sich Staub und Erdreich in Matsch, und talwärts führende Hohlwege ähnelten reißenden Bächen. Ende des 16. Jahrhunderts mußten der schon erwähnte Platter und seine Begleiter in Südfrankreich bei einem Dauerregen »biß über die knye« durch Wassergräben waten; bald waren sie »allenthalben gleich naß unndt besudelt...; ettlich fielen wegen schlipferigen wegs gar in die bäch, den anderen bliben die schu im fetten grundt stecken«. Insgesamt sei es ein »armer jammer« gewesen, erst recht, als sie spät am Abend in Montpellier vor verschlossenen Stadttoren standen.[103]

Trotz des desolaten Zustandes der meisten Straßen haben viele Pilger pünktlich ihr Ziel erreicht; das läßt sich schon daraus erschließen, daß Fuhrleute ihre schweren, mit sechs und mehr Pferden bespannten Wagen über Hunderte von Kilometern rechtzeitig zu einer Handelsmesse führten, und zwar oft im Frühjahr und Herbst, wenn mit Regen zu rechnen war. Pilger dürften sich an einen ähnlichen Plan gehalten haben, wie er sich bei Gütertransporten bewährt hatte, z. B. aus Richtung Basel zur Frankfurter Messe: Nachtlager in Bruchsal, weiter über Wiesloch (mittags), Heidelberg (nachts) und so fort über Weinheim und Bensheim (nachts).[104]

Gefahren im Moor und in den Dünen

Wer zu Fuß oder mit dem Pferd unterwegs war, mied nach Möglichkeit Staub und Schlamm der Straße und reiste auf schmalen Wegen: Manchmal verliefen sie parallel zur Straße, oft nahmen sie einen steilen, dafür kürzeren Verlauf. Hier kam man zügig voran, sofern der Untergrund fest war. Damit durfte man aber nicht überall rechnen. Zwar waren in manchen Gegenden durch Moor und Sumpf Knüppeldämme gelegt, doch waren sie oft schwer zu erkennen und nur unzulänglich gewartet.

Aussagen des Pilgerführers nach Santiago gelten sicher nicht nur für das 12. Jahrhundert: Um die Landes zu durchqueren, dünenartige Landstriche südlich von Bordeaux, brauche man drei Tage. »Aber das sind Tage, die dich zur Erschöpfung bringen!« Denn statt fließender Gewässer und Brunnen gebe es nur Sand, den aber im Überfluß. »Gibst du nicht acht beim Gehen, so wird dein Bein schnell bis zum Knie in dem feinen Sand versinken, der dort überall angeweht ist.« Eine weitere Warnung: Im Sommer solle man hier sorgfältig sein Gesicht vor den riesigen, in Schwärmen auftretenden Roßbremsen schützen.[105] Aufschlußreich sind auch Klagen darüber, wie gottverlassen – mit anderen Worten: dünnbesiedelt – das Land sei, wie leergefegt von den Gütern dieser Welt, ohne Brot und Wein, Fleisch und Fisch; die letzten Worte verdeutlichen, was ein begüterter Pilger auf der Tafel zu sehen wünschte.

Gefahren im Gebirge

Gab es auf der Paßhöhe kein Spital, mußte man Auf- und Abstieg an einem Tag bewerkstelligen. Ausgeruht ging es in der Frühe bergauf. Zu Unfällen kommt es vor allem beim Abstieg, wenn man abgespannt ist und weiche Knie hat. Alte und Kranke, die im Flachland vielleicht ein Stück Weges zu Schiff zurücklegen konnten oder von einem Ochsenkarren mitgenommen wurden, mußten im Gebirge geführt, wenn nicht getragen werden. Wegen chronischer Unterernährung hatte unter den Strapazen eines Gebirgsübergangs vor allem der ›kleine Mann‹ zu leiden. Doch auch dem Wohlhabenden blieb oft nichts anderes übrig, als abzusitzen und das Pferd über schmale, steile, kaum befestigte Wege zu führen.

Selbst wenn kein Nebel, keine Lawine, keine ausgehungerten Wölfe drohten, wenn bei angenehmer Temperatur der Himmel lachte, ausreichend Trinkwasser zur Verfügung stand, blieben Mühen genug. Wegen der im Süden mittags steil stehenden Sonne fand man kaum Schatten. Keuchende, schwitzende Menschen locken Fliegen an, die Augen und Gesicht wie lebende Salzquellen umschwärmen.

Reiste man mit leichtem Gepäck, drohte bei plötzlichem Wetterumschlag größte Gefahr. Ein Hagelschauer – und schon war man bis auf die Haut durchnäßt und kühlte schnell aus. Verglichen mit heutigen Jacken, Hosen und Schuhen war die Kleidung unbequem und unzweckmäßig. Sandalen oder leichte Schuhe boten den Füßen nur unzureichend Halt; barfuß gehende Pilger wurden schon erwähnt. Auf manche Herausforderung des Gebirges haben Menschen im Laufe des Mittelalters Antworten gefunden. Im wahrsten Sinne des Wortes lebensrettende Maßnahmen mußten nicht einmal kostenträchtig sein. Es war ein Werk der Barmherzigkeit, wenn ein ortskundiger Hirte nach der Schneeschmelze ein paar Steine zu einer kleinen Pyramide auftürmte; dank solcher Wegmarken blieben Reisende vielleicht vor dem Abstürzen oder Erfrieren bewahrt. Mancherorts haben Einsiedler bei Nebel oder Schneetreiben Verirrten den Weg gewiesen; ohne großes Aufheben haben sie gezeigt, daß hinter ihrem Rückzug aus der Welt nicht die egoistische Maxime ›Rette deine Seele‹ stehen mußte; Askese in der Nachfolge Jesu ließ sich sehr wohl mit dem Dienst am Nächsten verbinden. Aus mancher Einsiedelei ist eine klösterliche Gemeinschaft hervorgegangen, die leichter als der Einzelne über lange Zeit hinweg Hilfe bieten konnte, auch dadurch, daß sie Gefahren vorbeugte: Hier wurde ein Weg befestigt, dort eine Schlucht mit einem Steg überbrückt, zu dem auch ein Geländer gehörte.

Der Pilgerführer fordert auf, am Weg nach Santiago das Grab des hl. Dominikus zu besuchen. »Dieser baute die befestigte Straße zwischen Najera und Redecilla; hier liegt er auch begraben«.[106] Die Kirche hat ihn und einige andere, die solche Arbeiten uneigennützig ausgeführt haben, zur Würde der Altäre erhoben. Als Bekenner verehrt, erfreute sich Dominikus ›von der Straße‹, Santo Domingo de la Calzada, ähnlicher Wertschätzung wie ein Märtyrer!

Im Gebirge drohten nicht zuletzt Gefahren durch Menschen. Täler kanalisieren den Verkehr, ein Ausweichen ist oft praktisch unmöglich; Wegelagerer hatten es dann noch leichter als in der Ebene. Zu den berüchtigten Engstellen, die von wenigen Männern gesperrt werden konnten, gehörten auf dem Weg von Deutschland nach Rom die Salurner Klausen südlich von Bozen. Geländekundige, drahtige junge Leute sind im Gebirge einzelnen Reisenden immer dann überlegen, wenn eine wirksame Ordnungsmacht fehlt. Jahrzehntelang machten Sarazenen von Fraxinetum aus, einem Räubernest nicht weit von Nizza entfernt, die Alpen unsicher. Ein Chronist klagt: Sie sperrten die Alpen zwischen Schwaben und Italien und «vergossen das Blut von Christen und Wallfahrern, die zu den Schwellen der Apostel Peter und Paul strebten».[107]

20. *San Juan de Ortega: Kirche und Hospiz am Pilgerweg nach Santiago. Schattenspendende Bäume waren in den Weiten Kastiliens selten, weshalb man hier gern nachts pilgerte.*

Die Obrigkeit nutzte Engstellen, um eine Maut zu erheben. Dagegen war nichts einzuwenden, wenn die Einnahmen zu Ausbau und Unterhaltung von Wegen und Brücken verwendet wurden. Doch konnte davon oft nicht die Rede sein. Der Pilgerführer nach Santiago empört sich über das Verhalten gewisser ›Zöllner‹: Mit zwei oder drei Spießen bewehrt, ziehen sie den Pilgern entgegen; sie schlagen auf jeden ein, der ihnen das geforderte Geldstück verweigern will. »Unter Beschimpfungen filzen sie ihre Opfer bis auf die nackte Haut« und entreißen ihnen die Abgabe. Nicht genug damit, verlangen sie das Doppelte dessen, was allenfalls erlaubt ist. Einen Wegzoll dürfen sie eigentlich nur von Kaufleuten erheben, doch auf gar keinen Fall von Pilgern, wie der Autor belehrt und nachdrücklich wiederholt. Als Gebildeter verfügte er über die Waffe der Feder und des geschliffenen Wortes; er fordert harte Strafen für die Schuldigen und die Hintermänner, und zu denen zählt er sogar den König von Aragon![108]

Gefahren als Folge von Überheblichkeit

Wer zu fernen Wallfahrtsorten unterwegs war, lernte abendländische Gemeinsamkeiten kennen und schätzen. Und trotzdem: Pilger unterschieden sich von den Einheimischen in Lebensweise, Kleidung und Sprache; diese Andersartigkeit wurde oft nicht als Wert verstanden, als Bereicherung der gemeinsamen Kultur, sondern dünkelhaft verachtet. Eine Mahnung des Ambrosius an Augustinus war manchem bekannt, was nicht heißt, daß sie auch beherzigt wurde: »Wenn du willst, daß du niemandem ein Ärgernis seist und niemand dir, dann halte jeglicher Kirche Gebrauch«[109] – und achte die Bräuche anderer Länder, so möchte man ergänzen.

Reisen bildete und bildet nicht nur, sondern kann auch Vorurteile wecken oder verstärken, wie an Beispielen gezeigt sei; sie stammen aus einer Zeit, die mit den Kreuzzügen Millionen von Menschen in fremde Länder geführt hat. Der Verfasser der Annomirakel bekundet einen von chauvinistischen Anwandlungen nicht freien Stolz auf die Heimat: An der römischen Kurie habe man sich verblüfft darüber gezeigt, daß auch der deutsche Boden mit Anno heilige Männer hervorbringe, habe man doch allenfalls mit Kriegern aus dem Norden gerechnet! Belehrend heißt es zu einem wassersüchtigen Franzosen, der in seinem Land nirgends, am Grab Annos aber sofort Heilung gefunden hatte: Frankreich soll lernen, daß Deutschland nicht von Gott verlassen ist![110] Otto von Freising, Bischof und einer der großen mittelalterlichen Geschichtstheologen, hatte 1147 auf dem zweiten Kreuzzug Ungarn kennengelernt. Später schilderte er das Land als »anmutig wegen der ihm von Natur verliehenen Lieblichkeit und reich infolge der Fruchbarkeit seiner Äcker«; es erscheint ihm fast wie das Paradies Gottes. Ganz anders zeichnet er die Menschen, die diesen Garten Eden bewohnen: Ein Barbarenvolk, in Sitten und Sprache bäurisch und ungeschliffen, mit häßlichem Gesicht und tiefliegenden Augen. Man müsse das Schicksal tadeln oder sich vielmehr über die göttliche Duldsamkeit wundern, die dieses schöne Land »menschlichen Scheusalen, denn Menschen kann man sie kaum nennen«, ausgeliefert habe![111]

Beispiele bösartiger Arroganz bietet auch der Pilgerführer. Der wahrscheinlich aus dem Poitou stammende Autor schildert in den schwärzesten Farben Menschen, denen man auf dem Weg nach Santiago begegnete, auf deren Gastfreundschaft man angewiesen war und deren Hilfsbereitschaft über Leben und Tod des Pilgers entscheiden konnte. Statt die Bewohner des Pyrenäenraumes dem Pilger vorzustellen, gegebenenfalls mit ihren Stärken und Schwächen, reiht er aneinander, was polemische Literatur an Feindklischees im Laufe der Jahrtausende entwickelt hatte: »Es ist ein seltsames Volk, nach Brauch und Wesen anders als die übrigen Völker geartet, mißmutig dreinschauend, zutiefst verderbt: Verkehrt, schurkisch, treulos und verdorben, ausschweifend, dem Trunk ergeben, erfahren in jeglicher Art von Gewalttat, wild und hinterwäldlerisch, unredlich und verworfen, gottlos und düster, unheilvoll und streitsüchtig, ein Volk, das in allem Guten ungeübt, in allen Lastern und Unbilligkeiten überaus erfahren ist; in ihrer Bosheit ähneln sie sehr den Geten und Sarazenen. Uns aus Franzien sind sie in allem fremd. Um den Preis eines einzigen Pfennigs bringt der Navarrer oder der Baske, wenn er kann, einen von uns um.« Der Autor versucht erst gar nicht, Verständnis für Menschen aufzubringen, die ein unbefangenes Verhältnis zum unbekleideten Körper haben. Mehr noch, er kolportiert niederträchtige Unterstellungen: »Mancherorts zeigen Männer und Frauen der Navarrer, wenn sie sich wärmen wollen, gegenseitig das, was man scheu verhüllen sollte. Auch treiben die Navarrer schimpflich Unzucht mit Tieren. Man erzählt, gewisse Navarrer brächten am Hinterteil ihres Maultieres oder ihrer Stute einen Lederriemen an, damit niemand anders als sie selbst mit dem Tier Unzucht treiben könne. Vor ihren perversen Ausschweifungen sind weder Frauen noch Tiere sicher«.[112]

Einem Zeitalter, das Massen von Pilgern in Bewegung setzte, blieben Animositäten zwischen Angehörigen verschiedener Reiche, Sprachen, Kulturen nicht erspart; diese Spannungen ließen kollektive Vorurteile entstehen und aufbrechen. Wenn der dritte Kreuzzug (1187–1192) scheiterte – Jerusalem konnte nicht zurückerobert werden –, dann auch sicher wegen der Feindseligkeiten zwischen den Heerführern König Richard Löwenherz von England, König Philipp II. August von Frankreich und Herzog Leopold V. von Österreich.[113] In einem späteren Kapitel ist noch davon zu sprechen, daß es selbst am Grab von Heiligen zu Handgreiflichkeiten und Totschlag kam.

Gefahren in Furten und auf Fähren

Flüsse halfen dem Pilger und behinderten ihn. Auf ihnen überwand er stromabwärts bequem und schnell auch weite Strecken. Doch behinderten sie den Landverkehr. In den Legenden zweier Heiliger haben diese Erfahrungen ihren Niederschlag gefunden: Als Fährmann sühnte Julian, daß er seine Eltern irrtümlich erschlagen hatte; Christophorus, ein Hüne an Gestalt und Kraft, trug Reisende von einem Ufer zum anderen.[114]

Oft reichte das Wasser dem Fährmann nicht nur bis an die Waden, wie Darstellungen des hl. Christophorus glauben lassen, sondern denen, die den Strom durchqueren mußten, bis an den Hals oder sogar über den Kopf. Lebensrettend wurde da ein über den Fluß gespanntes Seil; es bot Halt auf glitschigen Steinen sowie gegen Strömung und tückische Tiefen. Man wird es überall dort wie ein Geschenk des Himmels begrüßt haben, wo der Verkehr zu gering war, als daß ein Fährmann davon hätte leben können.

Regelmäßig und zuverlässig bediente Fähren bilden – bis in die Gegenwart – eine unschätzbare Hilfe für Wirtschaft und Verkehr. Die schon erwähnte ›Fergenordnung‹ aus Wimpfen verdankt ihre Entstehung wohl Mißständen; jedenfalls ist eingangs von Klagen die Rede. Eine Vorstellung davon, wie der Fährbetrieb zeitweise abgewickelt wurde, vermitteln die dem Fährmann eingeschärften

Gebote: Unverzüglich soll er jeden übersetzen, der »gebetten, begert, geschrien, oder gerufen« habe. [115] Trotzdem behielt der Fährmann einen weiten Ermessensspielraum; bei Dunkelheit, Sturm, Hochwasser und Eisgang mußte der Pilger sich in Geduld üben; er konnte von Glück reden, wenn er während der oft mehrtägigen Wartezeit in einem Hospiz Aufnahme fand, wie es sie nicht selten in der Nähe von Fähren oder Brücken gab.

Die Bedeutung von Fähre und Furt lebt in Ortsnamen mit dem Bestandteil ›Bac‹ in Frankreich, ›-furt‹ und ›-foerde‹ in Deutschland, ›-ford‹ in England weiter. Bis zum Bau von Eisenbahnen im 19. Jahrhundert gab es jahrhundertelang rheinabwärts ab Basel keine feste Rheinbrücke; Fähren genügten. Seit dem Spätmittelalter waren manche so groß, daß man auf ihnen Wagen übersetzen konnte.

Pilger schätzten sich glücklich, wenn sie eine Fähre vorfanden, z. B. über die Gironde, den breiten Unterlauf von Garonne und Dordogne in Südwestfrankreich. Manche Fährleute waren wohl weit vom Ideal eines hl. Christophorus entfernt. Bei Saint-Jean de Sorde, klagt der Pilgerführer nach Santiago, komme man an zwei Flüsse, die man unmöglich ohne die Hilfe von Fährleuten überqueren könne. »Aus tiefstem Herzen wünsche ich diese Kerle zur Hölle!« Von Armen und Reichen verlangten sie eine weit überhöhte Gebühr, die sie zudem vor der Überfahrt kassierten. Man könne nicht genug aufpassen: »Ich rate dringend dazu, das Boot nur zu wenigen Personen zu besteigen; ist es nämlich zu schwer beladen, so kentert es umgehend.« Daraufhin »stimmen die nichtsnutzigen Schiffer ein Freudengeheul an und bemächtigen sich der Habe der Ertrunkenen«. Zur Information werden die Gebühren genannt: »Für zwei Personen, sofern sie wohlhabend sind, nur ein kleines, für ein Pferd nur ein großes Geldstück; Arme brauchen nichts zu bezahlen.« Der Autor spricht dann einen – offensichtlich zeitlosen – Übelstand an: »Die Fährleute sind auch gehalten, große Boote in Dienst zu stellen, in denen Reittiere und Menschen ausreichend Platz finden.«[116]

Da die Quellen dazu neigen, das Außergewöhnliche festzuhalten, ist nicht selten von Fährunglücken die Rede. Einer der Berichte, die von den Wundern des 1075 verstorbenen Erzbischofs von Köln künden, schildert Erlebnisse einer Frau aus Siegburg, die glücklich nach Santiago gepilgert war: Auf dem Rückweg gerät sie in arge Bedrängnis und wird – das sei hervorgehoben – nach ihrer Überzeugung nicht vom hl. Jakobus gerettet, dem ihre lange Reise gegolten hat, sondern vom hl. Anno, der ihr aus der Heimat vertraut ist. »Aus Nachlässigkeit oder Habsucht der Schiffer« überlastet, kentert die Rhônefähre inmitten des Stromes und reißt vierhundert Männer und Frauen, Pferde, Maultiere und Esel mit sich in die Tiefe. Bevor die Siegburgerin in den Fluten versinkt, kann sie gerade noch rufen: »Heiliger Anno, hilf!« Nach Meinung des Chronisten sollen alle Gläubigen das Ereignis im Gedächtnis behalten. »Kaum hatte sie diese Worte hervorgebracht, siehe, da wurde sie durch Gottes Kraft mitten aus den Wogen herausgerissen und wohlbehalten ans Gestade des anderen Ufers geworfen.« Zum Dank dafür, daß sie als einzige gerettet wurde, gelobt die Frau, vor Betreten ihres eigenen Hauses Anno an dessen Grab in Siegburg Dank zu sagen.[117]

Gefahren auf Brücken

Von Steg und Brücke wissen wir oft nur aufgrund eines Unglücks: Jemand war auf den vereisten Bohlen ausgeglitten und, da ein Geländer fehlte, im Fluß ertrunken. Seit der Jahrtausendwende wurden unter hohen Kosten Kunstbauten aufgeführt, in Italien und Südfrankreich früher als nördlich der Alpen; in Deutschland war das 12. Jahrhundert die große Zeit des Brückenbaus.[118] Bekannte Beispiele sind die noch heute dem Verkehr gewachsene Steinerne Brücke bei Regensburg oder der Pont St. Bénézet bei Avignon.

Nicht nur Handelsinteressen führten zum Bau von Brücken, sondern auch ein geschärftes Gewissen dafür, daß Herrscher in ihrem Bereich soziale Aufgaben wahrzunehmen haben. War ein Reisender verunglückt, hatte man seinen Tod früher als schicksalhaft zur Kenntnis genommen. Seit dem 11. Jahrhundert sahen sich lokale Machthaber verpflichtet, einen einmal erkannten Mißstand dauerhaft zu beheben, z. B. durch Bau und Unterhaltung einer Brücke. Die gewaltigen Kosten eines solchen Baus ließen sich rechtfertigen, wenn viele Reisende unterwegs waren.

Bequem: Im Schlitten, auf Flußschiffen

In Osteuropa war (und ist) das Netz von Siedlungen und Straßen weitmaschiger als im Westen; Stromtäler mit ihrer Vielzahl stiller und fließender Gewässer behinderten den Verkehr, Brücken waren weitgehend unbekannt; im Sommer lauerten Milliarden von Mücken auf Beute – Gründe genug, vorzugsweise im Winter zu reisen. Dann waren Sümpfe und Flüsse zugefroren, so daß man weder mühsam eine Furt suchen noch gar eine (Behelfs-)Brücke

22. Pilgerbrücke über den Orbigo

bauen mußte. Mit dem von Hunden, Rentieren oder Pferden gezogenen Schlitten reiste man geradezu komfortabel; da der Schnee Unebenheiten ausgleicht, konnte man sogar querfeldein fahren.

Ausgesprochen angenehm fuhr man schließlich zu Schiff auf Rhein und Rhône; doch wurden auch kleine Flüsse noch in der Neuzeit für die Schiffahrt genutzt. Erfahrene ortskundige Schiffer fuhren gegebenenfalls sogar nachts, bei Mondschein, so daß sich weite Strecken schnell zurücklegen ließen. Eine günstige Transportmöglichkeit stromabwärts bot das Floß: Am Unterlauf von Rhein, Weser und Elbe brauchte man – vor allem zum Schiffbau – Langholz, wie es im Hessischen Bergland und im Schwarzwald wächst. Vielleicht ließen die Flößer sich darauf ein, einen ›armen Schlucker‹ für ein Vergelt's Gott mitzunehmen.

Über das Meer: schnell, aber voller Risiken

Den bequemen Weg auf Saône und Rhône flußabwärts wählte auch der schon erwähnte Joinville. In Marseille ging er an Bord eines hochseetüchtigen Schiffes. Als die Pferde eingeladen waren, flehten Passagiere und Mannschaft den Segen des Himmels herab; Creator Spiritus meint sowohl den Geist Gottes als auch einen günstigen Wind. »Der Schiffermeister rief seinen Leuten auf dem Bug des Schiffes zu: ›Seid ihr mit euren Vorbereitungen fertig?‹ – ›Ja, Herr, Kleriker und Priester sollen vortreten.‹ Als sie gekommen waren, rief der Schiffermeister ihnen zu: ›Singt, in Gottes Namen.‹ Und wie mit einer Stimme sangen sie alle das ›Veni Creator Spiritus‹. Dann befahl er seinen Leuten: ›Setzt Segel, in Gottes Namen.‹ Was sie taten. In kurzer Zeit hatte der Wind die Segel gebläht und uns den Anblick des Landes entzogen, in dem wir geboren waren. Und damit will ich euch zeigen, daß tollkühn ist, wer sich solcher Gefahr auszusetzen wagt. Denn abends schläft man ein, ohne zu wissen, ob man sich nicht am folgenden Morgen auf dem Grund des Meeres befindet«.[119]

Hier spricht eine ›Landratte‹, der das Meer unheimlich ist. Jahrhunderte früher hatte Bonifatius sich auf dem Weg nach Rom einem Schiff anvertraut, wenn auch ›nur‹ zur Fahrt über den Ärmelkanal; bei gutem Wetter sieht man hier die gegenüberliegende

Küste mit bloßem Auge. Sein Biograph hält die Gefahren der See nicht für erwähnenswert, vielleicht deshalb, weil das Meer einem Bewohner der Britischen Inseln vertrauter ist als einem Ritter aus der Champagne. Dabei hatte sich Bonifatius aller Wahrscheinlichkeit nach einem kleinen, offenen Boot anvertrauen müssen, das wie eine Nußschale auf den Wellen tanzte.

Ein halbes Jahrtausend später kam Joinville dagegen in den Genuß geradezu revolutionärer Verbesserungen im Schiffbau. Die waren auch deshalb möglich geworden, weil Abertausende von Pilgern und Kreuzfahrern die Dienstleistung Schiffahrt zu einem Massenartikel gemacht hatten. Für eine vor Antritt der Reise bekannte Gebühr konnte man von den großen Mittelmeerhäfen aus ins Heilige Land und wieder zurückfahren. Regelmäßige Winde erlaubten einen festen Fahrplan. Und doch: Bonifatius und Joinville waren in erster Linie auf die hohe Kunst der Seeleute angewiesen, die aus Tages- und Jahreszeit, aus Wind, Wetter und Beschaffenheit des Meeres die richtigen Schlüsse ziehen mußten; im Vertrauen auf die Hilfe Gottes und seiner Heiligen lieferten sie sich den Elementen aus. Denn viel stärker als zu Lande war man auf See isoliert; hatte man erst einmal den Hafen verlassen, waren Schiff, Passagiere und Ladung außerordentlichen Gefahren ausgesetzt. Wollte man Sturm und Flaute, Meuterei und Piraten gewachsen sein, mußte man vieles im voraus regeln, was auf dem Land von Fall zu Fall entschieden wurde.

Im Laufe des Früh- und Hochmittelalters wurden bewährte Gewohnheiten zu lokalen Rechten verdichtet, einander angepaßt und schließlich aufgezeichnet, im Mittelmeerraum früher als an Atlantik, Nord- und Ostsee. Die bekannteste und bedeutendste Sammlung von Regeln des Seerechts stammt aus Barcelona, dem größten Handelsplatz im westlichen Mittelmeer: Das ›Consolat de Mar‹, ursprünglich eine private Zusammenstellung aus dem 13. und 14. Jahrhundert, fand weite Anerkennung, weil es der Praxis des Alltags gerecht wurde. Ebenfalls in Barcelona war 1272 ein Seegerichtshof eingerichtet worden, in dem Seeräte, ›consules maris‹, die einander oft widerstreitenden Interessen von Reedern und Pilgern, Kaufleuten und Mannschaften zum Ausgleich bringen mußten; sie hatten zu befinden über Rechte und Pflichten der

107

Befrachter, über Seewurf (Entlastung des Schiffes von einem Teil der Ladung, um Menschen, Schiff und übrige Ladung zu retten), über Vermögensfragen bei Schiffbruch und nach Seeraub.[120]

Die Hafenstädte waren auf ihren guten Ruf und auf Einnahmen bedacht, die die Schiffahrt ihnen bescherte. Ihre Behörden beaufsichtigten daher Eigner und Schiffsführer *(patronus)*, führten Schiffsregister, kontrollierten die Schiffe auf Seetüchtigkeit und Ausrüstung. Mitte des 12. Jahrhunderts achtete man in Arles darauf, daß Pilgerschiffer gute und geeignete Bürgen stellten *(fidejussores bonos et ydoneos)*; rechtschaffen *(bona fide)* sollten die Schiffer die Pilger behandeln und deren Habe bewachen. Nach einem Statut von 1316 verlangte auch Genua geeignete Bürgschaften *(ydoneas securitates)* für die Reisenden. Im Interesse der Sicherheit vor Seeräubern sollten bei Fernreisen die Schiffe nicht allein und ohne triftigen Grund höchstens mit einer Meile Abstand fahren. Der Eigner, der oft auch das Schiff führte, haftete dafür, daß Schiff, Segel, Taue usf. sowie erfahrene, auch waffengeübte Seeleute den üblichen Belastungen gewachsen waren und daß man ausreichend Proviant und Trinkwasser an Bord hatte. Eine Bestimmung lief darauf hinaus, Meutereien vorzubeugen: Der Schiffsführer sollte dafür sorgen, daß jeder Matrose täglich eine bestimmte Menge Zwieback erhielt.

Der Schiffsführer handelte stellvertretend für den abwesenden Reeder und besaß daher umfangreiche Vollmachten. Er war mitverantwortlich für Pflege, Ausrüstung und Seetüchtigkeit des Schiffes, heuerte die Mannschaft an und legte die Route fest; er mußte dafür sorgen, daß die Reise in der vorgesehenen Zeit angetreten und abgeschlossen wurde; deshalb sollten keine unnötigen Umwege oder Aufenthalte eingelegt werden. Wie der Wirt im Gasthaus, hatte der Schiffsführer an Bord für Frieden zu sorgen; dazu gehörte, daß er die Reisenden, zumal die Frauen, vor Belästigungen durch die Besatzung und andere Reisende schützte. Mit Körperstrafen (z. B. Auspeitschen) und Aussetzen an Land konnte er die Einhaltung der Schiffsordnung erzwingen. Bei Ausbruch einer Epidemie mußte er angemessene Maßnahmen ergreifen. Er berief den Schiffsrat ein, wenn Kaperung drohte, wenn über Seewurf oder ähnlich schwerwiegende Eingriffe in das Vermögen der Reisenden zu entscheiden war; anschließend mußte er für Schadensausgleich sorgen. Um solche Streitfälle zu schlichten, fuhren auf venezianischen Schiffen im Spätmittelalter jeweils zwei Richter mit.

Nicht zuletzt wurden auch Rechte und Pflichten der Passagiere gegenüber Schiffseigner und Schiffsführer seit dem Spätmittelalter in einem schriftlichen Vertrag festgehalten, der oft von der obersten Stadtbehörde registriert wurde. Dieser Vertrag spiegelt Erfahrungen von und mit Pilgern; er sollte Konflikte nach Möglichkeit verhüten. Wie jeder andere Reisende hatte der Pilger sich so zu verhalten, daß der Schiffsbetrieb nicht gestört wurde; wer umsonst oder gegen geringes Entgelt mitgenommen wurde, mußte Arbeiten an Bord übernehmen, z. B. das stinkende Bilgenwasser auspumpen, das sich an der untersten Höhlung des Schiffsrumpfes sammelt. Genua ordnete 1441 an, auf jedem Schiff sollten zwei Kaufleute gewählt werden, die unter Eid angeben mußten, ob der Schiffsführer das Schiff unterwegs überlastet habe (oneraverit navem suam ultra debitam portatam).

Alles Wichtige wurde im Laufe der Zeit in einer Art Mustervertrag festgelegt: Abfahrt und Route, Höchstzahl der Passagiere, Mindestgröße des dem einzelnen zustehenden Raumes (einschließlich des Platzes für Hühnerkäfige), Verpflegung an Bord (Häufigkeit und Zusammensetzung der Mahlzeiten, Art der Getränke). Wenn möglich, nahm man vor Vertragsabschluß das Schiff in Augenschein und ließ sich einzelne Vergünstigungen ausdrücklich bestätigen. Der schon erwähnte Bernhard Breydenbach hatte 1483 von Venedig aus das Heilige Land und Ägypten besucht; im Anschluß an seine Pilgerreise gab er folgende Ratschläge: Der Schiffsführer solle sich verpflichten, auf der Hin- und Rückfahrt guten Wein ausschenken zu lassen, auch jeden Morgen Brot und Malwasier Wein, und zwar »ungeverlich« (ohne List und Trug).[121] Weiter wurde geregelt, aus welchen Gründen Reisende an Land gehen dürften (z. B. zur Beschaffung von Medizin, zum Besuch heiliger Stätten). Während eines solchen Landganges hatte der Schiffsführer, nicht anders als der Wirt eines Gasthauses, ihm anvertraute Wertsachen sorgfältig zu verwahren. Geregelt war ferner die Sorge für Kranke (ihnen sollte möglichst ein

Platz an Deck zugewiesen werden) und unterwegs Verstorbene:
Der Leichnam sollte nicht ins Meer geworfen, sondern bei nächster Gelegenheit an Land bestattet werden. Als Kenner von Land
und Leuten hatte der Schiffsführer im Heiligen Land etwaige Risiken mit den Pilgern zu teilen; er sollte sie vor Angriffen der Ungläubigen schützen und zu den heiligen Stätten begleiten; er sollte
für sie Zölle und sonstige Abgaben bezahlen, Esel mieten usf. Jenen Pilgern, die weiter zum Berge Sinai und nach Ägypten reisen
wollten, sollte er sicheres Geleit besorgen... Eine Generalklausel
zum Schluß war geeignet, auch mißtrauische Reisende zufrieden-
zustellen: Wenn etwas in diesem Vertrag vergessen oder nicht hin-
reichend ausgedrückt und vorgesehen sei, was nach Recht und
Gewohnheit zu den Pflichten des Schiffsführers gehöre, so solle es
als hier niedergeschrieben und in den Vertrag eingefügt gelten.
Trotzdem gab es natürlich immer wieder Klagen, z. B. über die
Verpflegung an Bord. Ob der (vermeintlich) Geschädigte dann
Schadensersatz bekam, z. B. aufgrund der vom Schiffsführer ge-
leisteten Bürgschaft, hing auch von den Machtverhältnissen ab.

Kaum vorstellbare Unannehmlichkeiten

Das Recht sollte den Frieden an Bord und ein hohes Maß an
Sicherheit gewährleisten. Es konnte weder Bequemlichkeit garan-
tieren noch vor Stürmen bewahren; die drohten sogar dort, wo
man in möglichster Nähe der Küste fuhr, z. B. von Venedig aus
durch die Adria ins Heilige Land. Auch bei leichtem Seegang
hatte mancher unter Seekrankheit mit Erbrechen und Unwohlsein
zu leiden. Rechnen mußte man mit verdorbenen Lebensmitteln
und, schlimmer noch, gräßlich stinkendem Trinkwasser. Wegen
der Feuergefahr konnte bei bewegter See nicht gekocht werden.
War an Bord eine Seuche ausgebrochen, ließ einen unterwegs
vielleicht keine Hafenverwaltung an Land. Die meisten Reisenden dürften so mit sich selbst beschäftigt – oder auch so abge-
stumpft? – gewesen sein, daß sie keinen Blick für die Leiden derer
hatten, die unter Aufbietung der letzten Kräfte für sie arbeiten
mußten: Die im Spätmittelalter für den Seetransport großer Men-
schenmengen vorzugsweise eingesetzten Galeeren wurden, um

vom Wind möglichst unabhängig zu sein, zusätzlich von Ruderern angetrieben. Oft handelte es sich um Sklaven, die mit nacktem Oberkörper arbeiten mußten, auf daß ihre Aufseher sie mit Peitschenhieben um so schmerzhafter treffen könnten. Waren sie an die Bänke gekettet, durften sie sich möglicherweise nicht einmal zur Verrichtung der Notdurft von ihren Plätzen entfernen. Ihr Stöhnen, das Fluchen der Antreiber, das Klatschen der Schläge sowie der von ihnen ausgehende Gestank dürften Ohren und Nasen der Pilger in einer Weise belastet haben, die Landreisenden erspart geblieben ist. Man bezahlte einen hohen Preis dafür, sich an Bord der Muße hingeben zu dürfen. Oder müßte man sagen, daß das Ertragen all der für Seereisen typischen Unbill auch auf harte Arbeit hinauslief, die – wie eingangs erwähnt – Wesensmerkmal des Reisens war?

Einzelheiten aus dem Alltag seefahrender Pilger berichtet der Dominikanermönch Felix Faber aus Ulm, der 1480 und 1483 ins Heilige Land gereist ist.[122] Mit herzhafter Unbefangenheit äußert er sich sogar zu Einzelheiten der Körperpflege; manches von dem, was er beschreibt, dürfte auf Reisen zu Lande nicht wesentlich anders gewesen sein: Jeder Pilger habe, so erfahren wir, neben seinem Bett ein Gefäß aus Glas oder Steingut, in das er uriniere und sich erbreche. Da es an Bord eng zugehe und dunkel sei, da ständig Menschen kommen und gehen, stoße »irgendein Tölpel«, aufgestört von einem dringenden Bedürfnis, schon abends im Vorübergehen fünf oder sechs dieser Gefäße um, was einen unerträglichen Gestank hinterlasse. Nachts sei es schwierig, zu den Latrinen vorzudringen, weil auf dem Deck der Galeere zahllose Menschen liegen. Auf dem Weg zum Bug, wo zu beiden Seiten des Schiffsschnabels Abtritte eingerichtet seien, laufe man mit jedem Schritt Gefahr, auf einen Mitpilger zu treten oder auf einen Schlafenden zu fallen; die Aufgeschreckten fluchen, der Störenfried schimpft zurück – schließlich hat er nicht in böser Absicht die anderen um die ersehnte Ruhe gebracht. Wer mutig und schwindelfrei sei, hangele sich an der Außenwand des Schiffes von Tau zu Tau, was er, Faber, trotz der Gefahr wiederholt getan habe. Morgens strebten die Pilger zum Bug. Manchmal warteten hier zehn und mehr Leute darauf, einen Sitz zu ergattern. Brauche einer

111

zu lange, herrsche nicht Verlegenheit, sondern Zorn. Wirklich schwierig werde es bei schlechtem Wetter; wer dann den Freiluft-Abort aufsuche, laufe Gefahr, von Kopf bis Fuß durchnäßt zu werden; deshalb entledigten sich viele vorher ihrer Kleider und gingen nackt zum Bug. Wer sich schäme, hocke sich an irgendeiner Stelle hin, »die er verunreinigt, was die Wut reizt und zu Schlägereien führt, wobei sich sogar ehrbare Leute vergessen.« Manche entleerten sich gar in ihre Bettflasche; das sei abscheulich und vergifte die Nachbarn; dulden könne man es nur bei Schwerkranken, denen man deshalb keinen Vorwurf machen dürfe. Faber deutet diskret an, was er durch einen kranken Bettgefährten in dieser Hinsicht erlitten hat. Er ergänzt seine Erfahrungen durch den dringenden Rat, auf See, wo man leicht Verstopfung bekomme, für regelmäßige Verdauung zu sorgen.

Was die drastische Schilderung von Einzelheiten angeht, dürfte der Bericht Fabers einmalig sein. Doch haben Tausende Ähnliches erlebt. Wenn sie sich nicht zu Unzulänglichkeiten äußern, dann wohl deshalb, weil die Reise insgesamt erwartungsgemäß verlaufen war. Die Beschwernisse überstiegen nicht das Maß dessen, was man seit frühester Jugend als unvermeidbar hinzunehmen gelernt hatte.

Eine Ergänzung: Als Dominikaner war Faber in die Seelsorge seiner Heimatstadt eingebunden. Er wußte, wovon er sprach, wenn er die Ungehaltenheit der Menschen, die sich morgens vor dem Schiffsabort drängten, mit der Ungeduld der armen Sünder verglich, die in der Fastenzeit anstehen müssen, um ihr Gewissen zu erleichtern: »Zornig über die endlosen Beichten« warten sie übellaunig darauf, an die Reihe zu kommen. Wahrscheinlich hat mancher mit ähnlichen Regungen kämpfen müssen, wenn er am Ziel seiner Pilgerfahrt lange warten mußte, um dem Priester seine Sünden zu bekennen und die ersehnte Lossprechung zu erhalten.

Die Seereise galt nur mit Einschränkungen als ›echte‹ Pilgerfahrt: Man ging nicht zu Fuß, wie Jesus mit seinen Jüngern auf dem Weg nach Emmaus; man war an die festgelegte Route gebunden, konnte also nicht nach Gutdünken weitere heilige Stätten aufsuchen. Auch sollte an Bord keine Messe gefeiert werden, denn auf einem schwankenden Schiff konnten Brot und Wein, nach der Wandlung Leib und Blut Christi, verschüttet werden. Dieses Risiko hat den Erfindungsgeist von Menschen beflügelt, die über See ein fernes Pilgerziel aufsuchen wollten oder mußten. Im Spätmittelalter wurden Kelche hergestellt, deren oberer Teil so in Kardangelenken ruhte, daß ein Schwanken des Schiffes ausgeglichen und der Wein in der sogenannten ›cupa‹ so sicher war, als stände der Kelch auf einer ebenen Fläche.[123]

Obwohl Seereisen noch größere Risiken bargen als Fahrten zu Lande, obwohl eine Pilgerfahrt zur See nicht den geistlichen Gewinn einer Wallfahrt zu Lande versprach, sind im Laufe des Mittelalters Millionen von Pilgern über das Meer gereist, z. B. von den Britischen Inseln, aus dem Nord- und Ostseeraum nach Santiago. Waren die Landwege ins Heilige Land gesperrt, mußte der Fromme einen Kompromiß eingehen, wenn er auf den Spuren des Erlösers wandeln wollte. In Jerusalem, Betlehem, Nazaret konnte er echte Beschwernisse auf sich nehmen, z. B. mit einem Kreuz und barfuß den Weg nach Golgota gehen, oder sich der Schädelstätte bei sengender Sonne auf Knien rutschend nähern.

Dreißig Kilometer pro Tag, eine gute Leistung

Bevor Glück und Leid der Pilger weiter erörtert werden, sei der Blick auf Reisegeschwindigkeiten gelenkt. Datums- und Ortsangaben in Urkunden, Briefen und anderen Quellen geben Hinweise auf Weg und Geschwindigkeit von Reisenden. Ein Beispiel: Landgraf Ludwig und die ihn begleitenden Kreuzfahrer brachen am 24. Juni 1227 in Thüringen auf, am 3. August 1227 erreichten sie Troja in Süditalien.[124] In vierzig Tagen hatten sie also etwa 1500 Kilometer zurückgelegt oder durchschnittlich 35 bis 40 Kilometer pro Tag. Das ist eine respektable Leistung; denn der Trupp mußte die Alpen überqueren und die Julihitze Italiens erdulden.

Wer es eilig hatte, regelmäßig die Pferde wechseln konnte, zäh und belastbar war, mochte über längere Zeit sogar 50 bis 60 Kilometer schaffen; von Kurieren erwartete man noch mehr. Doch dürften die meisten Reiter nicht wesentlich schneller als Fußreisende gewesen sein; für sie gehörten ein gemächliches Tempo und Ruhetage zu den Freuden des Reisens.

Erfahrung spricht aus einem Rat des wiederholt erwähnten Geiler von Kaysersberg: Der Pilger übereile sich nicht, zumal am ersten Tag gehe er »gemach«; denn wer einen weiten Weg vor sich habe, dürfe sich nicht übernehmen; gehe er zu schnell, müsse er »gleich also stil ligen alß wenn ainer ain pferd yberreit«.[125]

Etwa 30 Kilometer stellten für Fußreisende eine gute Leistung dar; doch darf man diesen Wert nicht extrapolieren: Schaffte man in den ersten drei Tagen hundert Kilometer, brauchte man wohl sechs Tage für insgesamt 150 Kilometer; wer als Pilger in zehn Tagen 200 Kilometer zurücklegte, Überquerung von Flüssen und Gebirgen eingeschlossen, durfte zufrieden sein. Man tat gut daran, von Lübeck aus fünf Monate für die etwa 3000 Wegekilometer nach Santiago zu rechnen (Luftlinie etwa 2000 Kilometer). Der Tagesdurchschnitt sank, weil man auch einmal verschnaufen wollte; ein andermal mußten die Schuhe in Ordnung gebracht werden – zu schweigen von unfreiwilligen Pausen, bedingt durch Krankheit, Hochwasser und andere Naturereignisse. Grundsätzlich galt ferner: Je geringer die Besiedlung, desto größer das Risiko unliebsamer Zwischenfälle, desto geringer der Tagesdurchschnitt. Das heißt nicht, daß Pilger sich in dichtbesiedelten Landstrichen immer gesputet hätten. Für den Weg von London zum Grabe des hl. Thomas Becket rechnete man vier Etappen, mit drei Übernachtungen unterwegs;[126] das entspricht einem Durchschnitt von weniger als 25 Kilometern pro Tag.

Die im Mittelalter üblichen Durchschnitte galten in Europa bis etwa 1700. Eine ›Revolution‹ gab es im Landverkehr erst im 18. Jahrhundert; als Johann Wolfgang von Goethe 1786 nach Italien reiste, kam er – mit der Postkutsche – immerhin schon auf durchschnittlich sechzig Kilometer pro Tag.[127] Zur Orientierung seien Leistungen zusammengestellt, die man unter günstigen Bedingungen im Mittelalter erzielen konnte.[128]

Vor dem Hintergrund von Höchstleistungen sei Verkrüppelter gedacht; wiederholt in Wort und Bild dargestellt, haben manche ohne fremde Hilfe weite Entfernungen überbrückt. Gestützt auf ›Schemelchen‹ – Hölzer mit vier kleinen Beinen, die die Handknöchel davor bewahrten, zerschunden zu werden – zogen die sogenannten ›Schemeler‹ ihren Körper Stück für Stück voran.

	Stunden-geschwindigkeit	Tages-leistung
Fußreisende	3–6	20–40
Läufer	10–12	50–65
Maximal 10 Tage zu 40 km		
Pferd im Galopp	20–25	
Reitender Bote, ohne Rücksicht auf das Pferd		130–135
›Durchschnitts‹reisende, wenig eilig, mit Gefolge und Gepäck (z. B. Kaufleute)		30–45
Flußschiff, talwärts, auf Rhein oder Rhône		100–150
Hochseegängiges Segelschiff		120–200
bei günstigem Wind evtl. mehr		
Besonders schnelle Galeere		200

Eine päpstliche Kommission untersuchte in den 1230er Jahren ›Wunder‹, die sich auf Fürsprache der hl. Elisabeth ereignet hätten. Die realitätsnahen Mirakel stellen auch einen gewissen, etwa 21 Jahre alten Wigand vor; mit großer Mühe habe er – hier scheint Anteilnahme der Kommission auf – in fünf Wochen seinen wohl hüftabwärts gelähmten Körper von Grünberg bis zum Grab der hl. Elisabeth nach Marburg geschleift, in der Luftlinie etwa 28 Kilometer![129] Solche Angaben legen es nahe, Solidargemeinschaften – von denen im folgenden Abschnitt gesprochen werden soll – nüchtern einzuschätzen. Hätte jemand spontan geholfen, wäre Wigand nicht erst nach fünf Wochen, sondern nach zwei, höchstens drei oder vier Tagen am Grabe Elisabeths angekommen. Nicht auszuschließen ist, daß er sich nicht helfen lassen wollte, daß er darauf hoffte, die als heilig Verehrte werde seine Mühsal belohnen.

Wer für eine bestimmte Wallfahrt warb, sorgte dafür, daß Angaben zur Entfernung nicht abschreckten. So läßt sich jedenfalls eine Satz im Pilgerführer erklären: »Von den Cizepässen bis nach

Santiago hat der Pilger dreizehn Tagemärsche vor sich«.[130] Für die gut 800 Kilometer (etwa 600 Kilometer Luftlinie) mußte man mindestens dreißig Tage veranschlagen.

Eine Einschränkung zu den in der Tabelle gebrachten Angaben: Angesichts optimaler Leistungen darf man nicht vergessen, daß sich der Schiffsreisende auf große Risiken einließ. Windstille, die der Landreisende möglicherweise gar nicht bemerkt, kann auf dem Meer tödlich werden. Konkret: Von Irland rechnete man für die Fahrt nach Spanien bzw. nach Island drei Tage; bei widrigen Winden konnte die Reise aber auch dreimal so lange dauern. Wenn die mitgeführten Vorräte vielleicht für eine Woche reichten, drohten bei einer langdauernden Flaute Hunger und – auf See viel schlimmer – Durst. Es ist kein Zufall, daß die Tragödie von Tristan und Isolde auf einer Seefahrt ihren Ausgang nahm.

Solidargemeinschaften

Die Sozialbindung des Eigentums ist keine Erfindung des 20. Jahrhunderts. Unter Pilgern sollte es selbstverständlich sein, daß der Habende mit dem Habenichts teilt. In Wort und Bild wurde den Menschen immer wieder eingeschärft, daß beim Jüngsten Gericht gerettet werde, wer Fremden geholfen hat. Dazu mußte man nicht einmal Unbequemlichkeit in Kauf nehmen: Ein Viehhändler konnte z. B. einen Pilger einladen, auf eins seiner Tiere zu steigen.

Die Legenda aurea aus der zweiten Hälfte des 13. Jahrhunderts, das verbreitetste und beliebteste Buch des Spätmittelalters, preist einen Ritter, der zunächst den Sack einer alten Frau zu sich aufs Pferd genommen, dann einen Schwerkranken hatte aufsitzen lassen; er selber hatte das Pferd geführt und den Sack der Frau sowie den Stab des Kranken getragen. Welch gute Tat das ist, zeigen Legenden oft dadurch, daß der Pilger sich später – meist im Traum – als ein Heiliger oder ein Engel zu erkennen gibt. Hier sieht der barmherzige Ritter in einer Vision, wie der hl. Jakobus ihn gegen anstürmende Teufel schützt, denen er eigentlich wegen seines früheren Lebenswandel verfallen wäre.[131] Auch die Anno-Mirakel bezeugen, daß wildfremde Menschen unterwegs Hilfe fanden: Eltern hatten vergeblich ihre blinde Tochter auf einem Karren zum

Grab Annos geführt; unterwegs wurden sie von einer elenden Blinden gebeten, sie um Gottes willen mitzunehmen. Kaum hat man die Frau auf das Gefährt gehoben und neben die Tochter gesetzt, da rufen die beiden Blinden gemeinsam die Verdienste Annos an und sind geheilt.[132]

Gelegentlich werden Grenzen der Solidarität deutlich, sogar innerhalb der Familie. Eine bettlägerige ältere Dame aus Mülheim war vergeblich zum Grabe Annos gefahren worden; wieder daheim, wurde sie von Anno in einer Vision gemahnt, sein Grab nochmals aufzusuchen, an dem sie »ohne Zweifel« die Gesundheit erlangen werde. Auf ihre Bitten, gleich wieder nach Siegburg geleitet zu werden, erklärt einer ihrer Söhne unwillig: »Wir haben dich, Mutter, unter erheblichen Mühen dahingeführt und ohne Heilerfolg wieder zurückgeleitet. Ich schwöre dir, daß du durch unsere Hilfe nie wieder dorthin geführt wirst – allenfalls magst du diesen Weg mit eigenen Füßen gehen!« Gleich nach den trotzigen Worten fühlt die Mutter sich geheilt; ohne Wagen und Stock kann sie den hl. Anno aufsuchen. Von einer Bestrafung des Sohnes ist nicht die Rede.

Das Reisen in Gesellschaft bewahrte nicht vor Überfall, wie sogar der Abt von Cluny erfuhr; 972 fiel er mit seinem Gefolge in den Alpen Sarazenen in die Hände und wurde erst freigelassen, als die Mönche ein hohes Lösegeld aufgebracht hatten.[133] Überfallen wurde auch die schon erwähnte Frau aus Siegburg, kaum daß sie den Fluten der Rhône entkommen war. Sie hatte sich Frauen angeschlossen, die ebenfalls nach Deutschland wollten. In einem Wald fielen Räuber über sie her. »Diese Verbrecher begannen, bar jeder Scham, sie der Kleider zu berauben und zu entblößen.« In ihrer Not rief die Siegburgerin wieder Anno an; kaum hatte sie dessen Namen ausgesprochen, nahm einer der Räuber sie beiseite und führte sie auf den Weg zurück. Im Vorgriff auf ein späteres Kapitel sei schon hier das Ende der Geschichte erzählt. Glücklich heimgekehrt, ging sie zunächst an ihrem Haus vorbei und andächtig zum Kloster des heiligen Bischofs. »Unter Seufzen und Tränen« erfüllte sie ihr Gelübde, erzählte ihre Abenteuer »und veranlaßte so Klerus und Volk, Gottes Lob zu singen«.[134] Der Chronist äußert sich nicht zum Geschick ihrer Weggefährtinnen. Sie werden der Vergewaltigung kaum entgangen sein; vor Gefahren, die besonders Frauen drohten, hatte – wie schon erwähnt – Jahrhunderte früher Bonifatius gewarnt.

23. »Und mancher fiel unter die Räuber« (Abbildung aus dem Hortus Deliciarum der Äbtissin Herrad von Landsberg, ca. 1150). Auch damit mußte man rechnen; doch hoffte man, daß in solcher Not ein barmherziger Samariter des Weges kommen und selbstlos helfen würde (vgl. Luk 10,25–37).

Freuden unterwegs: Besuch bei Heiligen

Mittelalterliche Pilger haben ihre Reise möglicherweise gar nicht als so strapaziös erfahren, wie sie hier geschildert wird. Auch deshalb darf man Lichtseiten nicht vergessen, die dem Wallfahrer den langen Gang versüßen konnten. Dazu gehörten sicher die Freuden der Tafel, wie der Pilgerführer nach Santiago wiederholt unumwunden einräumt. Dazu dürften auch anregende Gespräche gehört haben, angenehme Überraschungen in Herbergen, unerwartete Hilfen bei der Überquerung von Flüssen und Gebirgen.

Es sei dahingestellt, wie weit man sich an den Wundern der Schöpfung gefreut hat, an einer majestätischen Landschaft, an einem prächtigen Schmetterling oder einer ungewöhnlichen Blume.

24. *Pilger bei der Rast (1508, Kupferstich des Lukas von der Leyden).*
Selbstverständlich waren auch Frauen zu Wallfahrtsstätten unterwegs.
Zum leichten Reisegepäck gehörte ein Taschenmesser
(vgl. Abb. 15 und 29).

119

Höher schlug das Herz des Frommen, wenn er sich dem Haus eines Heiligen näherte, der ihm seit Kindsbeinen vertraut war oder den er im Gespräch mit Weggefährten kennengelernt hatte. Bei der Schilderung des in St. Gilles ruhenden hl. Aegidius gerät der Pilgerführer ins Schwärmen: »Wer wird da nicht lange Zeit an der Schwelle zu seinem Grabe verweilen wollen! Wer wird nicht Gott in der diesem Heiligen geweihten Basilika verehren wollen!... Wer möchte nicht seinen überaus frommen Lebenslauf weitererzählen!... Wem gewährt er nicht unermüdlich Hilfe!« Es folgt eine Aufzählung von Großtaten dieses Heiligen.[135]

Ehrfürchtige Bewunderung kostbarer Schreine

Der Pilgerführer zeigt weiter, wie ein aufgeschlossener Wallfahrer Kunstwerke erleben konnte. Die auf den Lobpreis des Heiligen folgende Beschreibung ist auch dem Kunsthistoriker willkommen, weil der Schrein, in dem der hl. Aegidius ruhte, später zerstört wurde.[136] Der Autor geht systematisch vor; er beschreibt die beiden Stirn- und Seitenwände sowie die Dachflächen; namentlich stellt er die Figuren vor, einzeln – z. B. Bilder der Apostel und der Sternkreiszeichen – oder gruppenweise, z. B. die in der Apokalypse genannten Ältesten. Besondere Aufmerksamkeit schenkt er einer Darstellung Christi: »Inmitten der vorderen Giebelseite des Schreins sitzt in einem goldenen Kreis der Herr; mit der rechten Hand spendet er den Segen, in der linken hält er ein Buch, in dem geschrieben ist: Liebt den Frieden und die Wahrheit. Seine Füße ruhen auf einem Schemel, unter diesem sieht man einen goldenen Stern. Zu beiden Seiten des Herrn hat der Künstler auf der Höhe der Ellenbogen die Buchstaben Alpha und Omega eingraviert. Über dem Thron des Herrn funkeln zwei Edelsteine in unbeschreiblichem Glanz. Die vier geflügelt dargestellten Evangelisten sind um seinen Thron gruppiert, aber außerhalb der Gloriole; jeder hält mit den Füßen ein Buch, in dem der jeweilige Anfang des Evangeliums aufgeschlagen ist. Auf der rechten Seite Mattäus, als Mensch abgebildet, aufrecht; darunter Lukas, in Gestalt eines Stieres; auf der linken Seite Johannes, in Gestalt eines Adlers; darunter Markus in der Gestalt des Löwen.

In feinster Goldschmiedearbeit sieht man neben dem Thron des Herrn zwei Engel: ein Cherub zur Rechten, ein Seraph zur Linken, ihre Füße jeweils über Lukas bzw. Markus.« Der Autor äußert sich zur Technik der Arbeit, zu Ornamenten (Weinranken, den Schuppen eines Fisches vergleichbare Bearbeitung des Metalls), zu den das Werk schmückenden kostbaren Edelsteinen und der Form ihrer Bearbeitung; in einem schön geschliffenen Bergkristall glaubt er eine langgestreckte Forelle mit aufwärts gerichtetem Schwanz zu erkennen. Auch die Darstellung von Tugenden wird erläutert:»Freigebigkeit, Sanftmut, Glaube, Hoffnung und Liebe, sowie noch weitere, jeweils in Gestalt einer Frau.« Aus der letzten Bemerkung kann man vielleicht schließen, daß der Autor die weiteren Allegorien nicht zu deuten wußte; möglicherweise fehlten die nötigen Attribute, oder die Figuren waren wirklich nicht eindeutig bestimmbar, oder der Autor wußte ganz einfach nicht mehr weiter. Er zeigt ferner, wie sehr die symbolische Deutung Menschen im 12. Jahrhundert vertraut war: »In bewundernswerter Weise wurden ferner drei Steine zusammengefügt, Abbild der göttlichen Dreieinigkeit.«

Auch die Inschriften vergißt der Autor nicht. Nach einer wird der Fluch des Himmels jeden treffen, der sich an dem aus Gold, Silber und Edelsteinen gearbeiteten Werk oder an den sterblichen Überresten, die dieser Schrein birgt, vergreifen sollte: »Dieses außergewöhnliche, mit Edelsteinen und Gold verzierte Gefäß birgt die Reliquien des hl. Aegidius. Wer diesen Schrein verletzen sollte, den wird auf ewig verdammen der Herr; Aegidius und die Scharen der Heiligen werden sich diesem Spruch anschließen.«

Der Pilgerführer beschreibt weitere Werke der bildenden Künste; ihn scheint dabei die Freude an solcher Schilderung und an der Belehrung Ungebildeter zu leiten. Für erläuterungswürdig hält er sogar Darstellungen aus den Evangelien, die man als bekannt hätte voraussetzen können: Mariä Verkündigung, Besuch der Weisen aus dem Morgenland, Szenen aus der Leidensgeschichte. Von den Skulpturen an der Basilika in Santiago hat es ihm eine Gruppe besonders angetan: Neben der Darstellung der Versuchung des Herrn (»das will ich dir geben, wenn du niederfällst und mich anbetest«; Mt 4,9) sei eine Frau abgebildet. »In ihren Hän-

den hält sie den Kopf ihres Galans, den ihr eigener Mann abgeschlagen hat; von ihrem Mann gezwungen, muß sie zweimal am
Tag den stinkenden Schädel küssen. Wie nachdrücklich, wie bewundernswert widerfuhr dieser ehebrecherischen Frau Gerechtig-
keit. Allen sei es kundgetan!«[137] Ob auch diese Darstellung
Freude im Betrachter ausgelöst hat, sei dahingestellt; denn auf
Freude kam es letztlich gar nicht an. Bilder in und an Kirchen
sollten belehren; sie sollten die Menschen warnen, nicht der Versuchung zu erliegen; sie sollten mahnen, daß jeder sich eines Tages dem göttlichen Gericht zu stellen hätte.

25. Erschaffung
des Menschen
(Südportal der
Kathedrale
von Santiago
de Compostela).

122

Tafel I. Pilger mit Palmwedel in der linken Hand, dem Zeichen des Jerusalem-pilgers (12. Jh., Fresko in St. Nikolaus in Tavant). (Fortsetzung folgende Seite)

Tafel II. Puente la Reina, die berühmte Pilgerbrücke aus dem 11. Jahrhundert über den Rio Arga. Die Brücke hält die Erinnerung an eine wahrhaft menschenfreundliche Stiftung fest, die Königin Mayor, Gemahlin König Sanchos III. von Navarra, im 11. Jh. gemacht hat. Sie ließ eine Brücke gerade da bauen, wo Pilger aus mehreren Richtungen zusammenkamen. Die fensterförmigen Öffnungen in den Pfeilern mindern den Widerstand bei Hochwasser und tragen damit zur Dauer des Baues bei.

Fortsetzung Tafel I. Anders als die Muschel der Santiagopilger, hat sich der Palmwedel der Jerusalempilger nicht erhalten; doch selbstverständlich ließ man sich den Palmwedel mit ins Grab legen, als ›Beweis‹ Gott und seinen Heiligen gegenüber, daß man die weite Reise ins Heilige Land gemacht hatte.

Tafel III. Der Pont Valentré, eine der besterhaltenen Brücken des Mittelalters, überspannt seit dem 14. Jh. den Lot. Harmlos dreinschauende Pilger konnten Spione sein, die den schwachen Punkt in der Stadtbefestigung ausspähen wollten, zu der die Brücke als wichtiger Teil gehörte.

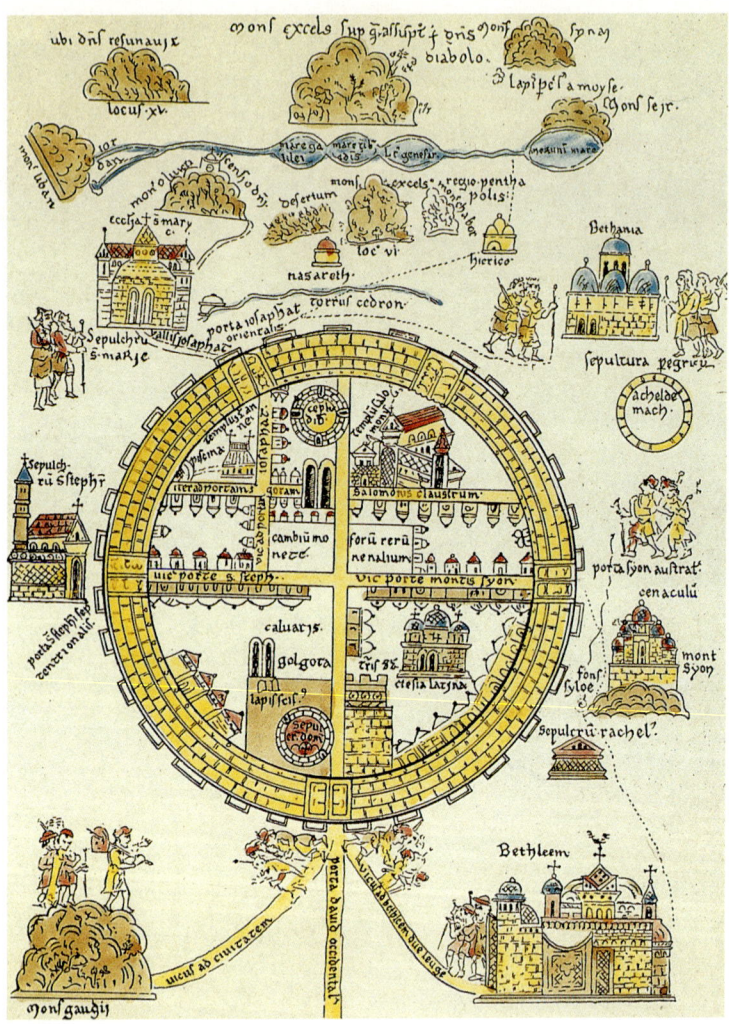

Tafel IV. Jerusalemkarte aus dem 12. Jahrhundert. Die Karte ist geostet. Im Innern links unten die Grabeskirche, oben der Jordan, der See Genesaret und das Tote Meer. Zahlreiche Pilger durchwandern das Land mit Stab und Rucksack. Links unten besonders hervorgehoben der Mons gaudii, der Berg der Freude, von dem aus man zum ersten Mal die heilige Stadt sehen konnte.

Tafel V. Pilger beim Bad im Jordan (aus: Le livre des merveilles, Paris, Bibliothèque Nationale). Man wollte sich erfrischen, gewiß; viel wichtiger war jedoch die Gewißheit, in das Wasser einzutauchen, mit dem Johannes Jesus getauft hatte.

*Tafel VI. Elisabeth wäscht die Füße des Bettlers und läßt Durstigen zu trin-
ken geben (1. Hälfte 13. Jh., Elisabethschrein, Marburg). Die Landgräfin
machte, angeregt auch durch das Beispiel des Franz von Assisi, mit den Forderungen des Evangeliums Ernst: Jesus hatte seinen Jüngern ein Beispiel
geben wollen, als er ihnen die Füße wusch. Elisabeth tat noch mehr, wenn sie
wundgelaufene Füße mit Öl salbte.*

Tafel VII. Elisabeth erhält durch einen Boten den Ring ihres verstorbenen Gemahls (1. Hälfte 13. Jh., Elisabethschrein, Marburg). Beim Abschied hatte Landgraf Ludwig mit seiner Frau dieses Zeichen für den Fall seines Todes vereinbart. Anders als auf Abb. 8 sind hier die beiden Männer an ihren Kettenhemden als Krieger zu erkennen.

Tafel VIII. Immer wieder stößt der Pilger nach Santiago de Compostela auf Kreuze wie dieses am Wegesrand.

8. Unterkunft und Gastfreundschaft

Wo kann ich heute Nacht wohl übernachten? Wie werde ich aufgenommen? Jahrhundertelang stellten sich Pilger Tag für Tag solche Fragen. Sie kamen als mißtrauisch beäugte Fremde; gastfreundliche Einheimische werden nicht selten die bösen Absichten fremder Reisender erst dann durchschaut haben, als es zu spät war.

Im Laufe der Spätantike und des Mittelalters standen Reisenden unterschiedliche Stätten der Beherbergung zur Verfügung: Unentgeltlich war die Aufnahme im Xenodochion (wörtlich: Haus für die Aufnahme von Fremden), in Kloster, Hospiz bzw. Spital. Als die Zahl der Reisenden seit der Jahrtausendwende rasch zunahm, entstanden Einrichtungen gewerblicher Gastlichkeit, zunächst in Italien, dann in Südfrankreich, schließlich auch in den Ländern nördlich der Alpen.

Unentgeltlich geübte Gastlichkeit gibt es seit der Antike und bis in die Gegenwart. Verwandte, Freunde und andere Nahestehende werden und wurden gewiß zu allen Zeiten mehr oder weniger gastfreundlich aufgenommen, wenn sie auf Reisen Quartier brauchten. Bei Römern und Germanen galt, daß ein Gast grundsätzlich für kurze Zeit Unterkunft, Holz und Feuer (zum Wärmen, zum Trocknen der Kleider, zur Vertreibung wilder Tiere nachts), Wasser und Pferdefutter (in grasreichen Gegenden) beanspruchen durfte, ferner Auskunft zu Weg und Steg sowie Hilfe beim Einkauf von Lebensmitteln.

Ein anspruchsvolles Gebot

Reisenden kam die fortschreitende Christianisierung Europas zugute. Denn zentrale Stellen im Alten und Neuen Testament gebieten, dem Bedürftigen zu helfen. In den Genuß der Gastfreundschaft sollten nicht nur – wie in vorchristlicher Zeit – Menschen kommen, die einem nahestanden. Jeder Christ war aufgefordert, den Fremden wie seinen Nächsten zu lieben. In erster Linie sahen sich die Leiter der Gemeinden sowie Witwen und Diakone angesprochen, die in besonderer Weise caritative Aufgaben wahrnehmen sollten.

Nicht jedem gelingt es, nach der Taufe sein ganzes Leben an den Normen der Heilsbotschaft auszurichten. Zudem sprach ein gerüttelt Maß Erfahrung aus dem Wort des Alten Testamentes: »Nimmst du einen Fremden auf, so entfremdet er dich deiner Lebensart und entzweit dich mit deiner Familie« (Sir 11, 34). Trotzdem sind eindrucksvolle Zeugnisse spontan gewährter und institutionell abgesicherter Gastfreundschaft überliefert, die man vielleicht als Hinweise auf eine gewisse innere Christianisierung verstehen darf. In Wort und Bild (z. B. Darstellung der Werke der Barmherzigkeit) wurden die Menschen immer wieder und nachdrücklich auf das Gebot der Gastfreundschaft verpflichtet.

Mit einer Teilantwort auf die eingangs gestellten Fragen leitet der Pilgerführer sein letztes Kapitel ein: »Pilger, seien sie nun arm oder reich, die von den Schwellen des hl. Jakobus heimkehren oder zu ihm hinstreben, sollen von allen Völkern liebevoll und ehrfürchtig aufgenommen werden. Denn wer sie aufnimmt und ihnen fürsorglich Obdach gewährt, beherbergt nicht nur den hl. Jakobus, sondern gar den Herrn selbst. So spricht ja der Herr im Evangelium: ›Wer euch aufnimmt, nimmt mich auf‹.«[138] Es folgen Beispiele, aus denen hervorgeht, daß Menschen schon in diesem Leben Lohn oder Strafe gefunden haben, je nach ihrem Verhalten Pilgern gegenüber.

Wie soll man Erinnerungen und Warnungen deuten? Offensichtlich war es nötig, daß Synodalbeschlüsse, Predigten, königliche Erlasse das Gebot der Gastfreunschaft wiederholten, weil es immer wieder verletzt wurde. Langfristig dürften die Mahnungen das Gewissen der Menschen geschärft und die Bereitschaft zu selbstloser Hilfe verstärkt haben.

Gelegenheitsunterkünfte

Gewisse Mindestforderungen waren vielleicht deshalb recht leicht zu erfüllen, weil man nicht verwöhnt war, was das Wohnen angeht; oft war einem schon geholfen, wenn man es sich unter einem vorragenden Dach oder im Stall bequem machen durfte; gedient war einem auch mit der Erlaubnis, ein Zelt an geeigneter Stelle aufzuschlagen. Die meisten Gastgeber konnten bestenfalls ein einfaches, trockenes Lager für die Nacht gewähren; sie waren zu arm, als daß sie Fremde umsonst hätten beköstigen können.

Wunderberichte erwähnen manch abenteuerlich anmutende Unterkunft, z. B. in einem Backhaus; sie wurde von den Pilgern dankbar angenommen und von denen, die die Mirakel aufgezeichnet haben, nicht gerügt. Wären Bauern und Hirten, Köhler und Jäger, Arme und Reiche überwiegend hartherzig gewesen, hätten nicht so viele Pilger schon im Frühmittelalter nach Rom ziehen können.

Xenodochien und Tavernen

In der römischen Kaiserzeit hatten christliche Gemeinden – wohl nach dem Vorbild jüdischer Gemeinden – für durchreisende Glaubensgenossen eigene, Xenodochion genannte Häuser eingerichtet. Auch Kranke und andere Bedürftige fanden hier Obdach und Speisung. Manche Xenodochien haben im Mittelmeerraum die Umbrüche der Völkerwanderungszeit überstanden; mangels ständiger Unterhaltung sind sie später oft eingegangen; die nötigen Mittel waren zweckentfremdet worden, Einnahmen aus Grundbesitz versiegt, oder es fehlte ganz einfach an der nötigen Nachfrage. Unter der seit dem 9. Jahrhundert in den Quellen begegnenden Bezeichnung Hospiz *(hospitale)* könnte allerdings das eine oder andere Xenodochion weitergelebt haben.

In den seit der vorchristlichen Antike bekannten Tavernen konnte man, wo es sie denn gab, zu essen und zu trinken kaufen, im allgemeinen aber nicht übernachten. Wegen ihres zweifelhaften Rufes war ihr Besuch seit dem 4. Jahrhundert Klerikern nur in Notfällen gestattet.[139]

Klöster

Nach der Regel des im Jahre 347 verstorbene Pachomius, eines der ›Väter‹ des christlichen Mönchtums, sollten Klöster eigene Räume für die Aufnahme von Fremden haben und das Amt des Fremdenbruders einrichten. Die später im christlichen Orient maßgebliche Mönchsregel des Basilius schreibt für jedes Kloster ein Xenodochion vor. Die Verbindung von gemeinsam geübter Askese und gelebter Nächstenliebe reicht also ins vierte nachchristliche Jahrhundert zurück. Geübt in Antike, Mittelalter und Neuzeit, bildet sie ein Element langer Dauer in der europäischen Geschichte.[140]

Über die Gastfreundschaft von Klöstern sind wir besser informiert als über die von Adligen und Bürgern: In Klöstern gab es häufig schreibkundige Mönche; die hier angefertigten Schriften unterlagen dem besonderen, der Kirche und ihren Einrichtungen vorbehaltenen Schutz; Dokumente wurden sorgfältiger aufbewahrt, und sie waren nicht dem Risiko der Zerstreuung durch Erbauseinandersetzung ausgesetzt.

Von Klöstern wird an dieser Stelle deshalb ausführlich gehandelt, weil die hier aufgezeichneten Quellen Einzelheiten zum Thema ›Unterkunft‹ bringen, die auch für Hospize und Gasthäuser gelten, von diesen aber in geringerer Zahl und Vielfalt überliefert sind.

Im Abendland kam Pilgern, denen preiswerte oder gar unentgeltliche Unterkunft fehlte, jahrhundertelang die Regel zugute, die Benedikt um das Jahr 530 aufgezeichnet hatte; im Jahr 816 wurde sie allen Klöstern im Karolingerreich vorgeschrieben; und dieses erstreckte sich von der Elbe bis zur Bretagne, von der Nordsee bis nach Rom. Berühmt geworden ist Kapitel 53 der Regel Benedikts, überschrieben »Von der Aufnahme der Gäste«; aus ihm sei ausführlich zitiert:

»Alle Gäste, die zum Kloster kommen, werden wie Christus aufgenommen; denn er wird einst sprechen: ›Ich war fremd, und ihr habt mich beherbergt.‹ Allen erweise man die ihnen gebührende Ehre, besonders den Glaubensgenossen und den Pilgern. Sobald also ein Gast angemeldet ist, gehen ihm der Obere und die

Brüder in vollkommener Erfüllung christlicher Liebespflicht entgegen. Zuerst sollen sie miteinander beten und einander den Friedenskuß geben... Bei der Begrüßung selbst zeige man vor allen Gästen große Demut: Wenn sie kommen und wenn sie gehen, verneige man vor ihnen das Haupt oder werfe sich ganz zur Erde nieder und verehre so in ihnen Christus, den man in ihnen ja auch aufnimmt. Der Obere soll eines Gastes wegen das Fasten brechen... Der Abt gieße den Gästen Wasser über die Hände. Die Fußwaschung nehme der Abt zusammen mit der ganzen Gemeinschaft an den Gästen vor. ... Ganz besondere Aufmerksamkeit zeige man bei der Aufnahme von Armen und Pilgern, da in ihnen Christus ganz besonders aufgenommen wird. Bei den Reichen bewirkt nämlich bereits das Gebieterische ihres Auftretens Ehrerbietung. Die Küche für den Abt und die Gäste sei für sich; so stören die Gäste, die zu unbestimmten Zeiten ankommen und im Kloster niemals fehlen, das Leben der Brüder nicht... (In der Gastwohnung) seien Betten in genügender Anzahl. Niemand darf ohne Erlaubnis mit den Gästen verkehren und reden«.[141]

Benedikt erinnert hier an ein über Heil und Verdammnis entscheidendes Wort: Gemäß der Rede, die der Evangelist Mattäus (25, 31–46) unmittelbar vor dem Bericht von Jesu Leiden, Sterben und Auferstehung bringt, wird Christus am Tage des Gerichtes die Menschen scheiden: Zur ewigen Seligkeit wird berufen, wer an Armen und Bedürftigen Werke der Barmherzigkeit geübt, zur ewigen Verdammnis wird verurteilt, wer Fremde nicht gespeist, getränkt und beherbergt hat.

Pilger wußten zu schätzen, daß viele Klöster ausgesprochen verkehrsgünstig lagen, in manchen Landstrichen Deutschlands, Frankreichs und Italiens im Abstand von einer Tagereise oder weniger. Die Gunst der Lage gilt nicht selten sogar dann, wenn später verfaßte Gründungsberichte von einem menschenleeren, wilden, abgelegenen Ort sprechen. Es ist kein Zufall, daß in Fulda heute Inter-City-Züge halten und St. Gallen Hauptstadt eines Kantons geworden ist.

Naturräumliche Gegebenheiten schufen Sachzwänge für klösterliche Gastfreundschaft. Oft fanden sich Klöster gerade dort, wo besondere Hilfen gebraucht wurden; ihre Konvente stellten sich ausdrücklich in den Dienst von Pilgern und anderen Reisenden. Das im 8. Jahrhundert in der Schweiz gegründete Disentis liegt so, daß man bis zur Höhe des Lukmanierpasses ›nur‹ noch gut 770 Höhenmeter zu überwinden hatte. Von Saint Guilhem-le-Désert (St. Wilhelm in der Wüste) war bereits die Rede. Pilger von Oberitalien nach Santiago, die in Südfrankreich die durch Seeräuber gefährdete Straße entlang der Küste scheuten, hatten auch dank dieser Gründung einen relativ sicheren Weg durch das Landesinnere. An wichtigen Flußübergängen liegen Corvey (Weser) und La Charité-sur-Loire. Als Stätten klösterlicher Gastfreundschaft kamen möglicherweise auch Niederlassungen in Frage, die Klöster in Stadt und Land unterhielten, z. B. zwischen Corvey und dem Rhein.

Spannungen zwischen Norm und Alltagswirklichkeit

Ein Zeichen dafür, wie schwer das Gebot der Gastfreundschaft einzuhalten war, mag bereits die außergewöhnliche Länge des 53. Kapitels der Regel Benedikts sein. Im Laufe der Jahrhunderte mußten Klöster immer neue Antworten auf Herausforderungen ihrer Zeit, ihres Raumes, ihrer Gesellschaft finden, wenn sie ihrem Auftrag gerecht werden wollten. Sie mußten sich bemühen, die Spannung zwischen der Regel und den jeweiligen klimatischen, wirtschaftlichen, sozialen, kirchlichen... Verhältnissen im Geiste Benedikts zu lösen. Vom Ringen mit der Norm und vom Zwang zu Kompromissen im Alltag des Klosterlebens zeugen Kommentare zur Regel. Dabei galt: Sie sollte nicht verletzt werden, der Konvent aber auch seinen anderen Pflichten nachkommen können. Immerhin hatte Benedikt eingeräumt, daß die Aufnahme von Gästen, denen zu Ehre der Abt sogar das Fasten brechen sollte, auf eine Störung des Klosterlebens hinauslief.

Sollten wirklich alle, die sich als Pilger ausgaben, aufgenommen, mindestens also gespeist werden? Mitte des 9. Jahrhunderts meint Hildemar, zur Zeit Benedikts hätten täglich vielleicht zwei oder drei Gäste vorgesprochen; dann legt er einem Theudulf den Stoßseufzer in den Mund: »Bei Gott! Wäre der hl. Benedikt jetzt da, er ließe die Türen zusperren!«[142] In Saint-Riquier versorgte

26. Kreuzgang des Klosters Las Huelgas Reales. Mönche übten Gastfreund-
schaft, wie Benedikt sie ihnen geboten hatte, wenn sie Pilger im Kreuz-
gang beherbergten – einem trockenen und gut gelüfteten Raum, der sich
ideal als Massenquartier eignete, sogar für Reittiere.

man nach einem im 9. Jahrhundert angelegten Verzeichnis täglich 300 Arme, 150 Witwen und 60 Kleriker – eindrucksvolle Scharen, selbst wenn man berücksichtigt, daß es sich um ›runde‹ Zahlen handelt. In Cluny gab man lange Zeit am Todestag eines Mönches dessen Essensportion einem Armen, zu denen oft Pilger gehörten. Mitte des 12. Jahrhunderts zählte der Konvent etwa 300 Mönche, und 10 000 Arme aßen für die 10 000 verstorbenen Cluniazenser mit! Das überstieg die wirtschaftlichen Möglichkeiten des Klosters; die Mönche beschwerten sich über schlechtes Brot und verwässerten Wein. Deshalb wurde die Zahl der Gedenkrationen auf höchstens fünfzig pro Tag gekürzt.

In die Form der Frage gekleidet, hatte Hildemar zur Zahl der Gäste eine salomonische Lösung vorgeschlagen: Sind unter ›alle‹ vielleicht die zu verstehen, die das Kloster aufnehmen kann?

Die Regel verlange doch nichts Unmögliches! Ähnlich argumentiert er zu Übernachtungen: Wenn Benedikt »Betten in genügender Anzahl« fordere, sei das so zu verstehen, daß man so viele Arme aufnehme, wie es bezogene Betten gebe. Letztlich konnte man nur geben, was vorhanden war; man mußte verweigern, was fehlte.

Durften sich auf Kapitel 53 auch Mächtige und Reiche berufen, die für Beherbergung bezahlen konnten? Indirekt hatte Benedikt die Frage bejaht: »Gebieterisch« Auftretende sollten aufgenommen und nicht etwa abgewiesen werden, weil sie es an der gebotenen Demut hätten fehlen lassen. Und weiter: Wie sollte man zwischen Arm und Reich unterscheiden? Einen Hinweis gab die Art der Fortbewegung: Wer zu Fuß kam, galt als arm; Wohlhabende reisten mit dem Pferd, das dem Kloster auch noch im Stall zur Last fiel. Die Pforte, die mit einem menschenkundigen und menschenfreundlichen Mann besetzt sein sollte, spielte angesichts unvermeidlicher Engpässe eine große Rolle. Hier wurden die Gäste begrüßt und gesiebt.

Wie sollten Mönche sich verhalten, wenn Frauen, bzw. Monialen, wenn Männer um Gastfreundschaft baten? Probleme ergaben sich nicht in den zeitweilig recht verbreiteten Doppelklöstern, erst recht, wenn an der Spitze eine Frau stand. Der Klausurbereich, zu dem die Kirche gehören konnte, unterlag selbstverständlich einem besonderen Schutz. Manches Kloster unterhielt außerhalb des engeren Klosterbezirks ein eigenes Gasthaus, auch für hochgestellte weibliche Gäste. – Wie sollte man sich Gruppen gegenüber verhalten? Im Interesse ihrer Sicherheit schlossen Pilger sich oft zusammen, auch auf die Gefahr hin, weniger leicht unterzukommen.

Eine Last bedeuteten Pilger, die während ihres Aufenthaltes erkrankten. In Subiaco sollte der Gast so versorgt werden wie einer der Brüder auf der Krankenstation; er sollte also bis zur Genesung gepflegt werden; gegebenenfalls mußte man Hilfe beim Abfassen des Testamentes und beim Sterben leisten, für ein ordentliches Begräbnis sorgen, die Hinterlassenschaft vorschriftsmäßig aufbewahren und Erben benachrichtigen.

Die Forderung, im Armen und Fremden Christus selber aufzunehmen, erwies sich Tag für Tag als eine dornige Aufgabe, die viele Klöster überforderte. Trotzdem legte man das Gebot, im Pilger den Heiland zu beherbergen, gelegentlich weit aus. Um 820 meinte der Abt von St. Mihiel (Diözese Verdun), man dürfe nicht warten, bis Gäste kommen, sondern müsse sich allenthalben auf die Suche begeben, um ihnen Ungemach zu ersparen. Andernorts hielt man Weg und Steg instand, ging bei Nebel und Schneetreiben sowie im Gebirge wohl auch dem Pilger entgegen, mit Rufen oder unter dem Läuten der Glocken, damit der Fremde sich nicht zu guter Letzt verirre und erfriere. Dieselben Hilfen sollten Hospize bieten, von denen noch zu reden ist.

Von Gruß und Fußwaschung

Wie sollte man Gäste begrüßen? Benedikt hatte Unterschiede erlaubt, aber geboten, Christus besonders im Armen zu ehren. Mußte man dann nicht alle gleich behandeln? Für Hildemar ist es selbstverständlich, daß nicht alle auf die gleiche Weise aufgenommen werden können; bei der Lesung, bei Speis und Trank müsse man unterscheiden. Aus seiner Begründung sprechen Erfahrung und die Unfähigkeit, sich in die Lage von Hungerleidern zu versetzen; können die sich einmal sattessen, stopfen sie soviel in sich hinein, daß man sich als regelmäßig, wenn auch karg ernährter Mönch nur angewidert abwenden kann. Einen Armen nach Herzenslust sich sattessen lassen, laufe auf Beihilfe zur Völlerei hinaus, sei sündhaft, meint Hildemar; dem Armen solle man daher »Bohnen oder was Bäurisches« reichen.

Von der Regel klar abweichende Ansichten äußert er zur Fußwaschung: Der Reiche sehe in ihr keine Ehrung, sondern halte sie eher für lächerlich und töricht; daraus könne dem Kloster gar Schaden erwachsen. Insgesamt sei der Gast gemäß seinem Rang aufzunehmen. Aber wie sei dann das Wort Benedikts zu verstehen, man müsse Armen und Pilgern größte Aufmerksamkeit schenken? Hildemar bezieht das Gebot, allen die gebührende Ehre zu erweisen, auf den äußeren Menschen, die Weisung, den Armen besonders zu ehren, auf den inneren Menschen. Je nach Rang seien die Gäste also unterschiedlich zu bedienen; wenn möglich, solle man voneinander getrennte Herbergen für Bischöfe, Adlige und Arme einrichten, wo alles Nötige zubereitet werden könne. Auf diese Konzession folgt eine grundsätzliche Einschränkung: Jedoch müsse im Geiste der Arme dem Reichen vorgezogen werden. Ähnlich hatte er schon früher argumentiert: Gott schaue mehr auf das Herz als auf die Tat. Ob mit solchen Unterscheidungen einfachen Gemütern gedient war, zumal bei der Alltagsarbeit, sei dahingestellt.

Der Kommentar wurde ausführlich referiert, weil Hildemar zu Fragen Stellung nimmt, die sich bei der Aufnahme von Gästen stellten. Es gab auch andere Meinungen; Anfang des 9. Jahrhunderts wird z. B. betont, gemäß der Regel sollten alle Brüder sich beteiligen, wenn Gästen die Füße zu waschen seien. Eine Anekdote zeigt, daß auch Obere sich für solche Dienste nicht zu schade waren: Gelegentlich erkennt ein Abt an den »feinen und weißen Beinen«, die mit schäbigen und schmutzigen Kleidern bedeckt waren, daß er nicht Arme vor sich hat. Smaragd, ein weiterer Kommentator der Regel Benedikts, bringt eine menschenfreundliche Ergänzung: Vom Weg strapazierte Füße solle man mit Öl einreiben.

Speisung

Mancherorts konnten Gäste des Klosters mit einer warmen Mahlzeit rechnen: Brei aus Hülsenfrüchten und Hirse, Fett und Öl für die Armen; Braten für die Reichen. Wenn möglich, schenkte man dem Gast ein landesübliches Getränk ein: Wein, Bier oder Apfelmost. Einschränkungen galten als erlaubt, wenn der Gast Lebensmittel bei sich hatte oder kaufen konnte. Bereitete er sich Speisen selber zu, bot man ihm wohl auch Öl, Essig und Salz zum Würzen an.

In manchen Klöstern begrenzte man die Zahl der täglichen Gäste, oder man versorgte eine kleinere Zahl reichlich, d. h. auch mit Fleisch, alle übrigen aber mit einfacher Kost. Im allgemeinen sollte man mindestens mit Brot und Wasser rechnen können; in Aubrac wurde davon nur soviel gereicht, daß der Pilger nicht gerade Hungers starb. Vor diesem Hintergrund wird ein in den ›Lebensordnungen‹ *(consuetudines)* Corbies festgehaltenes Gebot verständlich; solche Lebensordnungen waren im Lauf der Jahrhunderte gewachsen, um Einzelheiten des Klosterlebens zu regeln, zu denen Benedikt sich nicht geäußert hatte. In dem nordfranzösischen Kloster wurden also alle, die mit dem Dienst an den Gästen betraut waren, beschworen, bei großzügiger Verteilung eher auf den Willen Gottes zu achten als das Beispiel »unserer Knauserigkeit« zu befolgen; denn einst werde jeder für sich Rechenschaft ablegen müssen.

Aufenthaltsraum und Schlafraum

Von der Wirtschaftskraft des jeweiligen Klosters hing es ab, ob man alle beherbergen konnte, die Aufnahme heischten, und ob man je nach Stand und Rang den Gästen unterschiedliche Räume bieten konnte. Sofern vorhanden, sollte der Gästeraum mit Tischen und Bänken möbliert sein; eventuell wurden auch Küchengerät und Tischwäsche zur Verfügung gestellt. Töpfe, Pfannen, Bratspieße, Kessel, Teller, Tassen, Salzfässer, Eimer, Lampen konnte der Pilger allein schon ihres Gewichtes wegen nicht mit sich herumschleppen; so willkommen sie dem Gast waren, so kostbar waren sie auch dem gastgebenden Kloster, selbst wenn es wohlhabend war. Das Risiko des Verlustes durch Unachtsamkeit und Diebstahl war groß. In realistischer Einschätzung mancher Gäste hatte die im ersten Viertel des 6. Jahrhunderts aufgezeichnete Regula Magistri, die zu den Vorlagen Benedikts gehört, folgende Empfehlung gegeben: Ein Mönch solle überraschend die Zelle der Gastmönche auf Eigentum des Klosters, Eisengerät und anderes Werkzeug kontrollieren.

Im Schlafraum sollte eine ausreichende Zahl von Betten stehen – oft zwölf, entsprechend der Zahl der Apostel, gelegentlich ein Vielfaches davon; ferner sollte man an Bettwäsche, Decken, Nachtgeschirr usf. denken. Gegebenenfalls war Stroh für Notlager bereitzuhalten. Abends und nachts war für Beleuchtung zu sorgen, ein riskantes Unterfangen, da die Häuser zum großen Teil aus leicht brennbaren Materialien gebaut und die Löschvorrichtungen unzulänglich waren. Mit – nicht gerade billigem – Kerzen- oder Öllicht durften in Cluny Herrscher rechnen.

Im Winter und bei naßkalter Witterung wollte man sich wärmen und die Kleidung trocknen. Fehlte es an Brennholz, war zu befürchten, daß die Gäste das wenige Mobiliar verheizten. Etwaige Reittiere brauchten einen Stall. Viel war gewonnen, wenn die Pilger außer Lebensmitteln auch Stroh, Heu und Hafer zu angemessenen Preisen im Kloster oder auf dem nächsten Markt kaufen konnten.

Pflichten des Gastgebers schon bei der Planung berücksichtigt

Manche der in Regelkommentaren erörterten Fragen zum Thema Gastfreundschaft finden sich in anderem Zusammenhang wieder; ein in St. Gallen aufbewahrter einzigartiger Plan läßt sich als Beispiel verstehen: Sollte ein Kloster neu gebaut werden, mochte man sich an dieser Vorlage wie an einer Prüfliste ausrichten, damit nichts Wesentliches vergessen werde. Vorgesehen sind – außer den Klostergebäuden im engeren Sinne – Zellen für Gastmönche, eine Armenherberge und ein Haus für vornehme Gäste. Dieses hat in der Mitte einen Speiseraum mit Feuerstelle, an den Seiten heizbare Schlafkammern, ferner Räume für Knechte sowie Ställe für Pferde; auf die Bedürfnisse der Gäste abgestimmt, umfaßt ein Nebengebäude Küche, Keller, Bäckerei und Brauerei; von realistischer Planung zeugt auch die Latrine mit achtzehn Plätzen. Die Armenherberge ist ähnlich gedacht, insgesamt aber einfacher und kleiner. Im Plan fehlen Heizgelegenheiten in den Schlafkammern, Ställe (Arme kommen nicht hoch zu Roß), Küche, und – nicht zuletzt – die Latrinen. Arme konnten in einem der nahe gelegenen Ställe ihre Notdurft verrichten (wie in ländlichen Gegenden Mitteleuropas noch in der Mitte dieses Jahrhunderts) und an einem Baum ihr Wasser abschlagen.

Zielkonflikte

Waren Scharen von Pilgern unterzubringen – Klöster wie Einsiedeln in der Schweiz, St. Michel in Frankreich waren Wallfahrtsorte mit europaweitem Einzugsgebiet –, wurden mitgebrachte oder klostereigene Zelte aufgeschlagen. Gegebenenfalls suchten Diener sich für die Nacht irgendwo auf dem Klostergelände einen trockenen, windgeschützten Platz. Da die Gäste nicht der mönchischen Disziplin unterworfen waren, vor allem nicht deren Schweigegebot, ging es bei ihnen oft recht lebhaft zu; bis Mitternacht konnten sie reden und Witze reißen; deshalb sollte ihre Herberge weit vom Schlafsaal der Mönche entfernt sein. Daß am nächsten Morgen manches fehlte, Hühnern der Hals umgedreht oder die Nester schon ausgenommen waren, vielleicht als Rache für eine unerwartet karge Beköstigung, war ärgerlich, aber im Grunde nicht weiter verwunderlich.

Was sollte man sich in christlicher Demut klaglos gefallen lassen? Wie lange sollte man Gäste beherbergen? Sprichwörtliche Redensarten spiegeln weitverbreitetes Unbehagen: ›Dreitägiger Gast, jedermannns Last‹, ›Ein Fisch und ein Gast riechen übel am dritten Tag‹. So direkt hat man es vielleicht nur nach reiflicher Überlegung gesagt; doch konnten die Mönche es wagen, sich über solche Volksweisheiten hinwegzusetzen? Oft durfte der Gast nur eine Nacht, höchstens jedoch drei Nächte bleiben; in Roncevaux, einem für Santiagopilger wichtigen Kloster in den Pyrenäen, galten zwei oder drei Übernachtungen als üblich, bei schlechtem Wetter mehr. Man konnte dem Gast längeres Bleiben verleiden: Denkbar dürftige Nahrung, saurer Wein, schmuddeliges Bettzeug, stinkende Strohsäcke, nach Geschlechtern getrennte Schlafräume auch für Verheiratete. Doch erwiesen sich solche Waffen als stumpf, wenn man ihrer am meisten bedurfte: Mächtige und deren Gefolge übten Rache, oder sie nahmen sich, was sie zu brauchen meinten.

Wie sollte man sich in Konflikten verhalten, die auf den Mittelpunkt klösterlichen Lebens zielten? In karolingischer Zeit wurde Mönchen, die eine vielbesuchte Wallfahrtskirche betreuten, die Errichtung eines eigenen Oratoriums vorgeschrieben; dort konnten sie dann ihr Stundengebet verrichten, unbehelligt vom Pilgerrummel. In späterer Zeit gebot der Erzbischof von Mainz der als heilig verehrten Hildegard von Bingen, keine Wunder mehr zu wirken, damit an ihrem Grabe endlich Ruhe einkehre. Die Mönche von Grandmont drohten gar ihrem Stifter, sie würden seine

Die wichtigsten Gebäulichkeiten des Klosterplanes

1 **Kirche mit Ost- und Westapsis**
2 *Schreibstube, darüber Bibliothek*
3 *Sakristeien*
4 *Zubereitungsraum für Hostien u. Öl*
5 *Klausur mit Kreuzgang*
6 *Wärmestube, darüber Schlafsaal*
7 *Bad und Waschraum*
8 **Latrinen**
9 *Speisesaal, darüber Kleiderkammer*
10 *Küche für Mönche*
11 *Keller, darüber Vorratskammern*
12 *Sprechzimmer für Besucher*
13 *Stube des Armenverwalters*
14 **Herberge für Pilger und Arme**
15 **Brauerei u. Bäckerei der Herberge**
16 *Wohnung des Pförtners*
17 *Wohnung des Schulvorstehers*
18 *Wohnung für fremde Ordensbrüder*
19 *Küchenhaus mit Bäckerei u. Brauerei*
20 **Haus für vornehme Gäste**
21 *Äußere Schule*
22 *Residenz des Abtes mit Diensthaus*

23 *Haus für Aderlaß*
24 *Ärztehaus mit Apotheke*
25 *Kräutergarten*
26 *Hospital mit Kreuzgang*
27 *Küche und Bad des Hospitals*
28 *Doppelkapelle für Hospital und Noviziat*
29 *Noviziat mit Kreuzgang*
30 *Küche und Bad des Noviziates*
31 *Obstgarten und Friedhof*
32 *Gemüsegarten*
33 *Wohnhaus des Gärtners*
34 *Gänsestall*
35 *Wohnhaus der Wärter*
36 *Hühnerhof*
37 *Kornspeicher mit Dreschtenne*
38 *Werkstätten und Haus des Kämmerers*
39 *Brauerei und Bäckerei für die Mönche*
40 *Mühle*
41 *Stampfe*
42 *Darre*
43 *Getreidescheune, Drechslerei und Küferei*
44 *Stier- und Pferdestall mit Heustöcken*
45 *Schafstall*
46 *Ziegenstall*
47 *Kuhstall*
48 *Stuterei*
49 *Schweinestall*
50 *Unterkunftsbau für Diener*

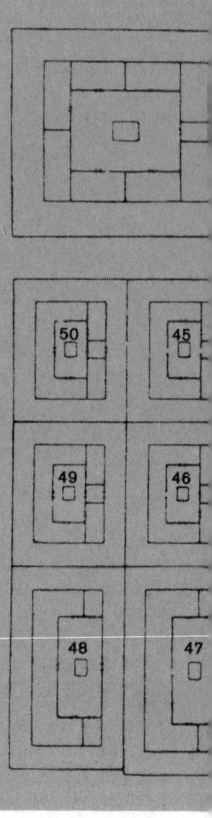

27. *Der karolingische Klosterplan von St. Gallen (aus: Atlas zur Kirchengeschichte, S. 35). Vom Realitätssinn des Auftraggebers zeugen Einzelheiten*

Gebeine in eine Kloake werfen, wenn er durch Wunder weiterhin ihren Konvent störe. Den Siegburger Mönchen scheint dagegen der Pilgerbetrieb nicht unwillkommen gewesen zu sein; Konvent und Obere ließen sich gern zusammenrufen, um einen Wunderbericht zu vernehmen; bot sich eine Gelegenheit, außer der Reihe Gott zu preisen und seinen Heiligen Anno zu ehren, murrte man nicht einmal bei Störung des Hochamtes.

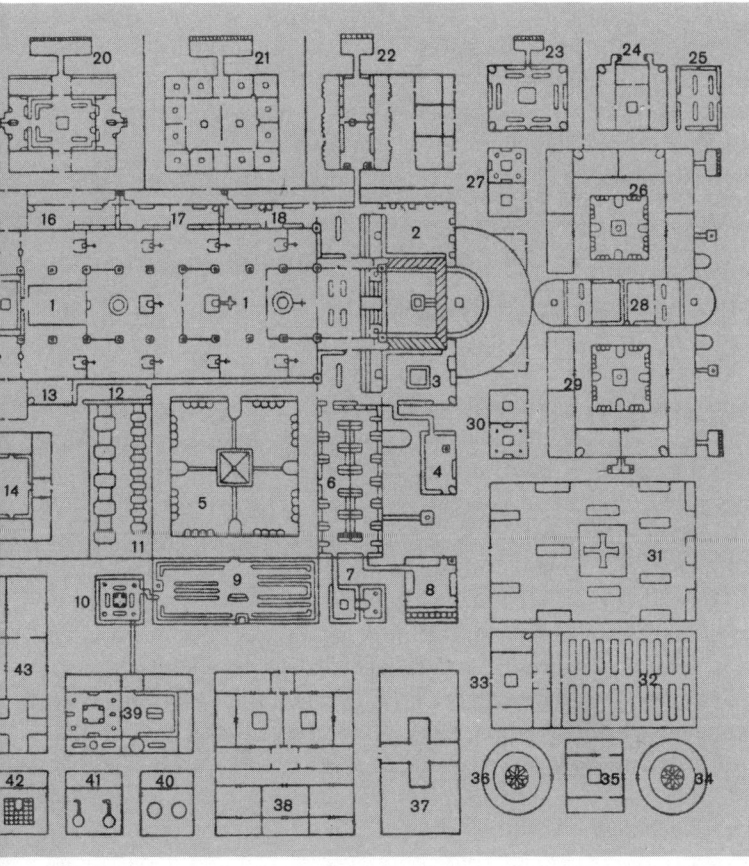

zum Weinkeller (Nr. 11, gleich neben der Kirche) und zu den sanitären Einrichtungen (Nr. 20, 21).

Sollte man als notwendig geltende Baumaßnahmen zugunsten der Gastfreundschaft aufschieben oder gar aufgeben? In der von Benedikt zitierten Gerichtsrede Jesu ist vom Bauen nicht die Rede. Es war daher nur konsequent, daß Kirchenväter, z. T. waren es Zeitgenossen Benedikts, sich recht distanziert zum Gold der Kirche äußerten: Es sei nicht dazu da, gehortet zu werden, sondern um Bedürftigen zu helfen. Im Falle großer Not sollten gar

Meßkelche zerschlagen und ihr Erlös an die Armen verteilt werden. Solche Grundsätze sind nicht immer toter Buchstabe geblieben: In St. Benoît-sur-Loire wurde wertvolles liturgisches Gerät verkauft, um die für die Speisung von Armen notwendigen Mittel zusammenzubekommen; auch Abt Richard von Reims veräußerte kostbares Kultgerät zur Linderung der Hungersnot 1032/33.

Gelebte Mitmenschlichkeit

Mit Regel, ergänzenden Kommentaren, Anordnungen und Statuten war ein Rahmen abgesteckt, den auszufüllen jedem Kloster aufgetragen war. Zwischen den Maximalforderungen Benedikts und deren notgedrungen unzulänglicher Umsetzung schwankte die Wirklichkeit klösterlicher Gastfreundschaft. Einzelne Mönche und ganze Konvente sind den hohen Ansprüchen der Regel bestenfalls zeitweise gerecht geworden. Das hat viele Gründe. Wiederholt verebbte der Schwung eines neuen, von opferbereiten Mönchen getragenen Aufbruchs zwei, drei Generationen später. Klagen über mangelhafte Gastfreundschaft waren nicht selten berechtigt. Doch die Schuld traf längst nicht immer die Mönche. War das Kloster abgebrannt, von Kriegern ausgeplündert, von einem unfähigen Abt zugrundegerichtet, konnten die Werke der Barmherzigkeit nicht so geübt werden, wie Benedikt geboten hatte.

Langfristig bedeutsamer war es nicht selten, daß Besitztümer, die den Klöstern einst gestiftet worden waren, damit sie Werke der Nächstenliebe üben könnten, dieser Bestimmung entzogen wurden. Bezeichnend sind, und zwar nicht nur für das neunte Jahrhundert, Klagen einer Synode, die im Jahre 844 in Ver zusammentrat: Was Könige und andere Christen Gott geweiht hätten, werde »nun zu weltlichem Nutzen einbehalten«. Infolgedessen müßten viele Mönche darben; kirchliche Einrichtungen könnten den Armen nicht das übliche Almosen reichen, Fremde nicht aufnehmen, Gefangene nicht auslösen.[143]

Je widriger die Zeitumstände waren, desto mehr kam es auf die Initiative des Einzelnen an. Im 11. Jahrhundert wurde im Kloster Saint-Chaffre du Monestier im Velay einem Mönch die Sorge für Arme und Pilger anvertraut, der dreißig Jahre lang eifrig und gütig

wirken konnte. Er setzte das Haus für Pilger instand und vergrö-
ßerte es gar. Daraufhin fanden sich Arme, Pilger, von Not und
Mangel Bedrückte von überall her ein; sie erhielten, was sie
brauchten, und es habe weder Verschwendung noch Geiz gegeben.[144] Solches Verhalten entsprach besten benediktinischen
Grundsätzen; immerhin stand das Maßhalten als eine der vier
Kardinaltugenden auch bei ihnen in hohem Ansehen.

Im Mittelalter sind Millionen von Pilgern in den Genuß klösterlicher Gastfreundschaft gekommen. Wer von Dunkelheit und
Kälte getrieben, von Hunger und Durst geplagt, erschöpft und
durchnäßt Aufnahme fand, wird diesen Ort wie eine Insel der Seli-
gen erfahren haben, und zwar auch dann, wenn man ihm ›nur‹ eine
einfache Suppe und ein trockenes Lager bieten konnte. Gelebte
Mitmenschlichkeit lebt mindestens in einem Ortsnamen bis in unsere Tage weiter. Ein großes französisches Kloster wurde nicht
nach einem Fluß (wie Fulda) oder einem Heiligen (wie St. Gallen)
benannt, sondern nach seiner Funktion: *Caritas super Ligerim,* La
Charité-sur-Loire (an der Loire geübte Nächstenliebe).

Hospiz und Spital: Lage und Aussehen

Mit hymnischem Überschwang preist der Pilgerführer nach Santiago drei Hospize, von denen zwei auf Paßhöhen lagen; die von
ihm gewählte Bezeichnung ›Häuser Gottes‹ lebt im französischen
›Hôtel Dieu‹ bis auf den heutigen Tag weiter. Zum Unterhalt seiner Armen habe der Herr drei Säulen in dieser Welt aufgerichtet,
die für die Christenheit unentbehrlich seien: das Hospiz in Jerusalem, das auf dem Großen St. Bernhard in den Alpen und das auf
dem Somport in den Pyrenäen. »Diese drei Hospize wurden an
Stätten eingerichtet, wo sie Not wenden können. Häuser Gottes
sind es, heilige Stätten, an denen der fromme Pilger sich erholen
kann. Hier finden die Bedürftigen Ruhe und Pflege, die Kranken
Trost, die Toten das Heil, die Lebenden Hilfe. Daher kann es
keinem Zweifel unterliegen, daß die Erbauer solcher heiliger Stätten das Himmelreich besitzen werden«.[145]

In dem Maße, wie im Frühmittelalter der Verkehr zwischen
Nordwesteuropa und Rom zunahm, waren Hilfen an breiten Strö-

men und im Hochgebirge gefragt. Besondere Hospize *(hospitalia,* abgeleitet von lateinisch *hospes,* Gastfreund) wurden möglicherweise schon im Frühmittelalter von schottischen Pilgern für ihre reisenden Landsleute gegründet. Zum Jahr 825 nennen die Quellen ein ›hospitale‹ am Mont Cenis, zum Jahr 859 ein ›hospitale quod est in monte Iovis‹, das spätere Sankt Bernhard-Hospiz. Auch Bischöfe, die seit der Spätantike in Aufgaben der Zivilverwaltung hineingewachsen waren, haben Hospize gegründet und gefördert; dasselbe taten Herrscher, Klöster, Städte, im Spätmittelalter der Legende nach sogar ein Angehöriger der Unterschicht: Das Hospiz auf dem Arlberg soll von ›Heinrich dem Findelkind‹ gegründet worden sein; als Schweineknecht habe er die Not der Pilger kennengelernt und die Initiative zum Bau eines Hauses ergriffen, in dem man Fremden helfen konnte.[146]

Im Gebirge lagen und liegen Hospize im allgemeinen nicht auf der Scheitelhöhe des Passes, sondern etwas unterhalb im Windschatten. Über ihr Aussehen wissen wir weniger als über dasjenige frühmittelalterlicher Klöster; denn es hat sich kein dem Plan von St. Gallen vergleichbares Dokument erhalten; dazu kommt, daß die Frühzeit von Hospizen weniger erforscht ist; die Arbeit der Archäologen wird dadurch erschwert, daß vielerorts der jeweilige Platz wieder und wieder neu bebaut wurde.

Viele Hospize sind über einfache Anfänge nicht hinausgekommen; den unentbehrlichen Kern bildeten Küche und Schlafraum, dieser mit zwei bis vier Betten für bis zu zwölf Pilger. Je nach Bedarf und materiellen Möglichkeiten kamen dazu weitere Räume (z. B. zum Aufenthalt, getrennte Schlafräume für Männer und Frauen) und Gebäude (z. B. eine Kapelle, aber auch Scheune und Stall) sowie ein Friedhof.

Die meisten Gäste wollten am nächsten Tag weiterziehen; deshalb wird es kaum jemanden gestört haben, wenn er eine Nacht mit Gastgeber und (wärmespendendem!) Vieh zusammenhausen mußte. Denn aus der Sicht des Pilgers war entscheidend, daß das Hospiz unterhalten war, daß er hier jemanden fand, der ihm helfen konnte. Wer stundenlang über Geröllfelder seinen Weg hatte suchen und Bäche durchwaten müssen, wußte jede Annehmlichkeit zu schätzen.

Auch an Flüssen wurden Hospize gegründet, da Fähren bzw. Brücken die Verkehrsströme ähnlich wie Pässe bündeln. Ruhte der Fährbetrieb, z. B. wegen Dunkelheit, Eisgang oder Hochwasser, war jede noch so bescheidene Behausung für die Nacht willkommen. Zu den Aufgaben der Brückenspitäler gehörten im allgemeinen auch Arbeiten an der Brücke, z. B. Erneuerung morscher Planken, Kontrolle der Pfeiler nach Ablaufen des Hochwassers, Ausbesserung des Geländers u. ä.

Wer unterwegs von Räubern ausgeplündert worden war oder von einer Krankheit heimgesucht wurde, schöpfte Hoffnung, wenn er von einem Spital in der nächsten Stadt oder an einer Brücke hörte. Arme und Wohlhabende verdankten oft genug ihr Leben der Tatsache, daß es hoch im Gebirge ein Hospiz gab: Wer vielleicht schon Finger oder Füße erfroren hatte, lebte auf, wenn er Wegmarken oder Zeichen im Schnee sah, wenn eine Stimme nahe Rettung verhieß. Im Hospiz fand man wenigstens ein Dach über dem Kopf, ein trockenes Lager, warmes Essen, möglicherweise sogar einen scharfen Trunk, den man im Französischem mit guten Grund »eau de vie« nennt, Lebenswasser.

Hatte man die Dienste eines Hospizes schätzen gelernt, zeigte man sich nach seinen Möglichkeiten erkenntlich; Herrscher und andere Reisende machten einmalige oder wiederholte Schenkungen, auch im Testament. Der Besuch der Kapelle von Hospiz und Brückenspital war oft mit einem Ablaß verbunden.

Entwicklung seit dem Hochmittelalter

Seit der Jahrtausendwende führte das rasche Wachstum der Bevölkerung auch zur Gründung vieler Städte. Solidarität unter den Generationen war in überschaubaren ländlichen Gemeinden vielleicht geübt worden; das Leben in der Stadt war stärker geprägt durch Anonymität und Arbeitsteilung. Seit dem 11. Jahrhundert begegnet daher vielerorts ein weiterer Typ von Hospiz: das Spital. Angelegt wurde es oft von Einzelnen; Elisabeth von Thüringen hat im Laufe ihres kurzen Lebens Spitäler in Eisenach und in Marburg gegründet. Im Laufe der Zeit gingen viele Spitäler in das Eigentum der jeweiligen Stadt über oder – wie das Elisabethspital in Marburg – in das des Deutschen Ordens. Wiederholt sind Spitäler, die für Pilger gegründet worden waren, später (und nicht nur im Zeitalter der Reformation) anderen Zwecken zugeführt worden, z. B. zur Unterbringung von Waisenkindern.

Noch mehr als Brücken- und Paßhospize erfüllten städtische Spitäler meist mehrere Aufgaben. Sie sorgten sich um die ›Mühseligen und Beladenen‹ des Ortes, und das hieß um Alte, Arme, ausgesetzte und Findelkinder, Behinderte, Bettler, Kranke. Einzelne Pilger dürften auch hier gelegentlich Hilfe gefunden haben. Vielerorts wurden besondere Armenspitäler gegründet, in denen mittellose Pilger für ein bis drei Nächte Unterkunft fanden; je nach den Möglichkeiten des Hauses reichte man ihnen auch eine Suppe. In andere Spitäler kauften sich wohlhabende Bürger ein, um hier einen sorgenfreien Lebensabend zu verbringen. Weitere Spitäler wurden eigens für Aussätzige (Leprakranke) gegründet. Ende des 12. Jahrhunderts unterhielt etwa die Stadt Lyon fünf Spitäler für Arme, Kranke und Pilger.[147]

Im Interesse langfristig heilsamer Arbeit war man in Spitälern auf die Arbeit besoldeter Fachkräfte angewiesen. Getragen wurden die Spitäler oft von Brüderschaften, von denen noch zu sprechen ist. Ließen Frauen und Männer sich vom Geist der Liebe leiten, war ihre Wirkungsstätte – um mit dem Pilgerführer zu sprechen – ein ›Haus Gottes‹.

Eine mustergültige Einrichtung in Jerusalem

Die meisten Spitäler waren anfangs einfache Anwesen, wie die Häuser der Siedlung, zu der sie gehörten. An großen Wallfahrtsstätten zwang der Andrang der Pilger zur Ausbildung besonders leistungsfähiger Einrichtungen, z. B. in Jerusalem. Im dortigen, Ende des 11. Jahrhunderts von Kaufleuten aus Amalfi gegründeten, später in die Obhut der Johanniter übergegangenen Spital hat man sich in vorbildlicher Weise unterschiedlicher Gruppen von Bedürftigen angenommen. Die 1182 beschlossene Ordnung sollte auch für Häuser gelten, die künftig gegründet würden.

Die Arbeit wurde von Geistlichen und Laien besorgt; dazu kamen Konversen, d. h. Klosterbrüder, die nicht die vollen Rechte von Mönchen genossen. Für das Wohl kranker Männer und Frauen, die das Haus aufzunehmen pflegte, waren Ärzte angestellt; sie sollten die verschiedenen Krankheiten unterscheiden, die nötigen Heilmittel anfertigen und verabreichen sowie alles versehen können, was Kranke brauchten.[148]

Angeordnet wird im einzelnen, »daß die Krankenbetten in Länge und Breite so bequem wie möglich zum Ruhen gemacht werden; jedes Bett soll mit einer Zudecke bedeckt sein und seine passenden Bettücher haben«. Kranke sollen über Pelze, Schuhe und Wollmützen verfügen, damit sie sich warm anziehen können, wenn sie austreten müssen. Ausdrücklich vorgesehen sind Pilgerinnen. Die Forderungen zur Pflege von Frauen und Kindern muten geradezu revolutionär an, wenn man bedenkt, daß noch Mitte des 19. Jahrhunderts Philipp Ignaz Semmelweis darum kämpfen mußte, daß Wöchnerinnen jeweils ein frisch bezogenes Bett erhielten. Für die im Haus geborenen Kinder der Pilgerinnen sollen Wiegen angefertigt werden, »so daß sie gesondert allein liegen und Säuglinge nicht durch die Krankheit ihrer Mutter in Mitleidenschaft gezogen werden«.

Gefordert wird ferner, »daß die Hausvorstände die Kranken guten Mutes bedienen, ihnen darreichen, was sie brauchen, und ihnen ohne Zank und ohne Klage Dienst tun; durch diese Wohltat können sie sich die Teilhabe an der Himmelsglorie verdienen«. Bei Tag und Nacht sollten die Brüder des Hospitals »eifrig und liebevoll« für die armen Kranken wie für vornehme Herren sorgen; sie sollten den Kranken die Füße waschen, ihre Tücher reinigen, ihre Betten richten, den Schwachen bekömmliche Speisen reichen, ihnen liebevoll zu trinken geben »und in allen Dingen dem Wohl der Kranken gehorchen«. In einem Rückblick auf das seit langem in dem Haus Übliche ist noch mehr von Kleidung und Nahrung die Rede sowie von Diätkost, wie manche Kranke sie brauchen: »An drei Wochentagen pflegten die Kranken frisches Schweine- oder Hammelfleisch zu bekommen, und wer davon nicht essen konnte, erhielt Hühnerfleisch.« Darüber hinaus sah sich das Johanniterspital als Einrichtung, die für das soziale Wohl der Gesamtheit Verantwortung trug: Jährlich schenkte es den Armen 1000 Felle von dicken Schafen; es nahm ausgesetzte Kinder auf und ließ sie betreuen. Es schenkte heiratswilligen Armen zur Hochzeit »zwei Schüsseln oder die Portionen von zwei Brüdern«.

Bemerkenswert ist der sparsame Umgang mit knapper, bedürftigen Pilgern immer willkommener Kleidung: »Das Haus pflegte ferner einen Schusterbruder und drei Helfer zu halten, die alte Schuhe instandsetzten, um sie für Gotteslohn zu verschenken. Auch der Almosenpfleger hielt gewöhnlich zwei Helfer; sie richteten alte Kleider her, die er den Armen gab. Und der Almosenpfleger schenkte gewöhnlich jedem Gefangenen zwölf Pfennig, wenn er zum ersten Mal aus Gefangenschaft kam.« Hier ist nicht an Strafgefangene zu denken, sondern an Pilger, die Muslimen in die Hände gefallen und mit dem Leben davongekommen waren; sie konnten froh sein, wenn sie – zwar völlig mittellos – die Freiheit wiedergewannen.

Schließlich die Sorge um das Heil von Seele und Leib, die sich auch in Gebet und Almosen äußert: Verstorbene Pilger sollen nicht anders geehrt werden als verstorbene Brüder; »ein rotes Tuch mit weißem Kreuz« soll über ihre Bahre gelegt werden. »Jede Nacht pflegten fünf Geistliche für die Wohltäter des Hauses den Psalter zu lesen. Und jeden Tag pflegten 30 Arme bei einer Tagesmahlzeit um Gotteslohn mitzuessen, und die fünf vorgenannten Geistlichen gehörten zu diesen 30 Armen.« Nicht genug damit: An drei Wochentagen erhielten alle, die zum Betteln herkamen, »Brot, Wein und Gekochtes«. Und in der Fastenzeit wurden jeden Samstag dreizehn Arme bewirtet; »man wusch ihnen die Füße und gab jedem ein neues Hemd, neue Hosen und Schuhe, und drei Kaplänen oder drei Geistlichen unter diesen dreizehn gab man drei Pfennig und jedem von den anderen zwei Pfennig«. Vielleicht waren unter diesen Armen und Geistlichen Stellvertreter-Pilger, wie sie Jahrhunderte später in den schon erwähnten Testamenten begegnen.

Wahrscheinlich sah der Alltag in dem Jerusalemer Haus gelegentlich prosaischer aus, als die Ordnung es gebot. Offen soll auch bleiben, ob – wie Kreuzfahrer und Pilger berichteten – um das Jahr 1170 hier zweitausend Kranke betreut und weitere zweitausend Arme beschenkt worden sind. Doch manches ging weit über den Rahmen des Üblichen hinaus. Wer wagt zu behaupten, liebevoller

Dienst am Kranken ohne Ansehen der Person sei heute in solchen Häusern selbstverständlich? Welcher Träger eines Spitals kann es sich leisten, sein Personal sogar auf die Bequemlichkeit der Bewohner zu verpflichten?

Nach dem Verlust von Jerusalem haben die Johanniter ihr Haus zunächst nach Zypern und 1309 nach Rhodos verlegt. Dort kann man das 1440–1489 gebaute große Gebäude des Rittershospitals noch heute bewundern. Die Gesamtanlage mit der Anordnung der Räume um einen Innenhof und mit Ladengewölben auf der Straßenseite im Erdgeschoß ist Karawansereien ähnlich, wie sie sich im Orient bewährt hatten, auch im Hinblick auf Belüftung und Schutz vor Sonnenhitze. Die Kranken wurden im oberen Stockwerk in einem fünfzig Meter langen Saal gepflegt.[149]

Rückständigkeit der Spitäler in Europa

Mit ihrem Spital haben die Johanniter Maßstäbe gesetzt, an denen man sich im Abendland hätte ausrichten können. Doch dauerte es noch Jahrhunderte, bis eigens angestellte Ärzte sich auch hier der Kranken annahmen; in Barcelona findet man sie seit 1401, andernorts erst wesentlich später. Über die Gründe, die zu dieser Verzögerung führten, kann man nur spekulieren. In Jerusalem hatten die Johanniter das Beispiel muslimischer Spitäler vor Augen; diese Konkurrenz dürfte zu einer für christliche Verhältnisse ungewöhnlichen Sorge für das leibliche Wohl geführt haben. Denn abendländische Spitäler glaubten sich oft in erster Linie dem Heil der Seele verpflichtet. Vielfach standen sie von Anfang an unter kirchlicher Leitung, und die meisten hatten einen eigenen Hausgeistlichen. Dieser feierte mit den Spitalbewohnern die Messe, hörte Beichte, spendete die letzte Ölung und sorgte für das kirchliche Begräbnis verstorbener Spitalbewohner.

Europäische Spitäler verfügten im allgemeinen über weit weniger Mittel als das Jerusalemer Haus; doch standen vielerorts selbstlose Menschen im Dienst von Pilgern und anderen Bedürftigen. Einblick in die Art, wie Mittellose von Städten aufgenommen wurden, gibt eine Hausordnung aus Bruchsal; aufgezeichnet wurde sie nach 1500, doch war sie sicher schon früher in Geltung. Pilger sollten »umb gots willen« eine Nacht lang unentgeltlich beherbergt werden. Im Sommer sollten sie zwei, im Winter eine Stunde vor Einbruch der Dunkelheit eingelassen werden. Verboten waren »schweren, fluchen, schelten, kriegen, zancken, greinn, unnutze reden treiben«, ferner das Spielen um Geld; der Pilgerwirt sollte unverzüglich jeden »ausjagen«, der trotzdem Gott lästerte oder auf andere Weise den Frieden des Hauses störte. Bevor die Suppe ausgeschenkt wurde, wohl die einzige Speise, sollten die Pilger andächtig fünf Vaterunser und fünf Avemaria beten. Weitere Gebote: Zeitig zu Bett, Männer und Frauen in getrennten Räumen, nur mit einem Unterhemd bekleidet (oft schlief man gänzlich unbekleidet); »klaider und geräte« (Gepäck) waren vor der Kammer niederzulegen, die von außen zugesperrt und erst morgens wieder aufgeschlossen werden sollte. Dann hatte jeder sein Bett zu machen; da alles inventarisiert sei, müsse der Pilgerwirt »ein fleißigs uffsehens« auf Laken und Decken haben. Wenn jeder versichert habe, daß ihm nichts von seiner Habe fehle, sollten die Haustür aufgeschlossen und die Pilger entlassen werden.[150]

Verglichen mit der Ordnung des Jerusalemer Spitals wirkt die in Bruchsal nüchtern, um nicht zu sagen abweisend; sie war darauf angelegt, vor Mißbrauch abzuschrecken; deshalb wird man in ihr wohl eher einen Spiegel von Alltagserfahrungen als einen Ausfluß von Bosheit sehen wollen. Wer für Beherbergung bezahlen konnte, sollte nicht ins Spital, sondern ins Gasthaus gehen. Wichtiger als Komfort und Größe war für Millionen die Tatsache, daß es solche Häuser gab; mehr oder weniger mittellose Pilger hätten ohne Hospiz und Spital nicht zu fernen Zielen wallen können. Auf dem Weg von Pavia nach Rom, dem belebtesten Pilgerweg des Abendlandes, für den die Wallfahrer gut einen Monat brauchten, fand man Spitäler ähnlich dicht wie in anderen Landstrichen Klöster. So soll im Raum von Lucca der mittlere Abstand von Spital zu Spital nur fünf bis sechs Kilometer betragen haben.[151] Große Spitäler haben oft die Stürme der Zeiten überstanden. Das im 12. Jahrhundert von König Alfons VIII. gegründete Hospital del Rey in Burgos beeindruckt noch heute durch die Pracht der Anlage. Seine Größe erklärt sich auch damit, daß in Burgos mehrere Pilgerwege nach Santiago zusammenliefen.

Bruderschaften

Zu den großen Hilfen, auf die Pilger vertrauen durften, gehörten Bruderschaften.[152] Seit dem Frühmittelalter hatten sich Menschen in Bünden zusammengeschlossen, z. B. zu gemeinsamem Gebet für Verstorbene (Gebetsbünde), zur Verfolgung wirtschaftlicher Interessen (Gilden), zur Sicherheit auf langen gefährlichen Reisen (von Kaufleuten gegründete Hansen), zur Verfolgung gemeinsamer Interessen an einem Studienort (Universität, Zusammenschluß von Lehrenden und Lernenden), nicht zuletzt zu Bruderschaften. Diese verfolgten vielfältige Ziele, zunächst einmal im Interesse ihrer Mitglieder: gemeinsames Gebet, gemeinsame Mahlzeiten, Sorge für Witwen und Waisen. Bruderschaften, in lateinischen Quellen gelegentlich einfach ›caritas‹ genannt, sorgten auch dafür, daß Spitäler und andere caritative Einrichtungen ihren Gründer überlebten; Wallfahrtsbruderschaften kümmerten sich um das Wohl der Pilger in deren Heimatorten, ferner in Orten, durch die Pilger kamen, schließlich am Ziel, in den eigentlichen Wallfahrtsorten. Vereinfachend lassen sich solche Bruderschaften als Interessengemeinschaften verstehen: Der Pilger wurde materiell und ideell gefördert, z. B. mit Geld und Gebet. Dafür erhielten die Mitglieder der Bruderschaften am Heimatort, unterwegs und am Zielort Anteil an den Gnaden, die der von ihnen Geförderte mit seiner Wallfahrt erwarb.

Solche Bruderschaften wurden oft unter den Schutz des Heiligen gestellt, zu dem die Pilger strebten; in vielen Städten nicht nur Deutschlands gab es z. B. Jakobusbruderschaften. Diese förderten die Verehrung ›ihres‹ Schutzheiligen auch an Ort und Stelle; sie ließen ihn auf Bildern, Statuen und Fahnen darstellen, widmeten ihm Kapellen und Kirchen oder weihten ihm in einer bestehenden Kirche einen Altar; hier feierte die Bruderschaft ihre Gottesdienste. All diese Maßnahmen liefen darauf hinaus, die Verehrung des jeweiligen Heiligen und damit auch die Wallfahrt zu einer ihm heiligen Stätte zu fördern.

Mancherorts sollte nur derjenige Mitglied der Bruderschaft werden, der schon die Wallfahrt unternommen hatte; später konnte man eine große Wallfahrt durch viele kleine ersetzen, oder durch Bezahlung der Geldsumme, die man für die entsprechende Wallfahrt hätte aufwenden müssen. So wurden anfangs in Altdorf am Vierwaldstättersee nur solche Pilger in die Jakobusbruderschaft aufgenommen, die das Heilige Land und Santiago besucht hatten, später auch solche, die fünfzig (!) Mal nacheinander an der Prozession nach St. Jakob am Riedweg gegen Flüele teilgenommen hatten; noch später begnügte man sich mit zehn Gulden als ›Eintrittsgeld‹, schließlich reichten gar 20 Franken.[153]

28. Siegel der Bruderschaft Saint-Jacques-aux-Pélerins.

Im günstigsten Fall umfaßte die Bruderschaft Mitglieder, die über eigene Erfahrung verfügten, denen Neulinge sich vielleicht anschließen, bei denen sie sich mindestens Rat holen konnten. Wer in einer Stadt wie Lübeck die Risiken der Wallfahrt nach Santiago erwog, fand Trost und Mut bei dem Gedanken an vielfältige Unterstützung. Er konnte davon ausgehen, daß Mitglieder von Jakobusbruderschaften in anderen Städten ihn förderten, in Paris z. B. mit Kost und Logis. In den Dienst des unbekannten Pilgers hatten sich auch andere Bruderschaften gestellt, z. B. solche, die Brücken und Hospitäler unterhielten, Wege ausbesserten oder für ein würdiges Begräbnis fremder Verstorbener sorgten.

Gasthäuser

Entgeltliche Beherbergung bei berufsmäßigen Wirten muß man für die Spätantike und das frühe Mittelalter eher erschließen, als daß man sie direkt den Quellen entnehmen könnte.[154] Denn warum sollte ein wohlhabender Reisender den Aufwand für Beherbergung und Beköstigung nicht vergüten?

Viele hatten es gar nicht nötig, in Gasthäusern abzusteigen, in denen man gegen Entgelt übernachten konnte. Könige kehrten in ihren Pfalzen oder Höfen ein, außerhalb ihres Herrschaftsbereiches bei Standesgenossen; das taten auch andere Adlige. Reisende Bischöfe suchten Amtsbrüder, Pfarrer oder Äbte auf. Der Besuch von Gasthäusern und Schanklokalen war ihnen, außer in Notfällen, untersagt. Europaweit bekannte Persönlichkeiten wie Petrarca, Erasmus, Dürer hätten in Herbergen absteigen können; doch oft ließen Freunde es sich nicht nehmen, sie in ihr Haus einzuladen.

Waren Begüterte auf ein Gasthaus angewiesen, blieb es oft ungewiß, ob sie Platz finden würden. Denn die Unwägbarkeiten der Reise machten es schwierig und teuer, dem Wirt rechtzeitig den genauen Ankunftstermin zu nennen. Kamen Vornehme und waren alle Betten schon belegt, war der Wirt versucht, Gäste auszuquartieren, an denen er weniger verdienen konnte. Mächtige geistlichen oder weltlichen Standes, die sicher gehen wollten, führten deshalb Zelte mit sich; was Komfort und Sauberkeit angeht, brauchten die den Vergleich mit einer etwa vorhandenen Herberge nicht zu scheuen. Die Masse der Fußreisenden konnte sich nicht mit Zelten belasten, sondern nahm eher mit Gelegenheitsunterkünften vorlieb.

Verglichen mit dem Früh- und Hochmittelalter bahnte sich seit dem 13./14. Jahrhundert ein Wandel an; wenn auch weiterhin Könige ihr hohes Amt reisend ausübten, Kleriker zu Konzilien und Äbte jährlich zum Generalkapitel ihres Ordens strebten, so neigten doch Herrscher, Adlige, Bischöfe und Kaufleute zur Seßhaftigkeit. Die einen hatten mittlerweile Residenzen ausgebildet, und Kaufleute konnten – gestützt auf Boten und Briefe – vom heimischen Kontor aus die Geschäfte lenken. Gleichzeitig nahm die

Zahl der Reisenden insgesamt zu, auch dank des Aufschwungs des Wallfahrts- und Söldnerwesens.

Daraus ergaben sich Folgen für Herbergswirte. Bis weit in die Neuzeit litten sie darunter, daß Kaufkräftige möglichst anderswo abstiegen. Gewerbsmäßige Wirte hatten deshalb vorzugsweise mit Gästen zu schaffen, die jeden Pfennig dreimal umdrehen mußten und keine Ansprüche stellen durften. Daß man auch hier unterscheiden muß, zeigen die schon erwähnten *Canterbury Erzählungen:* Eine Gruppe von Pilgern versammelt sich bei einem Wirt, und als Gruppe wollen sie auf dem Weg zum hl. Thomas Becket auch bei anderen Wirten einkehren.

Mindestforderungen

Wollte ein Wirt von entgeltlicher Gastlichkeit seine Familie ernähren, mußte das Land ausreichend dicht besiedelt und eine große Zahl von Menschen unterwegs sein. Südlich der Alpen waren diese Bedingungen mancherorts um die Jahrtausendwende erfüllt, in Mitteleuropa ein, zwei Jahrhunderte später, in dünnbesiedelten Landstrichen Skandinaviens und Osteuropas erst in der Neuzeit.

In West-, Mittel- und Südeuropa konnte man im Spätmittelalter im Abstand von einer Tagereise oder weniger mit einem Gasthaus rechnen; man fand solche Häuser vorwiegend in Städten, aber auch in ländlichen Siedlungen, an Flußübergängen, unterhalb von Pässen, nicht zuletzt am Fuß von Gebirgen: Vor dem mühsamen Aufstieg wollte man sich nochmals stärken, vielleicht auch (Sänften-)Träger anheuern oder Vorspannpferde ausleihen – z. B. in Geislingen an der Steige, das auf dem Weg von Speyer nach Venedig über Ulm liegt.

Übernachtung

Gewerbsmäßige Wirte sollten, so verlangte es die Obrigkeit, eine bestimmte Zahl von Gästen (oft zehn) beherbergen können; ferner sollte für Reittiere gesorgt sein mit Wasser, Futter und Stallplätzen. Wie knappe Kapazitäten gelegentlich genutzt wurden,

150

zeigen Aufzeichnungen eines Wirtes in Arezzo aus dem Jahr 1385. In seiner Herberge standen den Gästen vier Betten und eine Matratze zur Verfügung; hier übernachteten in 19 Tagen insgesamt 180 Personen. Der Durchschnitt von neun bis zehn verschleiert Extreme: an manchen Tagen wurden vier, an anderen 15 Übernachtungen gezählt.[155]

Zwar boten viele Gasthäuser Räume unterschiedlichen Standards an; doch oft mußte man die zugeteilte Kammer, wenn nicht das Bett mit wildfremden Menschen teilen; ein Vorhang bot ggf. Sichtschutz gegenüber Zimmergenossen in anderen Betten. Begleitende Diener und Mägde suchten sich einen Platz beim Gesinde, im Heu oder unter einer Stiege.[156]

Mußte man der Kälte oder der dünnen Decke wegen frieren, war man froh, wenn man einen Bettgenossen hatte; man wärmte sich dann wechselseitig gemäß der biblischen Maxime (Kohelet 4, 11) »Wenn man zu zweit schläft, kommt die Wärme; aber allein, wie soll einem da warm werden?« Auch Herrscher hatten nicht immer ein Einzelbett. Werke der bildenden Künste schildern oft recht genau die Wirklichkeit; so zeigt ein Kapitell in Autun die hl. Drei Könige, Prototypen mittelalterlicher Pilger, in einem Bett; einträchtig schlafen sie unter einer Decke. Einfache Pilger werden sich auch zu vier und mehr Personen ein Bett geteilt haben.

Lieblicher Schlummer in einem ruhigen Haus? Flöhe und anderes Ungeziefer waren zu gewöhnlich, als daß die Quellen sie überhaupt erwähnen. Vielzitierte Worte Ulrichs von Hutten beziehen sich auf eine Burg; doch dürfte es in mancher Herberge nachts ähnlich zugegangen sein, und zwar nicht nur auf dem Land. »Man hört das Blöken der Schafe, das Brüllen der Rinder, das Bellen der Hunde, das Rufen der auf dem Feld Arbeitenden, das Knarren und Rattern der Fuhrwerke und Karren; ja sogar das Heulen der Wölfe hört man in unserem Haus, weil es nahe am Wald liegt«.[157]

Reinlichkeit?

Was Hygiene im weitesten Sinne angeht, setzten sich heute weitverbreitete Standards – wie im Zusammenhang mit dem Jerusalemer Spital ausgeführt – erst in den letzten hundert Jahren durch.

Hohe Ansprüche erhob an der Wende zur Neuzeit Erasmus von Rotterdam, der in Europa weit herumgekommen war: In Herbergen dürfe kein Gast dieselbe Wäsche bekommen, in der schon ein anderer geschlafen habe. Deutsche Gasthäuser waren ihm besonders zuwider: »Die Bettücher sind vielleicht vor einem halben Jahr zum letzten Mal gewaschen worden«.[158]

Sanitäre Anlagen? Im Interesse vorbeugender Seuchenbekämpfung verlangte die Obrigkeit zuweilen ein Minimum an Sauberkeit. Wie weit die Normen eingehalten wurden, sei dahingestellt. Zu jedem Bett ein Nachtgeschirr? Bei jedem Gasthaus ein eigenes ›heimliches Gemach‹? Wo es das gab, war es bis zum Brunnen oft nicht weit, der Kreislauf der Krankheitskeime also geschlossen; das hatte nicht nur Nachteile, wenn die Widerstandskraft gegen Krankheitskeime gestärkt wurde.

Essen und Trinken

Es war nicht selbstverständlich, daß die Herberge außer Unterkunft auch Verpflegung bot. In manchen Ländern durfte man mit Bett und Tisch rechnen; wer essen wollte, mußte Lebensmittel mitbringen oder im Ort kaufen. Als Heinrich der Löwe 1172 mit großem Gefolge auf dem Landweg nach Jerusalem zog, führte er auf Wagen Vorräte mit: Mehl, Wein, Fleisch, Fisch.[159] Auch ›einfache‹ Pilger haben – zumal in Zeiten regionaler Hungersnot – Vorräte an Lebensmitteln auf die Reise mitgenommen. Wenn es ging, deponierte man einen Teil davon bei vertrauenswürdigen Leuten, um auch auf dem Rückweg wieder zu essen zu haben.

Der Pilgerführer und die Predigt ›Veneranda dies‹ gehen davon aus, daß Herbergen – zumindest in manchen Landstrichen – auch Speisen anboten. Folgt man dem Pilgerführer, so wußte ein anspruchsvoller Wallfahrer im 12. Jahrhundert gutes Brot und vortrefflichen, reichlich eingeschenkten Wein zu schätzen. Darüber hinaus lobt er in manchen Gegenden Fleisch und Fisch, Obst, Milch und Honig sowie andere, nicht weiter spezifizierte Delikatessen.

Wer sich das alles leisten konnte und es im Laufe der Wochen wenigstens gelegentlich auf dem Tisch sah, lebte gesund, auch nach Erkenntnissen moderner Ernährungsphysiologie; der Grundbedarf war gedeckt mit Kohlehydraten, Eiweiß, Fett, Vitaminen und Spurenelementen. Gelegentlich lobt der Pilgerführer ausdrücklich das gute Wasser, das man also nicht überall bekam. Ein Grund mehr, den Durst mit Wein oder Apfelmost zu löschen, der ebenfalls erwähnt wird. Wer sich daran hielt, blieb vor mancher Krankheit bewahrt; was wir heute wissen, machte man seinerzeit vielleicht schon aus Erfahrung richtig: Man schätzte Getränke, in denen Alkohol, Gerbsäure oder andere Bestandteile Krankheitserreger abgetötet hatten.

Besteck? Man hatte Löffel und Messer bei sich. Denn es war nicht selbstverständlich, daß der Wirt beides auf den Tisch legte; vielleicht hing an einer Kette ein Messer, für fünf oder sechs Gäste. Der Pilgerführer nach Santiago beobachtet, daß in der Gaskogne die ganze Familie aus einer allen gemeinsamen flachen Schale ißt, daß in Navarra Herr und Knecht, Herrin und Magd nur eine Schüssel und nur einen Becher bei Tisch benutzen.[160] Was hier bei privaten Gastgebern beobachtet wird, könnte auch bei gewerbsmäßigen Wirten der Gegend – soweit es sie gab – üblich gewesen sein.

Forderungen gegen Ende des Mittelalters

Willkommene Einzelheiten zum Gasthaus an der Wende zur Neuzeit bringt Erasmus.[161] Seine wenig schmeichelhaften Äußerungen dürfen als Satire verstanden werden, wie andere Schriften in dem Sammelwerk, aus dem schon zitiert wurde. Im beißenden Spott eines empfindsamen Menschen werden Maßstäbe deutlich, die gute Wirte für sich und ihr Personal vielleicht beherzigt haben.

Verschwitzt und ungewaschen drängen sich in der überheizten, ungelüfteten Stube achtzig bis neunzig Personen: Fußgänger, Reiter, Kaufleute, Schiffer, Fuhrknechte, Bauern, Kinder, Frauen, Gesunde und Kranke. Am Ofen trocknet triefnasse Kleidung. »Der eine kämmt sich, der andere wischt sich den Schweiß ab, der dritte putzt seine Schuhe oder Stiefel, und wieder einer rülpst nach Knoblauch.« Von Furzen und eklen Ausdünstungen wolle er nicht reden; »aber wie viele gibt es, die an geheimen Krankheiten leiden, und jede Krankheit ist irgendwie ansteckend«; die spanische bzw. französische Seuche (Syphilis) sei unter allen Nationen verbreitet. Zwar könne man sich die Hände waschen; aber danach müsse man anderes Wasser verlangen, um die Dreckbrühe wieder abzuspülen.

Schließlich werde aufgetragen, zunächst dünner und saurer Wein, dann Brei und immer wieder Brei, dazwischen Suppen; erst wenn die Gäste sich den Magen vollgeschlagen hätten, würden Braten oder Forellen vorgesetzt, »die keineswegs zu verachten sind. Aber damit verfahren sie sparsam und tragen schnell wieder ab.« Zum Schluß ein etwas besserer Wein. Das Ganze überlagert von Zoten der Gaukler, Lärm und Stimmengewirr.

Sei der faule und von Würmern wimmelnde Käse abgetragen, werde kassiert. In unappetitlicher Kleidung erscheine ein mürrischer Wirt, der die Gesamtsumme durch die Zahl der Tischgäste teile; ob man viel oder wenig verzehrt und getrunken habe, spiele keine Rolle – jeder bezahle den gleichen Betrag. Wegen dieser Art des Kassierens dürfe sich niemand vorzeitig zur Ruhe begeben. Wer klage, werde unwirsch abgefertigt: »Wenn's Euch nicht paßt, sucht Euch was anderes.«

Andere Länder, andere Sitten

Seit dem Spätmittelalter bekam man praktische Ratschläge zur Kunst des Reisens zu kaufen. Darin wurde dem Leser eingeschärft, er solle sich gelassen damit abfinden, daß in anderen Ländern andere Sitten herrschen.[162] Von einem unerwarteten Mangel hat schon mancher auf Schikane der Gastleute, wenn nicht auf einen bösartigen Nationalcharakter geschlossen. Derartige Folgerungen flossen sogar Menschen mit weitem Horizont leicht in die Feder.

Besondere, in Gasthäusern lauernde Gefahren sollen im nächsten Abschnitt erörtert werden. Insgesamt hatten Gasthäuser auch in nachmittelalterlicher Zeit keinen guten Ruf. In alt- und neugläubigen Gebieten galten sie lange noch als Stätten des Saufens, Fluchens und schlimmerer Laster.

9. Bis zuletzt:
Gefahren für Hab und Gut,
Leib und Seele

Quellen, die aus dem Alltag von Pilgern berichten, erzählen wieder und wieder von Untaten und Verbrechen.[163] Denn das schlimmste Unheil ging nicht von den Elementargewalten, sondern von Menschen aus. Daher liegt es nahe, jenen Gefahren einen eigenen Abschnitt zu widmen, die dem Pilger von anderen Menschen drohten.

Schon erwähnt wurden nichtsnutzige Fährleute und bösartige Zöllner. Geklagt wird häufig über Diebe und Räuber, über Anschläge auf Freiheit und Leben der Pilger. Gefahren lauerten auf Brücken und Märkten; man denke nur an das Konfliktpotential, das unterschiedliche Münzen, Maße und Gewichte für den Fremden bargen. Weitere Risiken waren mit Recht, Sprache, Gesten der Länder gegeben, durch die der Pilger kam.

Im Gasthaus

Gastwirte werden besonders häufig in den Quellen gerügt. Fast sieht es so aus, als hätten sich all die zum Schweigen verschworen, die gute Erfahrungen gemacht haben. Denn daß es zuverlässige Herbergswirte gab, zeigen Novellensammlungen, die viele Seiten des Alltags spiegeln. In den Gasthäusern, die Boccaccio in seinem ›Dekameron‹ vorstellt, hätte man wohl absteigen können. Der sympathische Wirt im Prolog zu Chaucers *Canterbury Erzählungen* wurde schon erwähnt. Diese Vorbemerkung ist geboten angesichts zahlreicher Warnungen, die sich in den Quellen finden; man darf sie sicher nur zum geringsten Teil darauf zurückführen, daß die Chronisten gedankenlos bestimmten Klischees folgten oder gar bösartige Vorurteile gegen Wirte nährten. Probleme und Versuchungen haben sich wohl in manchen Gasthäusern gehäuft. Wer als Wirt schnell verdienen wollte, versuchte es oft genug mit ›krummen Touren‹. Das schadete dem Ruf des Standes insgesamt mit der Folge, daß ehrliche Leute Gasthäuser zu meiden suchten; um so zahlreicher fand man hier Arme und zwielichtige Gestalten. Damit schloß sich ein Kreis, aus dem es lange kein Entrinnen gab.

Der Autor der Predigt ›Veneranda dies‹, aus der schon zitiert wurde, entwirft von Wirten am Rande der Pilgerstraßen und in Santiago selbst ein Schreckensgemälde;[164] wahrscheinlich war ihm nicht bewußt, daß er dadurch seinen eigenen Zielen schadete, für die Fahrt zum hl. Jakobus zu werben. Die Ausführungen lesen sich wie eine Verbrechenschronik; in Kürze veranschaulichen sie Fragen der Rechts-, Wirtschafts- und Verkehrsgeschichte.

Nach anstrengendem Marsch sehnt sich der harmlose Pilger nach einem Ort des Friedens. Dem Wirt begegnet er mit einem Vertrauensvorschuß und möchte sich in dessen Haus einem erquickenden Schlaf hingeben. Dem Arglosen drohen jedoch vielfältiger Betrug, üble Tricks mit Maßen und Gewichten, überhöhte Preise, Unterschlagung, Diebstahl, Anstiftung zu weiteren Untaten, Giftanschlag, Verleumdung.

Manche Wirte, so die Predigt, gehen den Pilgern bis zum Rand der Stadt entgegen »und küssen sie, so als ob sie ihre von weit angereisten Verwandten wären«. Daraufhin führen sie sie in ihre Häuser, versprechen ihnen alles Gute und handeln schlecht. Ein anderer schickt einen Gefolgsmann aus, der die Pilger weit vor der Stadt abfängt; er sei nicht wegen der Beherbergung gekommen, sondern hüte ein krankes Maultier seines in Santiago wohnenden Herrn. Dem möchten die Pilger doch bitte ausrichten, das Tier sei wohlauf. Und dann folgt der Pferdefuß: Wenn sie sich bei seinem Herrn einquartierten, werde der ihnen als Boten der willkommenen Nachricht alles Gute gewähren. Fielen die Pilger auf diesen Trick herein, erlebten sie böse Überraschungen.

Betrügereien mit Getränken waren offensichtlich weit verbreitet. Gewisse Wirte »reichen ihnen zuerst zum Kosten den besten Wein und verkaufen dann, wenn sie können, den schlechten«. Andere verkaufen Apfelwein als Wein oder verdorbenen als guten Wein. Wieder andere schenken Wasser ein, während sie den Wein vom Faß zapfen. Ein weiterer Trick: Man unterteilt ein Faß und läßt es mit unterschiedlichen Weinen füllen; den Pilgern reicht man zunächst den besseren zur Probe und nach dem Essen den schlechteren aus dem anderen Teil des Fasses. Ein weiterer lädt Pilger zu einem ›Gratisessen‹ ein, während dessen er ihnen Kerzen zu überhöhten Preisen verkauft; er kassiert dann noch mehr als den Wert der Mahlzeit. Immerhin hatte man damit ›nur‹ Geld eingebüßt; schlimm konnte es bei verdorbenen Speisen werden, erst recht, wenn es sich um tierisches Eiweiß handelte: »Weitere verkaufen zwei oder drei Tage alte Fische oder gegartes Fleisch, an denen die Pilger erkranken.«

Man weiß nicht, ob man die ins einzelne gehenden Kenntnisse oder das Interesse des Autors für Praktiken der Halbwelt mehr bewundern soll; es wäre zu kurz gegriffen, wollte man die Beschuldigungen abtun als Wiederholung dessen, was seit biblischen Zeiten und auch aus anderen Pilgerorten (nicht zuletzt aus Rom) kolportiert worden ist. Weitere Wirte, so lesen wir, »zeigen ein großes Maß und messen, wenn möglich, mit dem kleinen. Einer hat betrügerische Wein- und Hafermaße: außen riesig, innen jedoch klein und schmal und unzureichend ausgehöhlt«.

Solche Betrügereien gab und gibt es immer an Orten, an denen viele Menschen zusammenleben, nicht zuletzt an heiligen Stätten, wo ein frommer Pilger nicht damit rechnet. Vielleicht ist das der Grund, warum Prediger um so eindringlicher warnen. »Andere versprechen den Pilgern beste Betten und geben schlechte. Manche lassen beim Eintreffen neuer Gäste die alten bezahlen und vertreiben sie dann.«

Wiederholt geht die Predigt auf Unterschleife beim Geldwechsel ein; offensichtlich durften manche Wirte dieses Geschäft betreiben. Der eine tausche fremdes Geld nur zur Hälfte des wirklichen Wertes in die ortsübliche Münze um; ein anderer stecke mit einem berufsmäßigen Wechsler unter einer Decke, den er dazu anstifte, für die Silbermark im Wert von dreißig Schilling gerade zwanzig zu geben; in den Gewinn teilten sich dann Wirt und Wechsler. Vom Betrug über den Diebstahl bis zum Mordanschlag war es manchmal wohl nur ein Schritt: Ein übler Wirt gebe seinen Gästen besten Wein, um sie trunken zu machen »und um dann während ihres Schlafes von ihnen Geldbeutel, Tasche oder etwas anderes zu stehlen«. Ein anderer reiche seinen Gästen einen todbringenden Trank, um sich ihrer Habe zu bemächtigen.

Zur Zeit, da die Predigt ›Veneranda dies‹ verfaßt wurde, konnten Wirte mit der Habe bei ihnen verstorbener Pilger offensichtlich noch nach Gutdünken umgehen. Die Predigt zeigt, daß sich zu dieser Zeit das Rechtsempfinden wandelte. Wirte, die das Geld von Gästen, die bei ihnen verstorben sind, für sich behalten, werden als schlecht bezeichnet; denn sie wären verpflichtet, so meint der Autor der Predigt, es Klerikern und Armen als Almosen zu übergeben.

Offensichtlich haben Wirtsleute ihr Personal zu schändlichem Tun im Schutze der Dunkelheit gedungen: Hier gieße eine Dienerin auf Geheiß ihrer Herrin das Wasser im Hause fort; würden die Pilger nachts vom Durst geplagt, müßten sie den Wein des Wirtes kaufen. Dort stehle die Dienerin auf Anstiften ihres Herrn den Reittieren der Gäste Hafer oder Gerste aus der Futterkrippe. Wieder andere Wirtsmägde hätten es auf die Tugend der Pilger abgesehen. Nach verbreiteter Meinung gefährdete Geschlechtsverkehr den geistlichen Gewinn einer Wallfahrt. Und da gebe es Mägde, »die sich aus Hurerei und Geldgier auf teuflisches Geheiß nachts den Pilgerbetten« näherten!

Üble Machenschaften konnten Unschuldige schnell an den Galgen bringen: Der Pilger müsse sich vor Wirten hüten, die »ihren Ring oder ihr silbernes Siegel« nachts in Taschen oder Beutel ihrer schlafenden Gäste stecken. Seien die nichtsahnenden Pilger morgens aufgebrochen, setze der Wirt ihnen nach und raube sie aus. Der Autor läßt offen, wie man sich vor solchen Gaunern schützen solle; vielleicht dadurch, daß man Tag um Tag vor dem Aufbruch sein Gepäck genau durchsieht?

Jacobus de Voragine hat sich gerade dieses Stoffes angenommen und ihm zu weiter Verbreitung verholfen. In der *Legenda aurea* spitzt er die Erzählung weiter zu, lokalisiert und datiert sie: In Toulouse, wo sich unterschiedliche Pilgerwege kreuzten, beschuldigt ein Wirt im Jahre 1020 zwei Deutsche, Vater und Sohn, des Diebstahls. Im Vertrauen auf ihre Unschuld lassen die Angeklagten ihr Gepäck durchsuchen. Gefunden wird der silberne Becher des Wirtes. In edlem Wettstreit eifern Vater und Sohn um den Platz am Galgen. Schließlich läßt der Richter den Sohn hängen, die Habe beider spricht er dem Wirt zu. Traurig zieht der

Vater weiter. Als er nach vielen Tagen zurückkommt, hängt der Sohn immer noch am Strick, doch er lebt! Der heilige Jakobus habe ihn all die Zeit erquickt. Das Wunder wird bekannt, der Sohn abgenommen und an seiner Stelle der gewissenlose Wirt gehängt.[165] Im Interesse der Glaubwürdigkeit des Außergewöhnlichen – der Sohn lebt noch nach 36 Tagen – muß der ›Rahmen‹ des Wunders soziale und rechtliche Gegebenheiten wirklichkeitsnah schildern. Nicht ungewöhnlich war zweierlei: Mit Verdächtigen wurde oft ›kurzer Prozeß‹ gemacht; lag ein Beweis vor, wie hier der Becher, war der Kopf verwirkt. Daß das Opfer hängen blieb, bis die Knochen zur Erde fielen, war nicht ungewöhnlich; Galgen und Leichnam sollten Ganoven abschrecken. Der Autor der Legende wollte für die Wallfahrt nach Santiago werben; und das heißt: Jeder sollte wissen, daß der hl. Jakobus denen hilft, die ihn mit ihrer Pilgerfahrt ehren.

In den bildenden Künsten ist die Geschichte häufig dargestellt worden; auch hat sie zahlreiche Varianten hervorgebracht; nach einer wollte sich die Tochter des Wirtes dafür rächen, daß der junge Mann ihre Liebe verschmäht hatte. Die Legende will auch belehren: Sie mahnt Richter, sich nicht auf einen noch so plausiblen Augenschein zu verlassen, sondern dem Angeklagten eine angemessene Verteidigungsmöglichkeit zu geben. Ferner sahen sich Mädchen ermahnt, einen jungen Mann nicht an den Galgen zu bringen wegen unerwiderter Zuneigung.

Im Wald

Als ausnehmend gefährlich galt der Wald; Dichter und Theologen sahen in ihm den Ort des Bösen, der Sünde, wo daher Räuber und Mörder, ja sogar Menschenfresser ihr Unwesen trieben. Erwähnt wurde schon die Santiagopilgerin aus Siegburg, die in einem Wald nur knapp der Vergewaltigung entging.

Dem Pilgerführer nach Santiago sind Navarrer und Basken unheimlich, sicher auch deshalb, weil sie im waldreichen, unübersichtlichen Gebirge hausen. »Will einer von ihnen einen Raubzug unternehmen, versteckt er sich an geeigneter Stelle. Ohne sich zu verraten, kann er seine Spießgesellen dann dadurch alarmieren, daß er den Ruf des Uhu nachahmt oder wie ein Wolf heult«. Mit fast denselben Worten schildert Jahrhunderte später der schon erwähnte Basler Medizinstudent Platter seine Erfahrungen in Katalonien; er dürfte den Pilgerführer kaum gekannt haben.[166]

29. *Pilger treffen sich im Wald (Stich um 1500). Nach Ausweis von Mirakeln waren unter den Wallfahrern auch viele Kinder; vgl. Abb. 15 und 24.*

Auf den Wegen der Heiligen:
Unrecht und Betrug im Überfluß

So seufzt der Autor von ›Veneranda dies‹ in einem Abschnitt seiner Predigt, in dem er Betrüger anprangert. »Was soll ich über die falschen Beichtväter sagen? Gewisse Heuchler, die von bösen Dämonen beherrscht sind, trifft man als Kleriker oder Laien, jedoch im Priestergewand, äußerlich sanft wie Schafe, innerlich aber wild wie Wölfe«. Auf den Wegen nach Vézelay, Santiago, St. Gilles schleichen sie sich in das Vertrauen der Pilger ein; nach erbaulichen Vorträgen nehmen sie jeden einzeln ins Gebet und forschen ihn nach seinen Sünden aus. Darauf erlegen sie ihm hohe Bußen auf, die man gar nicht leisten könne: Da soll einer mit dreißig seiner besten Münzen dreißig Messen feiern lassen, »allerdings von Priestern, die nie etwas mit Frauen hatten, weder Fleisch gegessen, noch je etwas zu eigen besessen haben«. Da das Verlangte weit über die kirchlichen Gebote hinausgeht, kennt der Angesprochene keinen solchen Priester. Trotzdem gibt er dem ›Seelenführer‹ dreißig Münzen, und der verspricht, einen würdigen Priester zu finden; doch kümmert er sich nicht weiter um das Heil des Sünders, sondern verjubelt dessen Gabe. Vor solchen Leuten, denen die Hölle sicher sei, müsse man sich vorsehen »wie vor hungrigen Wölfen«.[167]

Was solle er von denen erzählen, entrüstet der Autor der Predigt sich weiter, die mit Leidensmiene am Rand der Wege zu den großen Wallfahrtsorten sitzen und den Pilgern ein Gebrechen vortäuschen? Beine oder Arme haben sie mit dem Blut eines Hasen bestrichen, um dem Vorbeigehenden ein Almosen zu entlocken. Andere stellen sich krank, taub oder stumm; Lippen oder Wangen sind schwarz gefärbt, Gesicht und Hände mit Beeren aus den Wäldern bemalt. Manchen fehlt wirklich ein Bein; aber sie haben es bei einem Raub eingebüßt; jetzt färben sie den Stumpf mit dem Blut eines Tieres, als hätten sie dieses Glied infolge einer Krankheit verloren. Andere zeigen sich, obwohl sie aufrecht gehen könnten, den Pilgern mit Kissen in den Händen und zur Erde gebeugt, vorzugsweise an einsamen Orten. In ihrem Stolz schlagen sie Brot oder eine andere bescheidene Gabe aus, nur Geld, Stoffe

161

oder Wachs wollen sie annehmen – ein Hinweis darauf, was Pilger mit sich führten. Abwägend gibt der Prediger hier zu bedenken, man solle diese Menschen nicht verachten. Wer ihnen um der Liebe zu Gott und seinem Heiligen ein Almosen gebe, werde sicher belohnt werden.

Und weiter: Frauen handeln mit Kerzen, die am Altar nicht recht brennen, weil sie zu wenig Wachs enthalten. Machenschaften von Wechslern und räuberische Erpressung durch Zöllner wurden schon erwähnt. Zu Zeiten des größten Andrangs von Pilgern verlangen Händler überhöhte Preise für Brot, Wein, Früchte, Käse, Fleisch und Geflügel, ferner für Riemen, Gürtel, Handschuhe und was Wallfahrer sonst so brauchen. Verkauft werden Gewürze, auch wenn sie schon verdorben sind. Als Warenfälscher sehen sich Händler und Ärzte an den Pranger gestellt: Die einen vermischen Pfeffer mit schwarzem Sand, Weihrauch mit Tannenharz, Farben mit billigen Zutaten, die anderen versetzen Medikamente mit minderwertigen Streckmitteln. Und die Tuchhändler: Der eine feuchte Stoffe an, damit sie mehr wiegen; der andere messe beim Kauf mit großer, beim Verkauf mit kleiner Elle. Offensichtlich gab es schon eine Professionalisierung im Gewerbe der Gauner. Jedenfalls behauptet die Predigt, daß manche ihre Jungen an die großen Pilgerorte schicken; in St. Gilles, Tours, Rom, Bari könne man sich in jeglichem Betrug ausbilden lassen.

Die in der Predigt angepriesenen Heilmittel klingen eher resignierend: Die kleinen Gauner, die mit vorgespielten Gebrechen Pilger zu einem Almosen bewegen wollen, möchte der Autor »durch das Mittel des göttlichen Wortes« von ihrer verwerflichen Gier abbringen. Den Wirten redet er ins Gewissen, sie sollten von ihrer Habsucht lassen; spätestens beim Jüngsten Gericht würden ihre Betrügereien offenbar werden. Dann ruft die Predigt die Heiligen um Hilfe an: Aegidius, Martin, Petrus, Nikolaus werden den vor Gott anklagen, der Pilger auf ihrem Weg betrogen, bestohlen, beraubt hat; die Hölle sei ihm sicher. Wer sich dagegen auf dem Markt, beim Handel, beim Geldwechsel, bei der Beherbergung rechtschaffen verhalte, werde von Gott belohnt werden.

Verlust der Freiheit

»Hat jemand einen Pilger oder einen Fremden geraubt, verkauft, versklavt?« Mancherorts geübte Praxis scheint in einer Frage auf, die Burchard von Worms um 1010 den Bischof stellen läßt, der die ihm anvertrauten Christen zu einer Gerichtsversammlung zusammengerufen hat.[168] Jahrhundertelang wurden Menschen der Freiheit beraubt; Mächtige wollten ein Lösegeld erpressen, Sklavenhändler unfreie Arbeitskräfte gewinnen. Wenn der Sachsenspiegel dieses Verbrechen dem Totschlag gleichsetzt,[169] zeigt er damit, daß es noch in der ersten Hälfte des 13. Jahrhunderts ausgeübt wurde.

Gefangene hatten meist ein schweres Schicksal: Unzulänglich ernährt, mußten sie Licht, frische Luft und regelmäßige Bewegung entbehren, sich Tag und Nacht der Ratten und anderen Ungeziefers erwehren, und das alles mit dem Gedanken, möglicherweise nicht mehr lebend aus dem Verlies herauszukommen. Auch solcher Unglücklicher gedenkt der Pilgerführer nach Santiago um 1140, wenn er einen im Limousin verehrten Heiligen preist: Dank der Fürbitte des hl. Leonhard seien Tausende aus Kerkerhaft befreit worden. »Mit größter Verblüffung« betrachte man die Balken im Innern und außen an der Basilika des Heiligen, »an denen wie an den Masten eines Schiffes die barbarischen Eisen in großer Zahl befestigt sind«: Hand- und Fußschellen, Halseisen, Ketten, Blöcke und anderes Werkzeug; »von denen hat der mächtige Bekenner Christi die Gefangenen dank seiner einflußreichen Fürbitte befreit«.[170]

Hierzu drei Ergänzungen: Pilger sind oft von christlichen oder muslimischen Piraten geraubt worden, auf dem Seeweg ins Heilige Land oder wenn sie in den Mittelmeerländern in Küstennähe ihres Weges zogen. Außerordentliche Hilfe erfuhren in muslimische Länder verschleppte Christen, die in Gefahr waren, ihren Glauben zu verleugnen. Konnte man sie nicht loskaufen, begaben sich Freie stellvertretend für sie in die Sklaverei. Der Orden der Mercedarier (Ordo BMV de mercede redemptionis captivorum, gegründet 1223/1318) hatte zusätzlich zu den drei klassischen Mönchsgelübden ein viertes: »Ich will auch in der Gewalt der Sarazenen als Pfand bleiben, wenn dieses zur Erlösung der Gläubigen notwendig sein sollte«. Mercedarier und Trinitarier (ein 1198 gegründeter Orden mit ähnlichen Zielen) haben nach der Überlieferung, die ein Kenner für glaubwürdig hält, 900000 bzw. 70000 Gefangene aus der Haft befreit.[171] Vor diesem Hintergrund wird verständlich, was der Pilgerführer im Anschluß an den Bericht von den Großtaten des hl. Leonhard schreibt: Bewundernswert an ihm sei nicht zuletzt, daß er sichtbar in menschlicher Gestalt auch in Sklavenhäusern jenseits des Meeres Gefesselten erscheine, wie die bezeugten, die er dank der Macht Gottes befreit habe. Wer in der Sklaverei schmachtete, wird einen Stellvertreter begrüßt haben, als sei es der hl. Leonhard in Menschengestalt.

Nach Noblat im Limousin sollen gelegentlich auch Muslime gepilgert sein, um dem hl. Leonhard für Befreiung aus Gefangenschaft zu danken. Solche Berichte sind keineswegs unglaubwürdig: Wer erlebt hatte, daß ein Leidensgenosse entgegen aller Wahrscheinlichkeit nach Anrufung dieses Heiligen die Freiheit wiedergewonnen hatte, wird, wenn kein anderes Mittel mehr Rettung verhieß, dem hl. Leonhard eine Dankeswallfahrt zu seinem Grab gelobt haben; im Falle der Befreiung war es selbstverständliche Ehrenpflicht, das Gelübde auch einzulösen.

Wer heute die Kirche in Noblat besucht, sieht Votivtafeln, aus denen hervorgeht, daß der hl. Leonhard noch im Zweiten Weltkrieg in denselben Anliegen angerufen wurde wie vor achthundert Jahren: Eltern, Ehefrauen, Bräute haben diesen Heiligen gebeten, ihren Sohn, Mann, Verlobten aus deutscher Kriegsgefangenschaft zu befreien.[172]

Mit zeitweiligem Freiheitsentzug mußten Pestkranke und solche Pilger rechnen, die im Verdacht standen, aus einer verseuchten Gegend zu kommen. Sie konnten noch von Glück reden, wenn sie am Stadttor abgewiesen wurden. Ernst wurde es, wenn ihnen – wie 1348 in Mailand und Avignon – vorübergehend ein Zwangsaufenthalt angewiesen wurde. Seit 1377 wurde in Ragusa jeder Pestverdächtige einen Monat lang von der übrigen Bevölkerung abgesondert; im selben Jahr führte man in Venedig die vierzigtägige Isolierung Verdächtiger ein. Diese ›Quarantäne‹ machte Schule.[173]Obwohl man noch nicht wußte, wie Infektionskrankheiten übertragen werden, ergriffen die Behörden – auch aus heutiger Sicht – richtige Maßnahmen: Abgesehen von wenigen Krankheiten, zu denen die Lepra gehört, kommen Infektionen innerhalb von vierzig Tagen zum Ausbruch.

30. Der Jerusalempilger Arnold von Harff, 1498 in Gaza in Gefangenschaft geraten (aus: The Pilgrimage of Arnold von Harff, London 1946). Wer so festgesetzt war, konnte sich kaum rühren, auch nicht, um sich lästiger Insekten oder aggressiver Ratten zu erwehren.

Verlust der Unversehrtheit und gar des Lebens

Der Legende nach wurde der Ire Coloman auf dem Weg ins Heilige Land im Jahre 1012 bei Wien trotz (oder wegen?) seiner fremdartigen Pilgertracht als Spion verdächtigt, verurteilt und kurzerhand am nächsten Baum aufgeknüpft.[174] Fielen Pilgerschiffe Sarazenen in die Hände, wurden oft die Männer erschlagen und ins Meer geworfen oder in die Sklaverei verkauft, die Frauen vergewaltigt und ebenfalls versklavt. Glimpflich kam man davon, wenn einem die Seeräuber ›nur‹ die Finger abschnitten, um sich wertvolle Ringe anzueignen.[175] Berichte von Verstümmelung, Mord und Totschlag an Pilgern ließen sich in großer Zahl beibringen. Ein Menschenleben galt nicht viel. Mächtige und Ärmste mißachteten oft in kaum verständlicher Weise grundlegende Rechte, wie folgendes Beispiel verdeutlicht: Eine Bettlerin ermordete eine arme Frau, die nicht mehr besaß als fünf Scheiben Brot und Kleidung im Wert von zwei Eiern.[176]

31. *In türkische Gefangenschaft geratene Pilger im Heiligen Land (1556,*
    Melchior von Seydlitz). Nur wer ein Lösegeld aufbringen konnte, hatte
    Aussicht, wieder frei zu kommen.

Anschläge auf die Seele

Das Heil der Seele wurde von christlich geprägten Autoren im allgemeinen höher eingeschätzt als Hab und Gut, Freiheit und Gesundheit. Deshalb sei abschließend davon die Rede, wie man sogar auf dem Weg zu einer heiligen Stätte die Aussicht auf die ewige Seligkeit einbüßen konnte.

»Geliebte Brüder! Auf welche Art der Teufel seine unrechten Netze auswirft und den Jakobspilgern die Höhle des Verderbens öffnet, vermag ich nicht zu beschreiben.« Dieser Seufzer entfährt dem Autor der Predigt ›Veneranda dies‹, nachdem er in markigen Worten seinen Abscheu über Frauen bekundet hat, die in waldreichen Gegenden am Rand des Weges zum hl. Jakobus einzeln ge-

hende Pilger zu betören trachten. Die Predigt schilt nicht die Männer, die der Versuchung erliegen, sondern fordert abschreckende
geistliche, Vermögens- und Leibesstrafen für die Frauen: Sie
»müssen nicht nur exkommuniziert, sondern von allen geplündert
und durch Abschneiden der Nase öffentlich geächtet werden«.[177]

Der Teufel wird auffallend oft als Autor sexueller Delikte hin-
gestellt, viel seltener als Anstifter zu Diebstahl oder Lieblosigkeit,
um nur diese Übel zu nennen. Die Schwerpunktsetzung könnte
mit dem Stand derer zusammenhängen, die solche Geschichten
aufgezeichnet haben: Kleriker waren auf das Gebot der Ehelosig-
keit, Mönche sogar auf das der Keuschheit verpflichtet. Wer hier
Schwierigkeiten hatte, war versucht, den Bereich der Sexualität zu
dämonisieren, wie auch folgende Geschichte zeigt; sie stammt aus
der Jakobuslegende und wurde von einem Dominikanermönch
und Erzbischof von Genua aufgezeichnet. Auf dem Weg nach
Santiago begeht ein junger Mann aus dem Raum Lyon die Sünde
der Unkeuschheit. In einer der folgenden Nächte erscheint ihm
eine männliche Gestalt und stellt sich als Jakobus der Apostel vor,
zu dem er bisher jedes Jahr (!) gepilgert sei. »Wisse, ich hatte
große Freude an deiner Andacht; doch diesmal bist du in Unzucht
gefallen«. Da er nicht gebeichtet habe, könne diese Wallfahrt
Gott und ihm, dem Apostel, nicht gefallen; er solle seine Sünden
also zunächst bekennen und dann durch die Pilgerfahrt büßen.
Der junge Mann erschrickt und beschließt, heimzugehen, zu
beichten und dann die Wallfahrt noch einmal anzufangen. Darauf
erscheint die Gestalt wieder und erklärt, die Sünde würde ihm nie
vergeben, es sei denn, er schneide sich sein Geschlechtsglied ab;
noch besser sei es, wenn er sich töte; dann wäre er ein Märtyrer auf
seinen, des hl. Jakobus Namen. Der Jüngling befolgt den Rat,
entmannt und entleibt sich. Als man ihn begraben will, ist er plötzlich wieder lebendig und erklärt den Hergang: Auf des Teufels
Rat habe er sich den Tod gegeben; doch der hl. Jakobus habe ihn
aus der Gewalt der bösen Geister befreit, auch dank der Fürsprache der Muttergottes und vieler Heiligen sei ihm das Leben zu-
rückgegeben worden. Nun kann er seine Wallfahrt nach Santiago
ausführen.[178] Unmittelbar vorher bringt Jacobus de Voragine die
Erzählung von einem anderen jungen Mann, der sich – ebenfalls

167

auf Anstiften des Teufels, der wieder die Gestalt des hl. Jakobus angenommen hatte – den Tod gegeben hat. Auch diesen befreit der wahre Heilige aus der Macht des Bösen.

Solche Beispiele zeigen, welche Gefahren der Pilger bestehen mußte. Nicht genug, daß ihm Elementargewalten und Menschen die Reise schwer machten, mußte er gar damit rechnen, daß der Böse die Gestalt des verehrten Heiligen annahm. Und daß er auch noch zum Selbstmord anstiftete, wie Judas der Verräter ihn begangen hatte. Nach herrschender Lehre hatten Selbstmörder ihr Heil verwirkt. Doch Jakobus de Voragine hat auch für diese eine Botschaft, die man vielleicht als tröstlich deuten kann: Wer Hand an sich legt, ist vom Teufel in die Irre geleitet worden; der hl. Jakobus wird auch für diesen Sünder rettende Fürsprache einlegen – sofern er ihm zu Ehren nach Santiago gewallt ist. Man kann nun auch umgekehrt argumentieren, und mancher wird so gedacht haben: Wenn ich erst einmal nach Santiago gepilgert bin, habe ich mir einen mächtigen Schützer gewogen gemacht, der mich selbst dann aus den Klauen des Bösen befreien wird, wenn ich eigentlich nur noch die Hölle verdient hätte.

Besser allerdings war es, wenn man über die Unterscheidung der Geister verfügte. Die Legenden sind jedenfalls so erzählt, daß jedem klugen Zuhörer sogleich klar werden muß, ob wirklich Jakobus sich zeigt oder nicht doch der Teufel. Der erste Pilger hätte gewarnt sein müssen, als die Vision ihm in Aussicht stellte, er werde ein Märtyrer auf seinen, des Jakobus Namen sein; der junge Mann hätte wissen müssen, daß es nur ein Blutzeugnis für Christus gibt. Dem zweiten wurde die Seligkeit verheißen, wenn er sich zu seiner, des Jakobus Ehre, töte. Auch der hätte spätestens hier den Versucher erkennen müssen.

10. Stimmen der Kritik

In Jerusalem und Rom, Santiago und Trier, Einsiedeln und Aachen waren Pilger schon deshalb willkommen, weil sie Ansehen und Wohlstand des Ortes mehrten. Doch hatte die kirchliche Obrigkeit seit je ein gespaltenes Verhältnis zur Wallfahrtsbewegung; als nicht-klerusgebundener Ausdruck der Frömmigkeit erschien sie manchem wie Wildwuchs.[179]

Warum auf Wallfahrt gehen, wenn Gott doch von jedem Ort aus angerufen werden kann? Gegen Ende des 4. Jahrhunderts schreibt der hl. Hieronymus, einer der vier großen, in der abendländischen Kirche verehrten Kirchenväter: »Sowohl von Jerusalem wie von Britannien aus steht der Himmel gleichermaßen offen; denn das Reich Gottes ist inwendig in euch.« Hieronymus kannte Jerusalem aus eigener Anschauung und wußte, daß Pilger dort wenig erbauliche Erfahrungen machen konnten; zugleich weist er auf Traditionen hin, in denen nicht nur die Heilige Stadt gelobt, sondern auch vor dem Sündenpfuhl gewarnt wird; sogar Wallfahrtsorte können ›Babel‹ sein. Besonders unzufrieden ist er mit pilgernden Mönchen. Seiner Meinung nach »ist es von letzter Torheit, der Welt zu entsagen, aus der Heimat fortzugehen, die Städte zu verlassen, Mönch zu werden – und dann nach Jerusalem zu ziehen, in das Getümmel einer Stadt, in der es einen Magistrat, eine Militärgarnison, Huren, Schauspieler und Possenreißer und überhaupt alles gibt, was in Städten vorzukommen pflegt«.[180]

Wiederholt ist Bonifatius in der ersten Hälfte des 8. Jahrhunderts zu den Schwellen der Apostel nach Rom gewallt. Wie aufmerksam er unterwegs beobachtete, zeigt sein Schreiben an Erzbischof Cudberht von Canterbury aus dem Jahre 747. Dringend rät er dazu, vor allem Nonnen und anderen Frauen zu untersagen, zum fernen Rom zu pilgern; denn »zum großen Teil« gingen sie zugrunde, und kaum eine bleibe rein. »Es gibt nämlich nur sehr wenige Städte in der Lombardei, in Franzien oder in Gallien, in der es nicht eine Ehebrecherin oder Hure gibt aus dem Stamm der

Angeln. Das ist aber ein Ärgernis und eine Schande für Eure ganze Kirche«.[181]

Geradezu aufklärerisch mutet Kritik an, die seit der Jahrtausendwende an Heiligenverehrung und Pilgerwesen laut wird; es ist bemerkenswert, daß sie in Quellen begegnet, die Wallfahrten nachdrücklich propagieren. »Wenn Pferde- und Ochsenknochen als Reliquien von Heiligen ausgegeben und durch die Welt getragen werden, ist es sinnlos, ihnen zu Ehren aufzustehen oder ihnen entgegenzugehen«. So spottet eine Frau aus Siegburg über Menschen, die den verstorbenen Erzbischof von Köln ehren wollten. Anno, zu Lebzeiten ein selbstbewußter, harter Bischof, beweist auch nach seinem Tode, daß er Kritik nicht erträgt. So wie andere Zweifler und Neider erfährt die Spötterin seine Macht: Sie wird mit Blindheit geschlagen und findet ihre Gesundheit erst wieder, als sie ihre Verfehlung als schwere Schuld eingesehen und demütig am Grabe Annos bekannt hat.[182] Eine andere Frau, die blinde Orthrun aus Beyenheim, war nach vergeblichem Flehen vom Grabe der hl. Elisabeth traurig heimgekehrt. Ihr Mann tröstet sie mit Worten, aus denen man verhaltene Kritik herauslesen kann: »Mach dir keine Sorge, denn wenn du sie zuhause aus ganzem Herzen anrufst, so ist sie mächtig genug, dich auch dort zu heilen.« Daraufhin bestürmt Orthrun Tag und Nacht Elisabeth mit Bitten, bis sie schließlich allmählich das Augenlicht wiedergewinnt.[183] Die Heilige reagiert anders als Anno; sie läßt die Heilungsuchende nicht den Zweifel ihres Mannes entgelten.

Ende des 14. Jahrhunderts äußert sich Thomas von Kempen entschieden, wenn auch – verglichen mit manchen seiner Zeitgenossen – recht milde. Sein Hauptwerk, »Die Nachfolge Christi«, wurde zeitweise vielleicht mehr gelesen als die Bibel. Hier wendet er sich gegen eine äußerliche Nachahmung; es komme darauf an, Jesus im Herzen zu finden und im Alltag, wohin man gestellt sei. Thomas schreibt: »Da gibt es viele, die dahin und dorthin reisen, um die Überreste der Heiligen verehrend zu besuchen; voll Verwunderung hören sie dann von ihren Taten, stehen staunend vor ihren prächtigen Kirchen und küssen ihre in Gold und Seide gefaßten Gebeine. Doch siehe: Du mein Gott, Du, der Heilige aller Heiligen, der Schöpfer der Menschen und der Herr der Engel, Du bist hier vor mir auf dem Altar in voller Gegenwart!« Eine große Rolle spiele bei der Verehrung der Reliquien von Heiligen oft Schaulust und Neugier, diese dem Gläubigen noch suspekter als jene; die Frucht für die eigene sittliche Erneuerung sei dann gering, besonders, wenn man sich nur äußerlich wichtig mache und die Seele unbußfertig bleibe. »Hier aber, im Sakrament des Altars, bist Du ganz gegenwärtig, mein Gott, und doch auch Mensch, Jesus Christus. Hier erntet die Frucht des ewigen Heils in reicher Fülle, wer dich würdig und in Andacht empfängt. Doch keine leichtfertige Neugier oder irgendeine Sinnenlust zieht uns zum Sakramente hinan, sondern nur ein lebendiger Glaube, eine unerschütterliche Hoffnung und eine unverfälschte Liebe«.[184]

Im ausgehenden Mittelalter wird die Kritik schärfer. Man warf wallfahrenden Männern vor, sie vernachlässigten ihre Berufs-, Ehe- und Erziehungspflichten; in Abwesenheit ihres pilgernden Mannes würden Frauen von nichtsnutzigen Mönchen und anderen Taugenichtsen verführt. Wallfahrenden Frauen hielt man vor, sie riskierten Vergewaltigung; pilgernden Kindern drohe der Verkauf in die Sklaverei; insgesamt ständen die Gefahren für Leib und Seele in keinem vertretbaren Verhältnis zum möglichen Gewinn. Das für eine Wallfahrt nötige Geld solle man besser für Werke der Caritas, für Kirchenbauten, Schulen u. ä. ausgeben. Städte fürchteten Ungelegenheiten: In Gefangenschaft geratene arme Pilger mußten auf Kosten der Allgemeinheit ausgelöst, durch streitsüchtige Wallfahrer provozierte Händel geschlichtet werden. Resümierend konnte dann festgestellt werden, Wallfahrt sei etwas für Tagediebe, licht- und arbeitsscheues Gesindel.

Derartige Töne begegnen in einem Tierepos aus dem späten 15. Jahrhundert, das erst im 16. Jahrhundert durch zahlreiche Drucke seine größte Wirkung erzielte: Nach einer Serie beispielloser Ruchlosigkeiten läßt Reineke der Fuchs seinen Intimfeinden bei lebendigem Leibe Teile ihres Felles abziehen und sich daraus Kleidung für eine Bußwallfahrt nach Rom und Jerusalem anfertigen; der Königin des Tierreiches, die er zur Komplizin seiner Verbrechen gemacht hat, verspricht er: »Alle guten Taten, die ich verrichte, sollen zugleich für Euch und meinen Herrscher getan sein. Jeder Pilger pflegt ja zu Recht auch für jene zu beten, die ihm auf irgendeine Weise geholfen haben. Da Ihr eifrig darauf bedacht seid, möge Gott Euch dafür belohnen.« Ungerührt übt Reineke unterwegs Verrat und Mord.[185]

In ähnlicher Weise spitzte sich die Kritik an Heiligenverehrung und Reliquienkult zu, und es fehlte nicht an Anlässen. Vielerorts waren Wallfahrten verwildert, und magische Praktiken überwucherten den Glauben; Christen wurden so böswillig getäuscht, daß auch langmütige Beobachter nicht mehr von ›frommem Betrug‹ sprechen konnten. Nicht nur die Reformatoren zogen Wallfahrten, Reliquien- und Heiligenverehrung radikal in Zweifel. Ende des 15., Anfang des 16. Jahrhunderts hatte Erasmus von Rotterdam auf seinen Reisen durch Europa auch Wallfahrtsorte kennengelernt; in zwei Dialogen verdichtet er Sachkenntnis und beißende Ironie zu einer öffentlichkeitswirksamen Anklageschrift; streckenweise täuscht allerdings Witz über Oberflächlichkeit hinweg.[186] In einem Gespräch räumt ein gewisser Arnold ein, nach Rom und Compostela gepilgert zu sein aufgrund eines Gelübdes, das er geleistet habe, als ihm und seinen Zechkumpanen der Wein zu Kopf gestiegen war: »Ein riesiger Humpen machte die Runde, und als jeder der Reihe nach seinen Trunk daraus getan hatte, war ein unverbrüchliches Gelübde abgelegt.« Aufgrund eines dubiosen Anlasses ist auch Ogygius, Figur in einem anderen Dialog, nach Santiago gepilgert: Seine Schwiegermutter hatte gelobt, »wenn ihre Tochter ein gesundes Knäblein zur Welt brächte, sollte ich den heiligen Jakobus persönlich begrüßen und ihm danken«. Im weiteren Verlauf des Gespräches persifliert Erasmus einen angeblichen Brief der Jungfrau Maria; derartige ›Himmelsbriefe‹ hatten im Spätmittelalter wiederholt für Aufregung gesorgt. Er verhöhnt Heilige als militant und scheut sich nicht, Attributen ihres Märtyrerleidens, z. B. Schwert und Messer, einen falschen Sinn zu unterschieben. Ogygius ist auch zu einem Marienheiligtum in England gepilgert, um hier »jene üblichen Dinge« zu erbitten: »Gesundheit meiner Familie, größeren Reichtum, ein langes und fröhliches Leben in dieser Zeitlichkeit und in der zukünftigen Welt die ewige Seligkeit«. Darauf fragt sein Gesprächspartner Menedemus erstaunt-vorwurfsvoll: »Konnte das die jungfräuliche Mutter bei uns nicht auch gewähren? Sie hat in Antwerpen eine weit erhabenere Kirche als in Walsingham« (einem bekannten Marienwallfahrtsort in England). Dann werden Unehrlichkeit und Betrug an heiliger Stätte angeprangert: Manche legen nur deshalb eine Gabe nieder, weil eine »fromme Scham« sie nötige; wäre kein Zeuge zugegen, würden sie nichts geben. Da seien ferner jene Gauner, weiß Ogygius weiter zu berichten, »die der heiligsten Jungfrau so ergeben sind, daß sie so tun, als ob sie eine Gabe auf den Altar legten und dabei mit erstaunlicher Fingerfertigkeit das wegstibitzen, was ein anderer hingelegt hat.«

Bissig äußert sich Erasmus auch zum Kult mit Heilig-Blut- und Liebfrauenmilch-Reliquien: »Er hat uns so viel von seinem Blut auf Erden zurückgelassen, sie so viel Milch, daß es kaum zu glauben ist, sie könne von einer einzigen Frau herrühren, die nur einmal geboren hat, selbst wenn das Kind keinen Tropfen getrunken hätte.« Ogygius hat auch eine Erklärung für das Entstehen der Liebfrauenmilch: »Du würdest sagen, es sei zerriebene Kreide, mit etwas Eiweiß vermischt«. Seine Frage, »durch welche Beweisgründe man wisse, daß dies die Milch der Jungfrau sei«, weist der Führer durch die Reliquien als gotteslästerlich zurück. Und erst die Partikel vom Kreuz des Herrn! Würde man sie alle »auf einen Haufen« zusammenbringen, käme vermutlich »ein ganzes Lastschiff voll zusammen«. Weitere dem Gläubigen zu ehrfürchtigem Kuß gereichte Reliquien – u. a. Knochen mit halbverwestem Fleisch, Stoffetzen, die mit Blut, Schweiß, Nasenschleim oder anderen menschlichen Ausscheidungen getränkt seien – werden als unappetitlich und ekelhaft geschildert. Nicht besser kommen Ablaßglaube, Dummheit, Bösartigkeit und Engstirnigkeit der Kleriker weg, die die Reliquien hüten.

Außer der Milch der Muttergottes haben es Erasmus besonders die materiellen Schätze der Wallfahrtsstätten angetan. In Walsingham könne man meinen, »es sei der Sitz der Götter, so blitzt und blinkt alles von Gold, Silber und Edelsteinen«; damit ist diese Seite des Christentums dem Heidentum gleichgesetzt. Angesichts der in Canterbury aufgehäuften Edelmetalle erschienen Midas und Krösus wie Bettler. Im weiteren Verlauf des Dialogs führt Erasmus einen Gefährten des Ogygius ein, um seine Kritik in den Äußerungen dieses Gratianus, des Ogygius und des Menedemus immer weiter ins Grundsätzliche zuzuspitzen. Der in Canterbury verehrte Märtyrerbischof Thomas sei doch so mildtätig gegen die Armen gewesen; jetzt sei er reich an Gold, Silber und Edelsteinen und brauche nichts mehr; würde er es nicht »mit Gleichmut aufnehmen, wenn ein armes Weib, das zu Hause hungrige Kinder hat oder Töchter, die aus Mangel an einer Mitgift ihre Keuschheit in Gefahr bringen, oder einen kranken, bettlägerigen und aller Hilfe beraubten Mann – wenn ein solches Weib um die Erlaubnis bäte und von allen diesen Reichtümern ein ganz klein wenig wegnähme, um ihre Familie zu unterstützen?« Sicher brauche man zur würdigen Feier des Gottesdienstes einen geschmückten Raum und liturgische Gewänder. »Aber wozu die vielen Taufsteine, Leuchter und goldenen Statuen?«

Erasmus wird immer ernster und zorniger: Wozu der unerhörte Aufwand für eine oder gar mehrere Orgeln? »Wozu das musikalische Gepränge, das mit großen Kosten zustandegebracht werden muß, während unterdessen unsere Brüder und Schwestern, die lebendigen Tempel Christi, vor Hunger und Durst verschmachten?«

So ungerecht viele Anklagen auch sind, Erasmus trifft mehr als nur einen wunden Punkt; für nicht wenige seiner Vorwürfe gäbe es immer noch Anlässe. Erasmus hat auf Spannungen aufmerksam gemacht, unter denen Christen noch heute leiden; solche Spannungen haben dazu beigetragen, daß die Christenheit in der Reformationszeit zerbrochen ist. Jede Generation muß sich von neuem der Frage stellen, ob man Geld zum Schmuck von Kirchen usf. ausgeben darf, wenn gleichzeitig Menschen Not leiden. Auch Wallfahrtskirchen standen immer wieder vor der Entscheidung, wie sie vorhandene materielle Güter einsetzen sollten: Durfte man zur Ehre Gottes bzw. dieses oder jener Heiligen kostbares liturgisches Gerät anschaffen? Oder ehrte man Gott und seine Heiligen nicht besser dadurch, daß man Hungrige speiste, Durstige tränkte, Nackte bekleidete, Fremde beherbergte, wie Jesus es geboten hatte?

Mit beißender Kritik entwirft Erasmus ein ganz anderes Bild vom Wallfahrtswesen als viele mittelalterliche Quellen. Doch auch im 16. Jahrhundert dürften noch ernsthafte Pilger unterwegs gewesen sein, mühselig und beladen mit Sorge um ihr leibliches und seelisches Heil.

Kritik, wie es sie seit den Zeiten der frühen Kirchengeschichte gegeben hatte, bewog kirchliche und weltliche Obrigkeiten, Wallfahrten nicht nur zu behindern: In vielen Hansestädten wurde seit Beginn des 15. Jahrhunderts vor Fernwallfahrten gewarnt, nicht selten wurden solche Fahrten vom Rat sogar untersagt.[187] Die Verantwortlichen wollten Unannehmlichkeiten vermeiden; und die waren einprogrammiert, wenn Pilger andernorts Streit auslösten, in Gefangenschaft gerieten und auf Kosten des Gemeinwesens ausgelöst werden mußten oder wenn sie Schulden hinterließen. Kritik am Wallfahrtswesen lieferte im 16. Jahrhundert den Reformatoren, im 18. Jahrhundert den Aufklärern Munition in ihrem Kampf gegen Heiligenverehrung und Wallfahrten. Evangelische *und* katholische Obrigkeiten standen solchen Bekundungen der Frömmigkeit mindestens reserviert gegenüber; nach und nach verboten sie Fernwallfahrten, Wallfahrten von Frauen, schließlich Wallfahrten überhaupt. Zu früher schon geäußerten Gründen kam in der Neuzeit noch das Streben der Merkantilisten, das Geld im Lande zu halten.

Als Massenerscheinung, die sich auch in der Vergangenheit weitgehend dem disziplinierenden Zugriff von Kirche und Staat zu entziehen wußte, hat die Wallfahrtsbewegung zwar Zeiten gekannt, in denen Pilgerreisen als unmodern, vielleicht gar als anrüchig galten; doch konnten Wallfahrten nie völlig unterdrückt werden – auch nicht von den totalitären Regimen des 20. Jahrhunderts, wie Pilgerfahrten während der Zeit des Dritten Reiches oder später in kommunistischen Staaten zeigen.

11. DAS RECHT –
EINE UNENTBEHRLICHE STÜTZE
IM DIENST DER PILGER

»Daher soll man wissen, daß die Pilger zum hl. Jakobus, gleich ob reich oder arm, ein Recht auf Herberge und fürsorgliche Betreuung haben«.[188] Hätten alle Menschen diese Forderung, mit der der Pilgerführer nach Santiago schließt, beherzigt, so hätten Reich und Kirche sich viele Einzelbestimmungen sparen können. Auf Recht und Frieden waren Pilger mehr als andere angewiesen; denn sie mußten – abgesehen von ihrem Stab – unbewaffnet gehen, und in der Fremde besaßen sie nicht den Schutz, den sie daheim als Angehörige einer Familie, Sippe, Stadt genießen durften. Von Gefahren und Möglichkeiten, sie zu bannen, war schon wiederholt die Rede. An dieser Stelle sei zusammengefaßt, wie die Wege der Pilger sicherer gemacht wurden.

Im frühen Mittelalter hatten asketische Mönche gerade Heimatlosigkeit gesucht; doch dieses Ideal entsprach nicht den Vorstellungen der Pilger, die seit der Jahrtausendwende die Straßen bevölkerten. Sie nahmen, wie das eingangs gebrachte Zitat zeigt, das Verlangen nach Sicherheit als ein Grundbedürfnis des Menschen für sich in Anspruch.

Mißverständnisse und Gefahren drohten überall, wo sich Menschen unterschiedlicher Herkunft, Sprache, Stände begegneten, auf Straßen und Märkten, in Häfen und auf Schiffen. Selbst wer alle Widrigkeiten einer Reise geduldig als Buße auf sich nahm, wollte wenigstens lebendig sein Ziel erreichen, und sei es, um hier in Ehren zu sterben und als Christ begraben zu werden.

Besonderes Recht für Personen, Zeiten und Orte

Die Auflösung des Karolingerreiches sowie Einfälle von Sarazenen, Ungarn und Normannen schwächten im 9. Jahrhundert die weltliche Gewalt derart, daß sie ihrer vornehmsten Aufgabe nicht mehr nachkommen konnte, das Recht zu wahren. Da der allgemeine Friede sich nicht verwirklichen ließ, wurden einzelne Personen und Personengruppen, Orte und Sachen sowie Zeiten unter einen besonderen, eigens verkündeten Frieden gestellt. Wer dieses Gebot übertrat, mußte mit schärferen Strafen rechnen.

In den Schutz solcher Sonderfrieden wurden Pilger aufgenommen, ferner der Gast, Frauen und Kinder, Kleriker, Kaufleute, Studierende, Juden, Gesandte, Unterhändler. Ihnen war gemeinsam, daß sie nicht zu den Mächtigen gehörten; da sie keine Waffen trugen oder tragen durften, konnten sie sich nicht selber verteidigen und waren weitgehend schutzlos Angriffen von Mensch und Tier ausgeliefert. Sonderfrieden schützten ferner Sonn- und hohe kirchliche Feiertage, das heilige Jahr sowie Handelsmessen und Jahrmärkte.

Gerade Pilger kamen in den Genuß des Friedens, der bestimmten Orten galt: Kirche und Friedhof, Markt und Gericht, Stadt und Burg, Gasthaus, später auch Mühle und Schmiede waren in je eigener Weise befriedet; hier durften keine Waffen getragen werden; insofern war der Pilger gegenüber anderen Landesbewohnern nicht mehr benachteiligt. Geschützt waren auch öffentliche Land- und Wasserstraßen, da sie als Straßen des Königs galten; wer hier eine Untat beging, brach Königsrecht.

Befriedete Orte waren für den Pilger unentbehrlich: Hatte er sein – wiederholt bekräftigtes – Recht auf Notwehr wahrgenommen, z. B. gegenüber einem aggressiven Hund, sah er sich plötzlich von dem Geschädigten, vielleicht auch noch von dessen Verwandten oder Dorfgenossen bedroht. Ein Friedhof, ein Kloster, ein Spital, das sich gerade am Wege fand, konnte dann vor Lynchjustiz bewahren und eine lebensrettende Asylstätte sein. Grundsätzlich galt dieses Asylrecht nur für kurze Zeit (oft für drei Tage), meist ohne Nahrung, und selbstredend nicht für Verbrecher. Es eröffnete die Möglichkeit, unbemerkt zu fliehen, Sühneverhandlungen einzuleiten oder vor einem ordentlichen Gericht eine milde Strafe zu erbitten.[189] Aus dem Recht ergaben sich Pflichten: Auch Pilger mußten, wollten sie sich nicht verdächtig machen, die öffentliche Straße, Brücke, Fähre benutzen. Wie gefahrenträchtig diese sein konnten, wurde schon gesagt.

Gottesfriede und Landfriede

Seit der Jahrtausendwende reagierten zunächst kirchliche, dann auch weltliche Obrigkeiten empfindlicher auf den Bruch von Recht und Frieden. Um die weitverbreitete Kriminalität einzudämmen, Unrechtstaten der waffentragenden Schichten gegenüber Schwachen zu zügeln und das Fehdeunwesen insgesamt einzudämmen, ergriffen seit Ende des 10. Jahrhunderts Bischöfe in Südfrankreich, seit der zweiten Hälfte des 11. Jahrhunderts auch im Deutschen Reich die Initiative: In Verbindung mit weltlichen Herrschaftsträgern setzten sie Sonderfrieden, die in einer oder mehreren Diözesen, d. h. in einem bestimmten Gebiet galten; diese sollten von den Großen eidlich bekräftigt werden und für bestimmte Zeiten auch außerhalb von Sonn- und Feiertagen in Kraft sein.[190]

So verbot der Gottesfriede von Köln 1083 die Fehde in besonderen Zeiten; er schützte Personen – besonders die Reisenden – gegen Mord und Brand, Raub und Überfall. Sozial abgestufte Sanktionen drohten Vornehmen mit Vertreibung, Knechten mit Leib- und Lebensstrafen, wie eine Einzelheit zeigen mag: Straffällig gewordenen Knaben, die noch unter zwölf Jahre alt waren, sollten nicht die Hände abgeschlagen werden.[191] Nur zwei Jahre später ging der Friede für die Bamberger Diözese weiter: Er kannte keine zeitliche Begrenzung mehr. Reisende Kaufleute, arbeitende Bauern, Frauen, Geweihte sollten sich immer des Friedens erfreuen.[192]

Diese Forderungen griff 1123 das erste allgemeine Laterankonzil für die ganze römische Christenheit auf: Wer »die Schwellen der Apostel« in Rom oder die Gebetsstätten anderer Heiliger besuche, sollte sich des besonderen Schutzes der Kirche erfreuen. Auf Ergreifung oder Beraubung der Pilger stand Exkommunikation; dieselbe höchste kirchliche Strafe wurde denen in Aussicht gestellt, die Kaufleute mit neuen Zöllen belasteten.[193] Die Exkommunikation lief in einer christlich geprägten Gesellschaft auf den Ausschluß aus der Gemeinschaft der Menschen hinaus; wer sein Seelenheil nicht gefährden wollte, mußte alle Verbindungen zu einem Exkommunizierten abbrechen; die Kirche ließ nur wenige

Ausnahmen gelten; so durfte ein Koch weiterhin einem gebann-
ten König Speisen zubereiten. Die Beschlüsse von 1123 deuten an,
wie nah nach Meinung der Konzilsväter Wallfahrt und Handel einander waren.

Das Zweite Laterankonzil, von dem im Zusammenhang mit den
Motiven der Wallfahrer schon die Rede war, erweiterte 1139 den
Kreis der Geschützten: Zu jeder Zeit sollten Priester und andere
Kleriker, Mönche, Pilger, Kaufleute, Bauern sowie deren Vieh
sicher sein; von Mittwochabend bis Montagmorgen, in der Ad-
vents- und Weihnachts- sowie in der Fasten- und Osterzeit sollten
die Waffen grundsätzlich ruhen. »Brandstiftern« und deren Helfern, d. h. solchen Adligen, die trotz dieses Verbotes Fehde führten, drohte wieder die Exkommunikation. Diesmal gab man sich
nicht damit zufrieden, in allgemeinen Worten Genugtuung zu fordern; vielmehr heißt es nun, die Schuldigen sollten ein ganzes Jahr
lang in Jerusalem oder in Spanien im Dienste Gottes Buße tun,
d. h. ihr Leben auf einem Kreuzzug oder bei der Wiedereroberung
Spaniens einsetzen.[194]

Im 12. Jahrhundert griff die weltliche Gewalt die Gottesfrie-
densbewegung auf. Könige, Landesfürsten und Städte suchten in
ihren Herrschaftsbereichen das Gewaltmonopol durchzusetzen
und verkündeten zu diesem Zweck von den Großen beschworene
Landfrieden. Außer Kirchen und Friedhöfen sollten auch Pflüge,
Mühlen und ländliche Siedlungen sowie alle Land- und Wasserstraßen befriedet sein. Insgesamt wurden also wieder die Personengruppen besonders geschützt, die sich nicht selbst verteidigen
konnten.[195] Wohlhabende Täter sollten sich nicht mehr durch
Zahlung einer Buße der Bestrafung entziehen können. *Ein* Straf-
recht sollte für die gesamte, unter dem Frieden stehende Rechts-
gemeinschaft gelten. Damit wurden ständische Unterschiede ein-
geebnet: Unabhängig vom sozialen Rang des Täters sollten nun
Straßenraub und Tötung eines Menschen, Entführung und Vergewaltigung von Frauen als todeswürdig gelten. Die Strafe sollte auf
abschreckende Weise vollstreckt werden, gegebenenfalls sogar
durch Rädern, eine als entehrend geltende, außergewöhnlich
schmerzhafte und langdauernde Art der Hinrichtung.

Auswirkungen

In einer Zeit wachsenden Verkehrs haben Gottesfrieden und Landfrieden Konflikte begrenzt und das Recht verändert. Bis ins Hochmittelalter galt ein Menschenleben wenig, wie auch Legenden von zu Unrecht Gehenkten (Coloman und der Santiagopilger) gezeigt haben. Die von der Kirche angestoßene, von der weltlichen Macht aufgegriffene Bewegung führte zu einer Verschärfung des Strafrechts: Die eigentliche Missetat wurde nicht mehr in der Verletzung eines anderen gesehen, die man mit einer (Geld-) Buße hätte sühnen können, sondern in dem mit peinlicher Strafe bedrohten Bruch des beschworenen Friedens. Hinter diesem Wandel steht ein lebhafteres Gespür für den Wert des menschlichen Lebens, was nicht zuletzt Pilgern zugute kam.

Reisende, vor allem Kaufleute, erbaten vom jeweiligen Landesherrn im Spätmittelalter Geleit, ein ursprünglich königliches Recht. Geleit konnte Begleitung durch Bewaffnete einschließen; oft meinte es nur den besonderen Rechtsfrieden, der Pilgern mit einem Geleitbrief oder -zettel versprochen wurde. Der Geleitsherr sollte Einnahmen aus dem Geleit zur Ausbesserung von Brücken und Straßen und zur Wahrung des Friedens auf öffentlichen Wegen verwenden. Grundsätzlich war er für Schäden aus Überfällen in seinem Gebiet haftbar; doch an wen sollte man sich wenden, wenn man vom Landesherrn selbst oder dessen Leuten geschädigt worden war?

Im Interesse des Pilgers mußten viele Einzelheiten geklärt werden. Eine möglicherweise weitverbreitete Praxis scheint in folgendem Gebot auf: Der Pilger solle ohne Zwang die Herberge wählen dürfen.[196] Offensichtlich waren Pilger zum Besuch eines Quartiers genötigt worden. Manches allen Reisenden nachteilige Gewohnheitsrecht wurde nach und nach eingeschränkt. Im Falle von Schiffbruch konnte der Landesherr Person und Habe der Schiffbrüchigen beanspruchen, soweit sie sich hatten an Land retten bzw. geborgen werden können. Aneignung von Strandgut war, wie Versklavung schiffbrüchiger Seefahrer, noch im 12. Jahrhundert auch innerhalb der christlichen Welt »allgemein geübtes Gewohnheitsrecht«.[197] Auch dieses ›Recht‹ wurde seit dem

12./13. Jahrhundert eingeschränkt – und nicht etwa abgeschafft. Schiffbrüchigen drohten noch bis in die Neuzeit allenthalben schwerste Gefahren für Leib und Leben, Freiheit und Vermögen.

Auch zivilrechtliche Fragen mußten, wie die Predigt ›Veneranda dies‹ schon gezeigt hat, geklärt werden. Nach weitverbreitetem Gewohnheitsrecht konnte der Landesherr den Nachlaß des verstorbenen Fremden konfiszieren (sozusagen als Gegenleistung für den erwiesenen Schutz); dessen bestes Gewand beanspruchte mancherorts der Gastwirt. Seit dem 12. Jahrhundert zeigte die Obrigkeit sich mehr und mehr bereit, dem Pilger das Recht einzuräumen, in einem Testament frei über seine Habe zu verfügen. Für den Fall, daß er ohne Testament verstorben sei, solle seine Habe über den jeweiligen Ortsbischof an die Erben weitergeleitet oder, wenn das nicht möglich sei, für fromme Zwecke verwendet werden; auf keinen Fall solle der Wirt sie erhalten, in dessen Haus der Fremde verstorben war.[198]

Jedes Gut – und der Friede auf fremden Straßen war für den Pilger ein unschätzbares Gut – lädt zum Mißbrauch ein. Gauner, Häretiker, Landstreicher, Hausierer, Kaufleute, Spione, Krieger und andere haben sich oft wie Pilger ausstaffiert – was echte Wallfahrer dann mit ihrem Leben bezahlen mußten, wie die Legende Colomans gezeigt hat. Da mancher auf einer Reise mehrere Ziele verfolgte, war es oft nicht leicht, die Grenzen zu bestimmen: Da wollte jemand ein Gelübde einlösen und an heiliger Stätte Gott ehren; er konnte für sich Worte des Pilgerführers in Anspruch nehmen: »Hier sei nochmals nachdrücklich daran erinnert, daß unter gar keinen Umständen von Pilgern ein Zoll erhoben werden darf«.[199] Unabhängig von ihrer Höhe wirkten Zölle störend, erst recht, wenn immer mehr Mautstellen eingerichtet wurden. So stieg deren Zahl am Rhein von etwa zwanzig zu Ende des 12. auf mehr als sechzig zu Ende des 15. Jahrhunderts.[200] Die Versuchung war groß, unter Berufung auf den Pilgerstatus solche Abgaben zu verweigern, selbst dann, wenn man unterwegs außer heiligen Stätten eine Handelsmesse besuchte oder auf Geschäftsmöglichkeiten im weitesten Sinne achtete. In welche Gruppe von Reisenden sollte man einen solchen gottesfürchtigen, weltklugen Zeitgenossen einordnen?

32. Jerusalempilger mußten, wie diese Miniatur (15. Jh.) zeigt, häufig einen Weg- und Brückenzoll entrichten. Dabei waren sie fast schutzlos der Willkür Bewaffneter ausgeliefert.

Auch Bischöfe scheuten nicht davor zurück, aus dem besonderen Schutz des Pilgers Nutzen zu ziehen. Bischof Diego Gelmirez von Santiago soll im Jahre 1118 Boten mit 120 Pfund Gold nach Rom geschickt haben; aus Gründen der Sicherheit sollten sie als Pilger gekleidet durch das feindliche aragonesische Gebiet reisen.[201] Ähnliche Beispiele ließen sich vermehren.

Unterwegs und an den großen Wallfahrtsorten werden Pilger ihren Status und einzelne, ihnen verliehene Privilegien verglichen haben. Wenn man bei nächster Gelegenheit das günstigere Recht beanspruchte, verhielt man sich nicht anders als Bewohner von

Städten, Siedler, Bergmänner oder Kaufleute ihren jeweiligen Herren gegenüber. Vom Selbstbewußtsein der Menschen zeugt eine schon erwähnte Szene: Eine einfache Frau drohte damit, das Grab der hl. Elisabeth nicht mehr besuchen zu wollen, sofern diese ihr nicht eine bestimmt Wohltat erweise. Wer sich traute, so mit als heilig Verehrten umzugehen, wird auch weltlichen Machthabern gegenüber auf sein Recht gepocht haben oder auf das, was er dafür hielt.

Viele Fragen mußten im Interesse der Scharen geregelt werden, die aus aller Herren Länder unterwegs waren und an Wallfahrtsorten zusammenströmten. Es ist verständlich, daß ein Kenner der Materie das Recht des Pilgers »eine der Quellen des internationalen Rechts« genannt hat.[202]

12. Am Ziel

Je näher der Pilger dem Heiligtum kam, desto zuverlässiger wurden die Entfernungsangaben: Noch vier, noch drei, noch zwei Tagesreisen. Spätestens jetzt wiesen im Spätmittelalter Kruzifixe, Kapellen und Bildstöcke den Weg.

Die letzte Etappe

Am letzten Tag waren die Pilger von besonderer Erwartung beseelt: Am Rand des Weges, der zu einem großen Wallfahrtsort führte, gab es den ›Freudenberg‹, von dem aus man zum ersten Mal das Ziel sehen konnte; endlich durfte man in verdienten Jubel ausbrechen. Demütig beugte man aber auch das Knie, sprach ein Gebet oder sang ein Lied. Wer aus der Gruppe als erster einen solchen ›Mons gaudii‹ (bzw. Monte del Gozo, Montjoie) bestiegen hatte, galt als ›König‹ dieser Schar. Weitverbreitete Familiennamen wie König, King, Leroy könnten auf solche Erlebnisse zurückgehen.

Man zog dann weiter, und nun durfte (und sollte) man dem Körper Pflege angedeihen lassen und ein Bad nehmen. Die Überzeugung von einer auch sittlich reinigenden Kraft des Wassers dürfte Gemeinbesitz der Menschheit sein. Man mußte jedoch auch hier auf der Hut sein. Zwei Meilen von der Stadt Santiago entfernt, so schreibt der Pilgerführer, fließe ein gewisser Fluß »an einem ›Lavamentula‹ genannten Gehölz« vorbei; der Name erkläre sich folgendermaßen: »Die Pilgerscharen, die von Frankreich nach Santiago ziehen, waschen sich aus Liebe zum Apostel hier nicht nur ihre Geschlechtsteile, sondern den Schmutz am ganzen Körper ab. Und währenddessen widerfährt ihnen nicht selten das Mißgeschick, daß ihre Kleidung gestohlen wird!«[203]

Darauf eilte man zur Basilika, in der viele Pilger die erste Nacht wachend und betend verbrachten; auf diese Weise sparte man gar Kosten für die Herberge. Die Kirche blieb vielerorts also nachts geöffnet. Wer ein besonderes Anliegen hatte, suchte dem Heiligen so nah wie möglich zu kommen; in der Nähe des Grabes legte man die gelobte Gabe nieder. Hatte man an sich oder Angehörigen ein Wunder erfahren, gab man das Mirakel zu Protokoll. Man beichtete und ließ sich das Bekenntnis ggf. bestätigen. Am folgenden Tag konnte man sich im Ort umschauen, Einkäufe tätigen, z. B. das Pilgerzeichen erwerben. Nun durfte man sich der heiteren Atmosphäre hingeben, die hier an hohen Festen oft geherrscht haben wird.

Gebet

In Seh- und Hörweite des Schreins mit den Gebeinen des Heiligen wollte und sollte man beten. Oft war es sicher nur ein Stoßgebet, wie sie vielfach überliefert sind: »Heilige Elisabeth, sieh meine Mühe und heile mich!«[204]

War man nach Anrufung des Heiligen großer Gefahr entronnen, wird man vor Zeugen und mit lauter Stimme einmal mehr den Heiligen gelobt und Gott gedankt haben, in Bari mit Worten wie: ›Heiliger Nikolaus! Sei gepriesen, daß ich dank deiner Fürsprache im Seesturm nicht ertrunken bin!‹ Aus Mirakeln und Testamenten läßt sich erschließen, was ein von Lübeck nach Santiago entsandter Pilger gebetet haben könnte: ›Heiliger Jakobus, sei dem Clawes Wittenborch, an dessen Statt ich hierhin gepilgert bin, ein mächtiger Schützer. Hilf ihm, wenn er des Trostes bedarf. Erinnere Gott beim Jüngsten Gericht an das, was er in seinem Leben Gutes getan hat ... Und laß mich heil heimkehren.‹ Gelegenheit zu weiterem Gebet bot sich während der durchwachten Nacht sowie beim Besuch der Messe; hier wird im Hochgebet eigens der Verstorbenen und Lebenden gedacht.

Menschliche Hinfälligkeit

Mehr noch als ›normale‹ Pilger wollten Kranke und Unglückliche dem Heiligen so nahe kommen, wie es eben ging. Wenn der Pilgerführer überschwänglich den hl. Aegidius preist, wird deutlich, daß kein noch so inniges Gebet aus der Ferne den unmittelbaren

Kontakt ersetzen kann: »Wer möchte nicht lange Zeit den Sarko-
phag umfassen, der seinen Leib birgt! Wer möchte nicht den ihm
geweihten Altar ehrfürchtig küssen, wer nicht seinen überaus
frommen Lebenslauf weitererzählen! Legt ein Kranker das Gewand des Heiligen an, so wird er geheilt«.[205] Umfassen und küssen
heißt: Besitz ergreifen. Kranke, Behinderte, Gebrechliche ver-
hielten sich nicht anders als Heilungsuchende, von denen die
Evangelien erzählen. So wie jene den unmittelbaren Kontakt zu
Jesus gesucht hatten, wollten nun viele, zumal Menschen aus dem
einfachen Volk, die Reliquien oder ihre Schreine selbst berühren.
Der Glaube von der Heilkraft eines Verstorbenen findet sich
schon im Alten Testament (2 Kön 13). Dem Verfasser der Annomirakel »erscheint es als Zeichen höheren Verdienstes, daß durch
die Berührung des toten Eliseus sich ein Toter aufrichtete, als daß
der Lebende (d.h. Jesus) den Sohn der Witwe erweckte«.

Akten aus dem Heiligsprechungsprozeß Elisabeths von Thüringen und Mirakel, die die Heiligkeit des verstorbenen Erzbischofs
Anno bezeugen sollten, vermitteln ein anschauliches Bild davon,
wie es am Grab derer zugehen konnte, die bei Gott als einfluß-
reich galten und ihre Macht bekundet hatten. Am Todestag der
Heiligen, d.h. ihres Geburtstags zum ewigen Leben, und an hohen kirchlichen Feiertagen – vor allen an dem jahreszeitlich gün-
stig liegenden Pfingstfest, aber auch noch am Fest St. Michael
Ende September – konnte sich wahrscheinlich niemand der Atmosphäre freudiger Erregtheit entziehen. In der Kirche erlebten die
Besucher, was menschliche Gebrechlichkeit ist; die Sinne waren
angesprochen, Augen, Ohren und Nase in unerträglicher Weise
belastet.

Eine Flut von Eindrücken stürmte auf den ein, der sich langsam
dem Grab des Heiligen näherte: das Gedränge erwartungsvoller
Menschen; mystisch flackerndes Licht von Kerzen und Öllampen,
die sich in den Edelsteinen spiegelten; Erzählungen von wunderbaren Heilungen; an der Wand Krücken derer, die ohne Stütze
hatten heimgehen können; vorne der Korb, in dem ein gelähmtes
Kind herangetragen worden war, das hier ebenfalls Heilung erfahren hatte; Verkrüppelte, Verwachsene, Blinde... Viele Kranke
litten an mehreren Gebrechen; manche waren kaum noch als

Menschen zu erkennen – gelegentlich wird in den Protokollen offen eingeräumt, ein Mädchen mit einem gräßlich verunstalteten Kopf habe einen »grausigen Anblick« geboten; in den Elisabethmirakeln ist einmal von einem »Scheusal« *(monstrum)* die Rede.[206] Abstoßend waren offene, schwärende Wunden, ekelerregend der Gestank von Urin und Kot, trocknendem Eiter und Blut.

Die vielen Menschen und Lichter hatten den Sauerstoff bald aufgebraucht, erst recht, wenn der Heilige in einer niedrigen Krypta beigesetzt war. Es ist durchaus glaubwürdig, daß mancher hier ohnmächtig wurde, wie Abt Suger von St. Denis bezeugt.

»Wegen der Beschränktheit des Raumes und der wachsenden Zahl der vielen Gläubigen, die um der Fürbitte der Heiligen willen zusammenströmten, pflegte die Basilika viele Unbilden auszuhalten; häufig und vor allem an Feiertagen mußte sie, schon überfüllt, die durch alle Pforten drängenden zahlreichen Scharen abweisen und hinderte nicht nur die Einlaß Heischenden am Eintritt, sondern auch die Menge derer, die hineingelangt waren, am Ausgang. Manchmal war es ein sonderbarer Anblick, wie denen, die hineinströmten, um die heiligen Reliquien, die Nägel und die Dornenkrone unseres Herrn zu verehren und zu küssen, die dicht zusammengeballte Menge solchen Widerstand leistete, daß unter der nach Tausenden zählenden Menge eingepfercht keiner auch nur den Fuß bewegen konnte, alle wie zu Stein gebannt standen und sich nur wunderten, noch schreien zu können. Für die Frauen war dieses unerträgliche Gedränge besonders peinlich: eingekeilt zwischen starken Männern, wie in einer Presse, wurden sie in Todesangst ohnmächtig oder schrien schrecklich wie Gebärende. Mehrere von ihnen, die elend niedergetreten waren, wurden dank der rechtschaffenen Entschlossenheit einiger Männer über die Köpfe der Leute emporgehoben und schritten nun wie auf einem Fußboden, viele aber gaben auch im Hofe der Brüder nur noch röchelnd zu aller Verzweiflung ihren Geist auf. Sogar die Brüder, die der Menge die Zeichen der Passion unseres Herrn zeigten, erlagen dem Drängen und Stoßen und entflohen vielfach, da sie keinen anderen Ausweg fanden, mit ihren Reliquien durch die Fenster«[207].

Berichte von anderen Wallfahrtsorten bestätigen die Kindheitserinnerungen Sugers. Am Mont St. Michel sollen im Jahre 1318 dreizehn Pilger in der Menge erstickt sein; weitere 18 seien in der Bucht ertrunken und etwa zwölf in Wanderdünen umgekommen.[208] Nicht überall konnte man einen großartigen Neubau beginnen, wie Suger es in St. Denis tat. Doch mußte man in dem Gewusele von Frauen und Männern, Kindern und Erwachsenen, Gesunden und Kranken ein Mindestmaß an Disziplin gewährleisten; sobald viele Menschen sich auf engem Raum drängten, war die Einrichtung eines Ordnungsdienstes geboten. In erster Linie sollte der Diebstahl der wertvollen Reliquien verhindert werden; sofern ein Schrein sie barg, mußte dafür gesorgt werden, daß sich niemand an edlen Steinen und Metallen vergriff. So wie der heilige Bezirk insgesamt durch Zaun oder Mauer von der Außenwelt abgetrennt war, so hielt oft ein Gitter die Pilgerscharen in sicherem Abstand vom Schrein. Die Wächter bezeugten außerdem Heilungen; sie tadelten Pilger, die ohne Gebet ihre Gaben niederlegen wollten; sie nötigten eine Frau, ihre Bitten mit Tränen zu unterstreichen; an ruhigeren Tagen beschäftigten sie sich wohl auch einmal mit einem kranken Kind. Wahrscheinlich haben sie zugepackt, wenn ein Gelähmter vom Wagen zum Grab zu tragen war.

Flehen und Jubel

Im allgemeinen wissen Kranke und Gesunde, was sie zu tun haben. Sie seufzen, stöhnen, flehen, weinen, schluchzen. Heilungsuchende lassen sich auf das Grab legen, wenn nötig wiederholt; sie zwängen ihre Hand unter den Grabstein und fahren mit dieser Hand über die kranken Glieder, die daraufhin heilen; sie scharren aus der Umgebung des Grabes Erde, der man eine besondere Kraft zutraut, so daß sich unter dem Grabstein Elisabeths eine Höhlung bildete. Solche Erde wurde auf das kranke Glied gestrichen, in Wasser gelöst und getrunken oder in einem Säckchen um den Hals getragen. Als heilkräftig galten auch Staub vom Grabe Annos und Wassertropfen, die sich an den kühlen Wänden der Grabkammern anderer Heiliger niederschlugen.

Ein erst in der Neuzeit gedichtetes Lied fordert »alle« auf,

»Gott mit Herzen, Mund und Händen« zu danken.[209] Ob die Gemeinde im 17. Jahrhundert noch mit Händen im Gottesdienst dankte, sei dahingestellt. Doch beschreibt das Lied das Verhalten an mittelalterlichen Wallfahrtsorten: Der Pilger hatte, wie beim Gelübde, nicht nur mit Worten um Heilung zu bitten oder für Rettung zu danken. Verglichen mit den Ausdrucksmöglichkeiten von Menschen des Hochmittelalters ist unsere Gebärdensprache heute verkümmert.

Wer die Formen nicht kannte, wurde belehrt. So gaben Umstehende einem Taubstummen mit Gesten zu verstehen, er solle niederfallen und um Gnade flehen.[210] Bittende und Dankende sollten vor den Reliquien Annos mehrfach die Knie beugen, d. h. sich im wahrsten Sinne des Wortes erniedrigen; sie sollten sich zu inbrünstigem Gebet auf dem Boden ausstrecken, möglicherweise in Form eines Kreuzes. Das Streben nach unmittelbar körperlichem Kontakt mit der heiligen Stätte wird auch daran deutlich, daß manche Pilger den Boden mit nackten Knien berühren wollten. Seufzen, Stöhnen, Tränen sollten die Gesten begleiten, gegebenenfalls waren sie an mehreren Tagen zu wiederholen. Am Grab Elisabeths von Thüringen flehte eine Frau elf Wochen lang um Heilung ihres dreizehnjährigen, buckligen und schrecklich verwachsenen Sohnes.[211]

Spontan Geheilte zeigten sich in großem Überschwang erkenntlich. Frohlockend erhoben sie die Hände zum Himmel, breiteten unter Jubelgesang die Arme aus, übersäten den Reliquienschrein mit Küssen, vergossen Freudentränen. Ältere Geheilte liefen hierhin und dorthin, jüngere sprangen um das Grab herum. Im Volk mochte sich dann »ein ungeheurer Lärm« erheben, und Rufe wurden laut: »Wahrlich, Anno ist ein großer Heiliger; Ehre und Ruhm gebühren Christus!«[212]

Nicht mit leeren Händen: Gaben aus Wachs und Edelmetall

Der Pilger legte seine Gabe oder – wie es oft heißt: sein Opfer – an einer vom Ordnungsdienst bestimmten und bewachten Stelle nieder, möglichst nah am Grabe, gleichsam in Sichtweite des Heiligen. Damit blieb er auch nach seiner Abreise gegenwärtig; der

Heilige sollte ständig an den Spender und dessen Anliegen erinnert werden. Mächtige glaubten, zudringlich sein zu können. Nach Ausweis des Pilgerführers hatte »irgendein berühmter Mann« sein in Gold getriebenes Bild »aus Liebe zu dem hl. Bekenner und zur Ehre Gottes« am Fuße des Aegidius-Schreins anbringen lassen, und zwar an der dem Altar zugewandten Seite.[213] Damit sollte gewährleistet sein, daß sogar Christus sich des Stifters erinnerte, und zwar in jeder Messe, wenn er in Gestalt von Brot und Wein gegenwärtig war. Bescheidene oder arme Menschen begnügten sich mit einem Zeichen, das – anders als Gaben aus Gold oder Silber – die Jahrhunderte überdauert hat. In der Grabeskirche zu Jerusalem sieht man Kreuze, am Monte S. Angelo die Umrisse von Händen, die Pilger in den Fels geritzt haben.[214]

Viele Gaben bezogen sich unmittelbar auf die Rettung (z. B. Ketten) oder den (vorher) kranken Körperteil (z. B. Krücken). In der Pfarrkirche Sainte Radegonde bei Rodez ist ein Fresko aus der Mitte des 13. Jahrhunderts erhalten. Man sieht, wie Votivgaben zum Altar gebracht werden und in dessen Nähe an der Wand hängen, u. a. Krücken und Beine.[215] Die Gaben waren oft aus Bienenwachs geformt, einem kostbaren, leicht zu modellierenden und lange Zeit haltbaren Material; das fast geruchlos verbrennende Wachs war in Kirchen für Beleuchungszwecke immer willkommen. Die am Grab Annos niedergelegten Wachsbilder stellten Menschen, Organe und Körperteile sowie Gegenstände dar: ein Kind (Hilfe in Geburtsnöten, Rettung eines Kindes), Hirn oder Kopf (Befreiung von Kopfschmerzen, Fieber oder Taubheit), Kinn (Heilung von Zahnschmerzen), Zunge und Bauch (Heilung von Stummheit bzw. einem Bruchleiden). Mit der Nachbildung eines Hauses dankte man für Schutz vor einer Feuersbrunst, mit einem wächsernen oder silbernen Schiff für Rettung aus Seenot. ›Spiegelnde‹ Votivgaben sind nicht weiter verwunderlich in einer Zeit, deren Recht ›spiegelnde Strafen‹ kennt, z. B. Verlust der rechten Hand nach einem Meineid.

Im 12. und 13. Jahrhundert wird wiederholt betont, die Mutter habe das Bild von Händen, Bein oder Fuß, Herz oder Augen geformt; es gab wohl noch keine ›Spezialisten‹ für die Herstellung von Votivgaben. Wichtiger als die Masse war offensichtlich die

Gestalt; denn unmodelliertes Wachs galt weniger als ein Bild. Eine Mutter wird dafür gelobt, daß sie eine Kerze nach der Größe ihres Kindes versprochen hatte, dann aber ein schönes Wachsbild brachte. Auch die Länge der Gabe konnte auf den Spender verweisen; eine Kerze war so groß wie der Gerettete, ein Wachsdocht so lang wie der Bauchumfang eines von der Wassersucht Genesenen.

Gelegentlich vermerken die Quellen, höhergestellte Personen hätten eine »Gabe« gebracht, zum Grabe sei ein Vornehmer mit einer »angemessenen Gabe« gekommen, ohne daß Art und Menge genau vermerkt würden. Diskretion bei Überreichung und Verzeichnung der Gaben konnte sich schon deshalb empfehlen, weil ein Pilger, der ein wertvolles Opfer gebracht hatte, als reich galt und in der Herberge wie auf dem Heimweg größeren Gefahren ausgesetzt war. Die schon erwähnten Eltern des Bischofs Benno II. von Osnabrück wollten in Rom, an den Schwellen der Apostel, ihr inneres Anliegen durch ein äußeres Zeichen der Frömmigkeit kundtun. Aus »lauterem Silber« ließen sie von Künstlerhand das Bildnis eines Knäblein anfertigen.[216]

»Reichlich angemessene Opfergaben« waren möglicherweise kostbarer als ein Silberreifen vom Umfang des Kopfes (für Heilung von Kopfschmerzen) oder eine Stange Silber von der Größe des Sohnes, die eine Mutter gelobt hatte.[217] Die zuletzt genannten Beispiele zeigen, daß sich auch Votivgaben aus Edelmetall unmittelbar auf den Geheilten bezogen; sie machen ferner deutlich, daß der Wert der Opfergaben nach oben nicht begrenzt war.

Eine Waage wurde gebraucht

Von ›spiegelnden‹ Votivgaben kann man auch dann sprechen, wenn Geheilte oder Gerettete ›aufgewogen‹ wurden. Daheim oder am Grab stellte man sie auf eine Lastwaage und gab an Geld, was man für Korn bzw. Brot vom Gewicht der betreffenden Person hätte bezahlen müssen. Dieser Brauch, bei dem der Votant sich selbst opferte, soll bis in die Zeit Martins von Tours zurückreichen und im Rheinland noch im 19. Jahrhundert geübt worden sein.[218]

Anders als der Brauch, wächserne Votivgaben zu spenden, war den Siegburger Mönchen das ›Aufwiegen‹ anfangs nicht bekannt. Als eine Pilgergruppe aus Wipperfürth einen Knaben aufwiegen wollte, den Anno von der Fallsucht befreit hatte, mußten die Ordner erst über Zweck und Hintergrund der erbetenen Lastwaage belehrt werden. Das ist deshalb verwunderlich, weil Siegburg an der bedeutendsten europäischen Verkehrsachse liegt und Gerhard, ein Abt des Klosters, auf Reisen Rocamadour und St. Gilles, überregionale Wallfahrtsstätten also, kennengelernt hatte. Doch offensichtlich mußten die Mönche von Laien und Pilgern auf diese Möglichkeit verwiesen werden, Abwechslung in die Art des Spendens zu bringen.

Den geringen Grad der Alphabetisierung spiegeln die Annomirakel insofern, als keine Schriftzeichen auf den Gaben erwähnt werden, wie man sie noch in der Gegenwart auf Votivtafeln liest, z. B. ›Danke‹, ›Maria hat geholfen‹, vielleicht zusätzlich mit den Initialen des Spenders.

Als Folge des größeren Wohlstandes weiter Kreise wurden seit dem Spätmittelalter häufiger Votivgaben aus Edelmetall gebracht, z. B. ein Herz aus Silber, ein Bild des Spenders aus Gold. Dazu kam zu allen Zeiten gemünztes und ungemünztes Edelmetall. Jemand hatte in der Gefangenschaft dem hl. Theobald 150 Mark gelobt, sich damit aber wohl übernommen; nach Ausweis des entsprechenden Mirakels vereinbarte man in Thann dann eine Gabe von 20 Mark. Gelegentlich brachten Pilger auch ein Pferd oder wertvolle Kleidungsstücke. Eine Frau hatte Anno ein Huhn gelobt, wie es ihr in ihrer Not gerade unter die Augen gekommen war. Nur mühsam seinen Unwillen verhehlend, spricht der Chronist verächtlich von einer »schäbigen Votivgabe« (*vile votum*). Andernorts sah man gerade im Tier eine besondere Votivgabe, weil dessen lebendes Herz als Stellvertreter des gesunden Menschen galt.

Votivgaben, Erinnerung und Versuchung

Es wäre zu kurz gegriffen, wollte man die Gaben nur oder in erster Linie nach ihrem materiellen Wert messen. Die Spender blieben in der am Altar brennenden Kerze oder der nun überflüssigen Krücke in unmittelbarer Nähe des Heiligen präsent, Tag und Nacht, oft über ihren Tod hinaus. Wer die Gabe selber geformt hatte, blieb in doppelter Weise am Grab gegenwärtig, mit dem Material *und* dem Werk der eigenen Hände. Die Votivgabe schaffte also Erinnerung, die Zeit überdauernde *memoria,* nicht anders als die Nennung des Namens während der Messe, im Gebet für die Lebenden bzw. Verstorbenen.

Die Gaben, die dem Vermögen des Spenders entsprechen sollten, wurden in Santiago nach einem komplizierten Schlüssel verteilt: Bestimmte Anteile kamen den Kanonikern der Kirche zu, andere dem Bau der Kirche, wieder andere armen Pilgern sowie Aussätzigen. Offensichtlich war im 12. Jahrhundert ein Teil zweckentfremdet worden. Denn der Pilgerführer rügt: Der zehnte Teil dessen, was am Altar des hl. Jakobus niedergelegt werde, müsse »zu aller Zeit den Armen gereicht werden, die im Hospiz Hilfe suchen«. Die Liebe zu Gott und zum hl. Jakobus wolle es nämlich, daß arme Pilger eine Nacht Anspruch auf volle Beköstigung und Beherbergung hätten. Dem Hospiz gebühre auch deshalb ein Anteil an den Gaben, weil in ihm kranke Pilger »bis zu ihrem Tod oder bis zur vollständigen Wiederherstellung ihrer Gesundheit liebevoll gepflegt werden müßten«.[219]

Gaben aus Gold und Silber wurden oft dem ›Schatz‹ des Heiligen einverleibt, an einen besonders sicheren Ort gebracht und je nach Bedarf später eingeschmolzen; wie man aus Wachsbildern Kerzen formte, wurde Edelmetall ausgemünzt und so in den Kreislauf der Wirtschaft zurückgeschleust – z. B. wenn nach einem Brand der Neubau finanziert werden mußte. Votivgaben führten nicht nur Diebe in Versuchung, wie schon im Zusammenhang mit der Kritik des Erasmus an Reliquienkult und Wallfahrtswesen erwähnt wurde. Pilgerorte bildeten ein bevorzugtes Ziel der Völker, die seit dem Frühmittelalter in das Römische Reich einbrachen; später wußten Normannen, Ungarn und Sarazenen,

wo mit wertvoller Beute zu rechnen war. Manches schöne Stück in
den Museen skandinavischer Staaten dürfte aus Gold gearbeitet
sein, das Wikinger in südlichen Ländern geraubt hatten.

Auch die legitime christliche Obrigkeit hat mit den in Wallfahrtsstätten angesammelten Schätzen gewöhnliche und außerordentliche Ausgaben bestritten. Gerechtfertigt wurden solche Eingriffe, wenn überhaupt, mit den Kosten des Schutzes; von räuberi-
scher Erpressung unterschieden sie sich meist nur der Form nach.
Gestützt auf das Recht des Siegers haben Kreuzfahrer 1204 die
Kirchen in Byzanz geplündert; manches von ihnen geraubte Stück
ist noch heute in abendländischen Kirchen und Museen zu bewundern, vor allem in Venedig. Nur wenige Jahre nach dem Beginn
der Wallfahrt konnte die Verwaltung der Altöttinger Kapelle im
Jahre 1498 Georg dem Reichen von Landshut den gewaltigen Betrag von 57 000 Gulden zur Finanzierung eines Krieges leihen![220]
Zu Beginn der Neuzeit hat ein skrupelloser Machtmensch gar
nicht mehr versucht, sich den Schein des Rechtes umzuhängen:
König Heinrich VIII. von England ließ karrenweise aus Canterbury den gewaltigen Schatz des hl. Thomas Becket abtransportie-
ren.

Vom Mirakel zur Wirtschaftsförderung

Wer geheilt oder gerettet worden war, wußte sich verpflichtet, die
Macht des Verehrten weiterzuerzählen – gleich nachdem das
Wunder offenkundig geworden war, aber auch auf dem Weg; so
begegnen unter den Zeugen, die die päpstliche Kommission im
Zuge der Heiligsprechung Elisabeths von Thüringen verhörte,
Frauen und Männer, die aus dem heutigen Niedersachsen und
dem heutigen Belgien eigens zur Aussage nach Marburg gekommen waren. Wunder des verstorbenen Erzbischofs Anno von
Köln wurden an seinem Grabe aufgezeichnet in der Absicht, vorgelesen und bekanntgemacht zu werden; der Ruhm des Heiligen
wurde gemehrt, die Menschen sahen sich eingeladen, ihn an seinem Grab zu besuchen.

Von vielen Wallfahrtsorten liegen Mirakelsammlungen vor, die
oft erst ansatzweise ausgewertet sind. Die Berichte zeugen von

dem Glauben, daß Heilige dank ihrer Nähe zu Gott übernatürliche Heil- und Schutzkräfte besitzen; sie gewähren sie dem demütig Bittenden vor allem dort, wo ihre sterbliche Hülle ruht oder wo sie in besonderer Weise verehrt werden, z. B. der Erzengel Michael am Monte Gargano und in der Normandie. Die Kommission, die die Wunder Elisabeths von Thüringen überprüfte, zeigte sich überzeugt, daß Gott »zur Widerlegung der Verworfenheit der in dieser Zeit sich mehrenden Häretiker« durch Elisabeth habe Zeichen setzen wollen, auf daß die Menschen nicht über ihre Kräfte in Versuchung geführt würden.[221]

Wunderberichte bieten kulturgeschichtlich interessantes Material zum Alltag der Menschen, sie spiegeln Hoffen und Fürchten von Reichen und Armen, Adligen und Unfreien, Kranken und Gesunden; sie bilden eine unerschöpfliche Quelle für die Geschichte von Wirtschaft und Verkehr sowie für Bereiche, die mit Stichworten wie ›Kindheit‹, ›Nachbarschaft‹, ›Solidarität‹, ›Sterben‹ umschrieben seien. Konkreter und anschaulicher als Chroniken oder Urkunden zeigen sie, wie sehr der Mensch von Unfall, Krankheit und Tod umfangen war; in den Erzählungen von Befreiung aus Gefangenschaft spiegelt sich die oft erschreckend große Rechtsunsicherheit im ausgehenden Mittelalter. Aus den Berichten geht aber auch hervor, wie freizügig die Menschen über Länder und Meere reisten.

Beispiele aus dem frühen 13. und der Mitte des 15. Jahrhunderts mögen Gehalt und Weite solcher Berichte veranschaulichen. Eins der Elisabethmirakel verdeutlicht Gefahren, denen gerade kleine Kinder ausgesetzt waren. Darüber hinaus fällt auf, wie nüchtern die Kommission das Geschehen festhält und sich genau den Hergang sowie die Symptome des Verunglückten schildern läßt:

»Von einem Knaben, der in einem Brunnen ertrunken war und zum Leben wiedererweckt wurde.

Wighard aus Medebach (Diözese Köln) wurde vernommen über den Tod des vierjährigen Knaben Gotfrid. Unter Eid sagte er aus: Zufällig sei er zum Brunnen gekommen, um Wasser zu schöpfen. Er fand einen unter der Wasseroberfläche liegenden Jungen. Erschreckt stieg er schnell in den Brunnen hinab, zog den Knaben aus dem Wasser und reichte ihn seinem Begleiter, Rudeger, der mit ihm zusammen gekommen war, um Wasser zu schöpfen. Auf ihr Geschrei hin kamen Leute aus jenem Dorf. Sie alle hielten den Knaben für tot. Er lag nämlich da mit offenem Mund und schrecklich geöffneten Augen; die Haut hatte sich auf dem ganzen Körper schwarz verfärbt, sofern sie nicht rötlich aussah, wie in kochendem Wasser verbrüht; der Leib war stark geschwollen. Arme, Beine, alle Gliedmaßen waren starr. Man trug den Knaben in das Haus des Wighard; von dem Unfall sagte man den Eltern aber nichts, denn sie lagen danieder, der Vater krank, die Mutter im Kindbett. Darauf fingen die Umstehenden an, die Hilfe der heiligen Elisabeth zu erflehen, und sie baten zwei fromme Frauen um ein Gelübde für den Knaben: Er würde mit Gaben zu ihrem Grabe geschickt werden. Kaum hatten sie in dieser Weise die Heilige angerufen, da sahen sie, wie die natürliche Farbe in den Knaben zurückkehrte, ganz schwach spürte man auch wieder seinen Puls.

Jetzt erst wurde der Knabe in das Haus seiner Eltern getragen. Rudeger, der mit dem oben genannten Wighard gekommen war, um Wasser zu schöpfen, sagte unter Eid aus, daß er selbst den Knaben aus den Händen des Wighard übernommen habe; im Brunnen stehend, habe dieser den Knaben aus dem Wasser gezogen. Er, Rudeger, habe dann den Knaben auf die Erde gelegt und laut zu klagen angefangen – habe er ihn doch für seinen eigenen Sohn gehalten. So gut wie er diesen nämlich lebend kannte, so schlecht konnte er den Verunglückten, verfärbt und aufgedunsen, erkennen. In allen anderen Punkten stimmt seine Aussage mit der des oben genannten Wighard überein.

Wipert, der Vater des Knaben, und Gertrud, seine Mutter, sagten unter Eid aus, daß am Fest Johannes des Täufers im gegenwärtigen Jahr Gotfrid um die Abendstunde herum mit anderen Knaben aus dem Haus gegangen sei, um zu spielen. Sie wissen nicht, zu welcher Stunde der Knabe in den Brunnen gefallen sein mag, indessen sei er in ihr Haus etwa zur Zeit des Sonnenuntergangs gebracht worden.

Adelheid aus dem selben Dorf sagte unter Eid aus, sie selbst habe mit eigenen Augen den Knaben entseelt liegen sehen, von den Leuten herzerweichend beklagt. Und wir, die wir das Verhör leiten, haben ihn lebend und gesund gesehen.»[222]

33. *Der Dreikönigsschrein im Kölner Dom: eines der größten Pilgerziele des Mittelalters. Die Weisen waren weit gereist, um das Jesuskind zu ehren; deshalb galten sie geradezu als Prototypen und Schutzpatrone der Wallfahrer. Nach seiner Wahl in Aachen ehrte mancher deutsche König die hl. Drei Könige in Köln.*

197

Gotfrid fand Hilfe, wie die Kranken, die Jesus geheilt hatte. Wie lassen sich solche Übereinstimmungen erklären? Im 1. wie im 13. Jahrhundert galten viele Krankheiten als unheilbar; Evangelien und Elisabethmirakel verweisen auf Leid, dem die zeitgenössische Medizin nicht gewachsen war. Den Unglücklichen blieb nur noch die Hoffnung auf ein Wunder.

Einem Wunder glaubte auch ein Spanier sein Leben zu verdanken, der sich am Schrein der Heiligen Drei Könige in Köln einfand. ›Eigentlich‹ wäre der hl. Jakobus ›zuständig‹ gewesen; doch hatte ja schon ein früher erwähntes Annomirakel gezeigt, daß man den Heiligen von jedem Punkt der Erde aus anrufen konnte, so daß sich die Einflußbereiche von Heiligen überlagerten; niemand vermochte zu sagen, warum dieser Heilige hier half und jener nicht. Der Bericht verdeutlicht die Haftungspflicht und das geringe gesellschaftliche Ansehen eines Wirtes. Das Mirakel ergänzt ein schon erzähltes ›Wunder‹ insofern, als diesmal einer der Gäste der Betrüger ist. Das Motiv, daß Gott oder der Heilige sich nachdrücklich in Erinnerung bringt, wenn das Gelübde vernachlässigt wird, findet sich in vielen Mirakeln. Der Spanier stellt sich also vor als Wirt, der Pilger beherberge, die den hl. Apostel Jakobus besuchen. Die Heiligen Drei Könige hätten ihn vor dem Galgen bewahrt. Auf Nachfragen ergänzt er, eines Tages sei unter seinen Gästen ein ›falscher Bruder‹ gewesen, der nachts einem seiner Gefährten alles Geld gestohlen habe. Als der den Schaden bemerkte, habe er ihn, den Wirt, des Diebstahls bezichtigt. »Ich leugnete, und um so mehr insistierten der Pilger und seine Genossen, besonders jener, der den Diebstahl begangen hatte. Ihnen glaubte der Richter und verurteilte mich zum Tode. Ich hatte nun keine Hoffnung mehr in menschliche Hilfe«. Im Bewußtsein seiner Unschuld habe er sich an die hl. Könige gewandt und ihnen ein Gelübde gemacht. »Auf göttliche Weisung« habe er dann seine Gäste einzeln gemustert und einen von ihnen mit beiden Händen gepackt. »Laut rief ich aus: ›Das ist der Dieb. Sucht und ihr werdet finden‹. Man suchte und fand. Nun wurde er sofort gehängt, er erlitt, was er für mich vorgesehen hatte. Als ich nach meiner Erlösung vergaß, das Gelübde einzulösen, berührte mich wieder die

Hand Gottes, und mein Vergehen erkennend, konnte ich es kaum noch erwarten, meine Pilgerfahrt vorzubereiten«.[223]

Indirekt geht aus Mirakeln hervor, daß mit Wunderberichten auch Mißbrauch getrieben wurde. Vielfach wird nämlich betont, die Aussage stamme von einem ›vertrauenswürdigen‹ Mann, der Pilger habe sie ›bei seinem christlichen Glauben‹ gemacht. Der eine bekräftigte den Bericht ›bei seiner Treue an Eides statt und bei seiner Pilgerfahrt‹, der andere leistete einen wirklichen Eid in der Kirche oder gar auf den Altar. Begleiter – nach Geburtsnöten z. B. die Hebamme – bestätigten die Wahrheit der Aussage, wie es vor Gericht Eideshelfer taten. Oft läßt man sich Beweise zeigen: Ein Mann verweist auf die Narbe an der Brust, die von einer Sense durchstoßen worden war; ein anderer, der in die Brust getroffen worden und dank der Hilfe des hl. Theobald genesen war, bringt den verhängnisvollen Pfeil und das durchschossene Hemd mit. In der Kirche aufgehängte Arm- und Fußschellen wurden schon erwälnt. Briefe, von der heimischen weltlichen oder geistlichen Obrigkeit bereitwillig ausgestellt und besiegelt, sollten die Aussage erhärten.[224]

Man tut den Autoren und den Protokollanten der Berichte nicht Unrecht, wenn man ihre Bestrebungen auf den Nenner Propaganda bringt. Wer für den Besuch einer bestimmten heiligen Stätte warb, förderte auch die Wirtschaft des betreffenden Ortes. Eine weitverbreitete Legende des 14. Jahrhunderts räumt ganz nüchtern solche Zusammenhänge ein: In Betlehem und Umgebung waren alle Herbergen »voll Fremder, die viel Geld einbrachten«.[225]

Gewißheit, Heilung und das Heil zu finden

Die Zuversicht, daß Heilige ansprechbar sind und den Mühseligen helfen, konnte sich mit einer geradezu modern anmutenden Experimentierfreudigkeit paaren. Der Pfarrer von Winningen (Kreis Koblenz) erprobte zusammen mit anderen Priestern, ob es wahr sei, was man sich allenthalben erzähle. Er mischte also Reliquien Annos, die er sich im Vorjahr erbeten hatte, mit Wasser; kaum hatte er einem an Kiefernstarre Leidenden diesen Trank eingeflößt, war der Mann geheilt. Mit ihm stimmte die zu dem Versuch zusammengeströmte Menge das Lob Gottes an. Wenige Tage später erstattete der Pfarrer in Siegburg Bericht über den Vorgang; er erbat und erhielt weitere Reliquien Annos. Auch solche Pilger besuchten also Wallfahrtsorte.[226]

Wer Mirakel protokollierte, hatte im allgemeinen weder Zeit noch Bildung, sich zur grundsätzlichen Möglichkeit von Wundern Gedanken zu machen. Das war Sache der Theologen. In der zweiten Hälfte des 13. Jahrhunderts zitiert Thomas von Aquin ein Wort des Augustinus: Wunder heiße »etwas Schwieriges und Ungewohntes, was sich über die Fähigkeit der Natur und über die Erwartung des Bewundernden hinaus ereignet«. Thomas bringt Beispiele aus Naturbeobachtung und Heilsgeschichte: Manches geschehe an der Naturordnung vorbei, was doch nicht schwierig sei, denn es ereigne sich in winzigen Gebilden, so bei der Neubildung von Perlen oder der Heilung von Kranken. Anderes sei nicht ungewohnt, da es häufig vorgekommen sei, etwa wenn Kranke auf öffentliche Plätze gebracht wurden, um vom Schatten des Petrus geheilt zu werden (Apg 5, 15). Was schließlich die Erwartungen angehe, »so erwarten wir alle die Auferstehung der Toten, die doch vorbei an der Naturordnung geschieht«. Also sei nicht alles, was an der Naturordnung vorbei geschieht, Wunder. Nach weiteren Ausführungen faßt Thomas zusammen: »Darum heißt das, was mit Übergehung der uns bekannten Ursache von Gott geschieht, Wunder.«[227]

Thomas von Aquin hätte viele Mirakel nicht als Wunder gelten lassen, wahrscheinlich auch nicht die oben gebrachte wunderbare Heilung des Knaben Gotfrid. Gemäß dem Grundsatz ›nach dem Ereignis, also wegen des Ereignisses‹ *(post hoc, ergo propter hoc)* stand für die Dorfgenossen dagegen fest, daß der Junge geheilt worden war, weil man die als heilig verehrte Elisabeth um Hilfe angerufen und eine Pilgerfahrt an ihr Grab gelobt hatte. Geheilt hatte auch im Falle des an Kiefernstarre Leidenden der Glaube. Die moderne Medizin hält Spontanheilungen – z. B. die Lösung von Verkrampfungen infolge intensiven Erlebens – für möglich. Sie schließt nicht aus, daß der Glaube starke Widerstandskräfte weckt, die selbst schwere körperliche Leiden überwinden.

In Mirakeln ist häufig von Vergehen die Rede, selten von persönlicher Schuld. Davon reden nicht einmal die, die am Grab Elisabeths keine Heilung gefunden haben. Eher bekunden die Einvernommenen ein so gutes Gewissen, daß sie – wie die im Eingangskapitel erwähnten Mütter und der Gelähmte – unbekümmert Elisabeth Vorwürfe machen. Die Heilige läßt sich durch Drohungen offensichtlich weder kränken noch davon abhalten, Unglücklichen zu helfen. Und die päpstliche Untersuchungskommission enthält sich jeder Stellungnahme zu Bekundungen der Frömmigkeit, aus denen Nähe und Vertrauen zu der Heiligen sprechen.

Während der Nachtwache: Ein Bild des Friedens

Viele Pilger blieben längere Zeit in der Nähe des Grabes. Sofern die Örtlichkeiten das erlaubten, hatten sie ständig Zugang zur Kirche, wenn schon nicht zum Grab. Der Autor der wiederholt erwähnten Predigt ›Veneranda dies‹ bewundert die Scharen derer, die am Altar des hl. Jakobus einträchtig wachen. Nach ihrer Sprache unterscheidet er Deutsche *(Theutonici)* auf der einen Seite, Franzosen *(Franci)* auf der anderen, Italiener *(Itali)* auf der dritten; »sie halten Kerzen in den Händen, so daß die ganze Kirche wie durch die Sonne an einem hellen Tag erstrahlt.« Zum Klang von Fiedel und Harfe, Flöte und Posaune, Pauke und anderen Instrumenten singen die einen Lieder, jeweils in ihrer Sprache; andere erforschen ihr Gewissen, beten Psalmen oder spenden Almosen. Der Autor berauscht sich am friedlichen Nebeneinander von Angehörigen aller Völker und Zungen. Danach hat der hl. Jakobus die babylonische Sprachverwirrung aufgehoben und ein neues Pfingstwunder gewirkt. Mehr noch, an seinem Grabe ist eine alte Sehnsucht der Menschheit in Erfüllung gegangen: Der Reiche und der Räuber leben friedlich miteinander.[228] Daß auch ›Griechen‹, d. h. Pilger aus dem Byzantinischen Reich, zum fernen Santiago zogen, ist naheliegend; denn die Apostel, und damit auch der hl. Jakobus, wurden in den Kirchen des Morgenlandes wie in der von Rom geprägten Christenheit verehrt.

34. *Jakobus im Kampf gegen die Mauren (15. Jh., Kupferstich von Martin Schongauer). Der Legende nach war der hl. Jakobus in der Schlacht bei Clavijo (844) leibhaftig erschienen und hatte die Christen zum Sieg über die Muslime geführt; deshalb verehrten ihn christliche Streiter während der Reconquista, der Zurückdrängung des islamischen Herrschaftsbereiches auf der Iberischen Halbinsel, als Matamoros (Maurenschlächter). Noch im 16. Jahrhundert zogen Spanier in Amerika gegen Indios in den Kampf mit dem Schlachtruf »Santiago!«.*

Tödlich ausgehende Streits...

An heiliger Stätte konnte es auch anders zugehen, erst recht, wenn die Wachenden übermüdet waren und unter Einfluß von Alkohol standen. Die Predigt ›*Veneranda dies*‹ erinnert an einen bösen Zwischenfall in St. Gilles: Am Grab des hl. Aegidius hätten einmal Franken und Basken mit Schlägen, Stöcken und Steinen um die besten Plätze gestritten; einer sei so schwer verwundet worden, daß er »niedersank und starb«; am Kopf verletzt, sei ein anderer geflohen und später ebenfalls tot zusammengebrochen. Der Autor mahnt: »Pilger müssen Streit und Trunksucht von Grund auf meiden.«[229] Da die Predigt für den Besuch von Santiago werben wollte, mußte diese Kirche ohne Makel bleiben. Doch auch am Altar des hl. Jakobus haben Pilger verschiedener Nationen miteinander gestritten, wiederholt mit tödlichem Ausgang. Die Basilika mußte dann jedesmal neu geweiht werden. Es lag daher nahe, daß der Erzbischof von Santiago sich bei Papst Innozenz III. nach einer weniger aufwendigen Art erkundigte, die Kirche zu reinigen.[230]

Bis heute vergiften Animositäten zwischen Angehörigen verschiedener christlicher Konfessionen das Klima im Heiligen Land. An hohen Feiertagen kommt es in der Grabeskirche zu Jerusalem und in der Geburtsgrotte zu Betlehem immer wieder zu Auseinandersetzungen, die auch handgreiflich ausgefochten werden.

...und andere Mißstände

Auf weitere Schattenseiten machen Beschlüsse kirchlicher Versammlungen aufmerksam: Die Synode von Avignon untersagt 1209 die Übernachtung in Kirchen mit folgender Begründung: Statt zu beten und zu wachen, geben sich die Menschen unpassenden Freudenbekundungen hin mit Springen, Singen von Liebesliedern und obszönen Tänzen.[231] Mißstände ergaben sich auch aus dem dichten Beieinander von Frauen und Männern. Die häufige Wiederholung solcher Klagen weist darauf hin, daß sich an den Verhältnissen lange Zeit wenig geändert hat; insgesamt sind Verbote wohl wirkungslos geblieben. Wenn die Reformatoren Pilgerfahrten als Ausdruck der Frömmigkeit ablehnten, wenn noch das Konzil von Trient (1545–1563) zur Bekämpfung von Übelständen aufrief, wenn kirchliche wie weltliche Obrigkeiten bis weit ins 18. Jahrhundert Wallfahrten sogar grundsätzlich verboten, dann auch wegen eines vergnüglichen oder gar lasterhaften ›Rahmenprogramms‹; nach Meinung der einen bildete es einen Teil der Wallfahrt, andere sahen in ihm nichts als Greuel.

Bei Kälte und Dauerregen konnte den Pilgern eine Übernachtung im Freien nicht zugemutet werden; dann mußte die Kirche nachts geöffnet bleiben. In solchen Fällen wurden wohl auch Strohlager eingerichtet; Galerien wie die in der Basilika zu Santiago eigneten sich als Notlager. Allerdings wuchs damit auch die Feuergefahr. Die Quellen äußern sich nicht zu sanitären Einrichtungen, die – zumindest in rudimentärer Form – gegeben sein mußten. Hinter dem Brauch, an hohen kirchlichen Festtagen den ›Botafumeiro‹, einen gewaltigen Weihrauchkessel, durch die Vierung der Basilika von Santiago zu schwenken, könnten konkrete Erfahrungen stehen: Der Gestank von übernächtigten, ungepflegten, oft sicher auch ungewaschenen Menschen, auch von Kranken mit ekelhaften Ausscheidungen sollte übertüncht werden – so gut es ging.

Aufgaben für die lokale Verwaltung

An Festen mußten Probleme gemeistert werden, die sich aus dem Zusammenströmen von Menschenmassen ergaben. Da die Termine der großen Wallfahrten bekannt waren, konnten sich Fachleute von nah und fern auf die Aufgaben einstellen. Tausende zusätzlich zu verpflegen bereitete offensichtlich keine nennenswerten Schwierigkeiten; zumindest im Spätmittelalter kannte man z. B. rollende, auf Karren montierte Öfen zum Brotbacken.

Von Notquartieren in Kirche und Kreuzgang, auf freiem Feld und in improvisierten Unterkünften war schon die Rede. Die Pilger mußten nicht nur vor bösartigen Menschen geschützt werden, sondern auch vor ansteckenden Krankheiten und anderen Katastrophen. Auf den Himmel allein durfte man sich nicht verlassen, wenn der auch gelegentlich ein Einsehen hatte. Aus dem 7. Jahrhundert wird aus Jerusalem von Folgen großer Menschenansammlungen berichtet: Kamele, Pferde, Esel, Ochsen, die man als Trag- und Zugtiere brauchte, hinterließen »abscheulichen Kot«, der das Umhergehen erschwert habe und dessen Gestank für die Einwohner kaum erträglich gewesen sei; zu menschlichen Ausscheidungen äußert sich diese Quelle nicht. »Wunderbarerweise« falle in der Nacht, die auf den Abzug der Viehherden folge, ein wolkenbruchartiger Regen, »der allen abscheulichen Dreck von den Straßen beseitigt und die Stadt vom Schmutze sauber macht«.[232]

Wiederholt sind bei großen Menschenansammlungen Seuchen ausgebrochen, zumal im Sommer. Zu den Opfern zählen Landgraf Ludwig, der Ehemann der hl. Elisabeth; er starb 1227 in Brindisi, auf dem Weg ins Heilige Land; einer Seuche erlag auch König Ludwig der Heilige 1270 auf einem Kreuzzug bei der Belagerung von Tunis. Wie kleine Gemeinden, die in wenigen Tagen ein Vielfaches ihrer eigenen Einwohnerzahl aufzunehmen hatten, mit dem Problem der Beseitigung menschlicher Ausscheidungen fertig wurden, warum nicht häufiger Seuchen von Wallfahrtsorten überliefert sind, ist eine noch ungeklärte Frage. Vielleicht hatte man Abfälle aller Art umsichtig entsorgt. Doch ist es unwahrscheinlich, daß man in mittelalterlichen Wallfahrtsorten mehr auf Sauberkeit geachtet hat als in großen Städten; und dort haben unzulängliche hygienische Verhältnisse noch in der Neuzeit zum Ausbruch von Cholera und Ruhr geführt.

Zwei Beispiele aus unterschiedlichen Bereichen mögen zeigen, daß man an großen Wallfahrtsorten zum Schutz der Pilger sinnvolle Maßnahmen ergriffen hat. In Santiago war für sauberes Trinkwasser gesorgt. Nach Auskunft des Pilgerführers lag in unmittelbarer Nähe der Basilika ein Brunnen, wie er auf der ganzen Welt nicht seinesgleichen habe; dieses Meisterwerk der Technik sei so angelegt, daß man weder sehe, woher das Wasser komme, noch wohin es fließe. »An diesem süßen, erfrischenden, gesunden, klaren, vorzüglichen, winters warmen, sommers frischen Quell erquicken sich die Jakobspilger nicht weniger als die Bürger der Stadt.« Einmal mehr wird jemand namentlich genannt, der sich um die Pilger verdient gemacht habe: Eine Inschrift am Brunnen rühme einen gewissen Bernhard, Schatzmeister des hl. Jakobus, der im Jahre 1122 das Wasser hierhin geleitet und das Werk gestaltet habe, »zum Heil seiner und seiner Eltern Seelen«.[233] Panik droht überall, wo Menschenmassen zusammenströmen; daher war angemessen, was Dante aus Rom überliefert (Inferno 18, 28–33): Im Heiligen Jahr 1300 habe man wegen des großen Andrangs die Scharen so über eine Tiberbrücke geleitet, daß die Pilger auf der einen Seite hin-, auf der anderen zurückgingen.

Nicht immer ist es gelungen, Wallfahrer vor Katastrophen zu bewahren. In Vézelay, wohin zu Ostern und zum Fest der hl. Maria Magdalena Kaufleute und Pilger zogen, sind im Jahre 1120 bei einem Brand der Basilika am Vorabend des Festes der Heiligen weit mehr als tausend Menschen umgekommen.[234] Die Feuersbrunst lenkt den Blick auf eine weitere Einrichtung, die sich an Wallfahrtsorten fand. Hier verstorbene Pilger wurden auf einem eigenen Friedhof beigesetzt; einer der bekanntesten wird seit dem Frühmittelalter ununterbrochen belegt: der Campo Santo Teutonico gleich neben der Peterskirche in Rom. Mancher wird es als glückliche Fügung verstanden haben, wenn er in unmittelbarer Nähe des verehrten Heiligen seine Tage beschließen durfte. Wer die Beschwernisse der Reise ertragen, gebeichtet und Buße getan hatte, ging gut vorbereitet und im Bewußtsein in die Ewigkeit, daß der Heilige ihm auch im Jenseits beistehen werde; ihm blieb erspart, was mittelalterliche Autoren als größtes Unglück ansahen, das einem Menschen widerfahren könne: Unvorbereitet vor den göttlichen Richter treten zu müssen.

Erwerb eines Pilgerzeichens

Hatte man gebetet, gewacht, seine Opfergabe dargebracht, das Wunder erzählt, die Lossprechung von den Sünden erhalten, ließ man sich – vielleicht gegen eine angemessene Gabe – in ein Register als Mitglied der Bruderschaft eintragen und blieb damit am Ziel gegenwärtig: Die ›Brüder‹ würden den hier namentlich Genannten von nun an in ihr Gebet einschließen, ihn z. B. der Aufmerksamkeit des hl. Jakobus empfehlen. Dann durfte man sich im Ort umschauen. Von den Betrügereien gewisser Herbergswirte,

Geldwechsler und Händler war schon die Rede; wer an der Förderung der Wallfahrt interessiert war, konnte nur hoffen, daß die Pilger weiterhin auf der Hut blieben.

Nun war auch die Zeit gekommen, ein bleibendes Erinnerungszeichen zu erwerben. An den ältesten christlichen Wallfahrtsstätten nahm man etwas Erde oder einen Stein vom Berg Golgota mit, die Jesus mit seinem Blut geheiligt hatte, den charakteristischen Palmzweig, Wasser aus dem Jordan, in dem Johannes den Erlöser getauft hatte, Wasser auch aus einem Brunnen in Nazaret, aus dem der Legende nach Maria geschöpft hatte.[235] In Santiago erwarb man die Muschel, die der Pilgerführer erstmals als das Abzeichen erwähnt, an dem man den Pilger erkannte, der fast bis ans Ende der Erde gewallt war; der Ort Finisterre, der letzte Zipfel festen Landes am Atlantik, liegt zwei Tagereisen weiter westlich. Die Muschel diente als Beweis dafür, daß man beim hl. Jakobus gewesen war, sie verlieh zusätzlichen Schutz und sollte Gefahren aller Art bannen. Wie vieles andere wurde auch die Muschel symbolisch gedeutet. Ihre Schalen bezeichnen, so heißt es in der Predigt ›Veneranda dies‹, »die zwei Vorschriften der Nächstenliebe, mit denen der Träger sein Leben festigen muß; d. h. Gott über alles und den Nächsten wie sich selbst zu lieben«.[236]

35. Pilgerzeichen aus Rom. Die Apostelfürsten sind dargestellt in Wort (S[anctus] Pe[trus] + S[anctus] Pa[ulus]), Bild und dem Schlüssel als Attribut des Petrus. Das örtliche Gewerbe stellte solche Metallgüsse zu Tausenden her; dank der Ösen konnte man das Zeichen leicht am Hut befestigen.

Im Laufe des Spätmittelalters fertigte man an großen und kleinen Wallfahrtsorten je eigene Pilgerzeichen an, oft aus Metall gegossen, in Rom z. B. mit den Bildern der Apostelfürsten Petrus und Paulus. In Einsiedeln sollen im Septemberg 1466 während des vierzehntägigen Festes der Engelweihe 130 000 metallene Pilgerzeichen verkauft worden sein [237] – eine gewaltige Zahl, selbst wenn mancher mehr als eins erworben haben sollte; dafür werden andere ohne Zeichen heimgezogen sein. Die Zahl verweist auch auf die Bedeutung, die die Wallfahrt für das metallverarbeitende Gewerbe eines Ortes haben konnte, ferner für den Bergbau, für das Hütten- sowie für das Transportwesen. Gutenberg soll mit der Herstellung von Pilgerzeichen Erfahrungen gesammelt haben, die ihm bei der Entwicklung beweglicher Lettern zugute gekommen seien.[238]

Das Pilgerzeichen wurde zunächst an der Tasche oder am Mantel getragen, später wurde es am Hut befestigt; möglicherweise kommt daher die (heute abfällige) Redensart, man könne sich dies und das ›an den Hut stecken‹. Zusammen mit dem Pilgerzeichen konnte man sich, in Santiago in der Nähe der Basilika, mit allem versorgen, was man für den Heimweg brauchte: Wein in Schläuchen, Schuhe und Riemen, lederne Taschen, Beutel und Gürtel, ferner Gewürze und Heilkräuter.[239]

Wer traurig kommt, zieht froh zurück

So steht es in der Predigt ›*Veneranda dies*‹ inmitten des Abschnittes, der der Basilika gewidmet ist.[240] Waren alle Vorbereitungen für den Heimweg getroffen, nahm man Abschied vom hl. Jakobus. Man empfahl sich aber auch dem Schutz anderer Heiliger, denen in der Basilika Altäre gewidmet waren, nämlich den Heiligen Fides und Maria Magdalena, ferner den Heiligen Andreas, Johannes, Martin, Michael und Nikolaus. Einander ergänzende Überlegungen könnten die Förderer der Verehrung des hl. Jakobus bewogen haben, konkurrierende Heilige, zu denen es eigene überregionale Wallfahrten gab, in Santiago zu ehren. Wer die hl. Fides oder den hl. Martin besuchen wollte, konnte das auch hier tun; man förderte dann allerdings nicht Conques und Tours, sondern die Apostelstadt im Nordwesten der Iberischen Halbinsel. Die Vielzahl der in der Jakobus-Basilika verehrten Heiligen war auch für den Pilger vorteilhaft: Vielleicht wollte er über Conques oder über Tours in seine Heimat zurück. Beim Abschied von dem einen Heiligen empfahl man sich schon dem Schutz dessen, den man bald aufsuchen wollte.

36. Die über und über mit Edelsteinen besetzte Figur der hl. Fides von Conques (Foto: N. Ohler). Das vielleicht um das Jahr 1000 geschaffene Werk zeigt die Heilige nicht als junge Märtyrerin, sondern als Personifikation des Glaubens: Mit weit geöffneten Augen schaut Fides durch die Nebel des Zweifels das Heil.

Die Basilika des hl. Jakobus, ein überwältigendes Erlebnis

Ein letztes Mal suchte man die Basilika auf. Der Pilgerführer zeigt, wie ein romanischer Dom auf Menschen im 12. Jahrhundert wirken konnte. Verglichen mit großen, aus Stein gefügten Kirchen haben die meisten Menschen bestenfalls in Hütten gehaust. Vor diesem Hintergrund wird der Überschwang des Pilgerführers verständlich: »In dieser Kirche findet man keinen Fehler, keinen Riß. Wunderbares wurde hier ins Werk gesetzt. Die Kirche ist groß, geräumig, hell. Die Dimensionen stimmen: Breite, Länge und Höhe passen zueinander. Der Bau ist ein unsagbar schönes Werk; mit seinem Obergeschoß erinnert er an eine königliche Pfalz. Sollte jemand traurigen Sinnes zur Empore aufsteigen, so wird er – wenn er oben durch die Schiffe schreitet – fröhlich, freudig erregt beim Anblick dieses ungemein schönen Gotteshauses«.[241]

Dieselbe Quelle macht auch auf den Memoria-Charakter des Baues insgesamt und einzelner Teile aufmerksam. Die hier namentlich genannten Förderer des Werkes, unter ihnen Steinmetzen, blieben im Gedächtnis der Menschen, hatten also eine Seite des Todes überwunden: das Vergessensein. Man konnte sogar in unmittelbarer Nähe des Heiligen gegenwärtig sein, ohne persönlich oder durch einen Stellvertreter die Wallfahrt gemacht zu haben: Nach dem Lobpreis des Altares, den er mit eigener Hand vermessen habe, fährt der Pilgerführer fort: »Sollte jemand aus Verehrung des hl. Apostels zum Schmuck des Jakobusaltares beitragen wollen, so müßte die Altardecke oder das Altartuch neun auf einundzwanzig Handspannen messen.« Aus Liebe zu Gott und zum Apostel könne man aber auch ein Tuch für die Stirnseite des Altares senden; das müsse dann sieben mal dreizehn Spannen messen.[242]

Abschied

Manchen wird Wehmut beschlichen haben, wenn er die festliche Atmosphäre und den Überfluß auf sich wirken ließ, die der Roman vom Mont Saint Michel im 12. Jahrhundert rühmt:

»Der Tag war klar und windstill. Die Mädchen und jungen Männer sagten Verse auf oder sangen. Selbst die Alten versuchten sich in Liedern, und auf allen Gesichtern leuchtete die Freude. ... Die Minnesänger hatten ihre Violen mitgebracht, sangen Lieder und spielten. Das Wetter war schön und die Freude groß ... Selbst in den Wäldern sangen alle Vögel, die großen und kleinen ... Auf dem Berg in dem schattigen Wald stellten die Händler ihre Zelte auf und verwandelten die Pfade in Straßen. Es gab viele verschiedene Weine, Brot und Gebäck, Früchte und Fische, Geflügel, Kuchen und Wild; überall war genug für jeden, der das alles bezahlen konnte«.[243]

37. *Die Figur des hl. Jakobus auf dem Mittelpfeiler des Pórtico de la Gloria
(Kathedrale von Santiago de Compostela). Der Heilige bewacht sein
Haus und heißt den Pilger willkommen; noch heute suchen Pilger den
leiblichen Kontakt mit dem Heiligen; sie berühren die ihn tragende Säule
an der Stelle, die der Legende nach den Abdruck der Hand Jesu trägt.
Jesus hatte gesagt, woran das weit geöffnete Portal den Gläubigen erin-
nerte: »Ich bin die Tür; wer durch mich hineingeht, wird gerettet werden«
(Joh 10,9).*

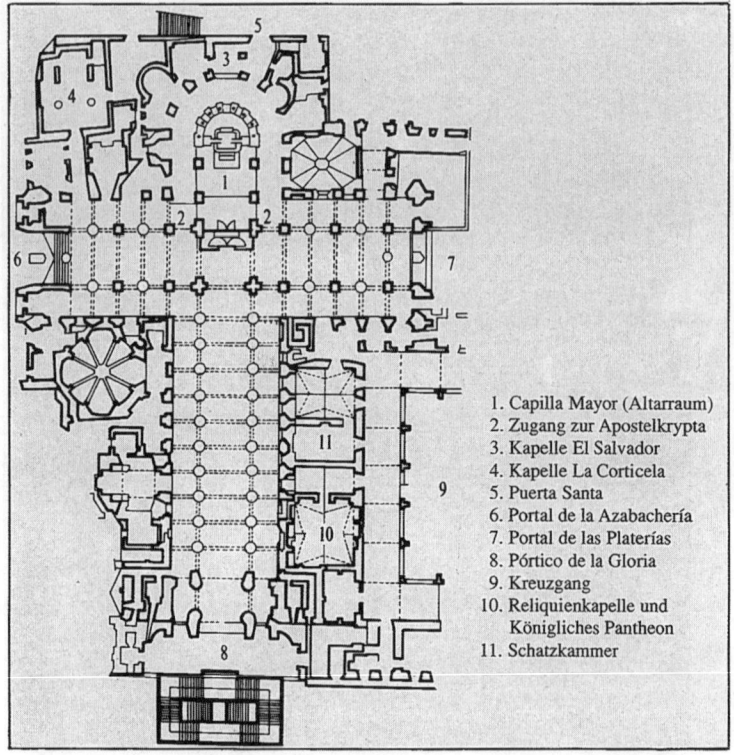

1. Capilla Mayor (Altarraum)
2. Zugang zur Apostelkrypta
3. Kapelle El Salvador
4. Kapelle La Corticela
5. Puerta Santa
6. Portal de la Azabachería
7. Portal de las Platerías
8. Pórtico de la Gloria
9. Kreuzgang
10. Reliquienkapelle und Königliches Pantheon
11. Schatzkammer

38. *Grundriß der Kathedrale von Santiago de Compostela. Die Anlage mit Chorumgang und dreischiffigem Längs- sowie Querschiff erleichterte es, die Pilgerströme in einer Art ›Einbahnstraße‹ zu kanalisieren.*

Zwar gießt der letzte Satz einen Wermutstropfen in den Wein der Freude, doch wird sich mancher angesichts solchen Schlaraffenlandes gefragt haben, ob er nicht bleiben, sich an Ort und Stelle niederlassen solle. Hatte man sich endgültig losgerissen, begann der Heimweg. Wie man den Ort begrüßt hatte, sollte man nach dem Aufbruch auf dem ›Freudenberg‹ mit Kniebeuge, Gebet und Blick ein letztes Mal von der heiligen Stätte Abschied nehmen und den Segen des Heiligen erbitten. Vor vielen Pilgern lagen nun wieder wochen-, wenn nicht monatelange Strapazen. Die waren leichter zu ertragen, wenn man von der Euphorie der geglückten Wallfahrt beflügelt wurde; vielleicht wirkten sie auch deshalb nicht so niederdrückend, weil man nun trainiert und abgehärtet war. Andererseits dürfte mancher erschöpft gewesen sein, so daß jeder Schritt, jeder Berg, jede Trockenzone den müden Gliedern abgerungen werden mußten. Viele Pilger zogen über einen anderen Weg heim; so hatten es ja auch die Heiligen Drei Könige auf Anweisung eines Engels getan. Der eine wollte weiteren Heiligen die Ehre erweisen, ein anderer eine Handelsmesse besuchen, ein dritter suchte Gefahren auszuweichen, die von Natur oder Mensch drohten. In jedem dieser Fälle gebot die Klugheit es Einzelpilgern, sich anderen Reisenden zuzugesellen.

Freude über die glückliche Heimkehr

›Große‹ sandten Boten voraus, die ihre Heimkehr meldeten. Je nach Rang und Würde zogen die Daheimgebliebenen ihnen dann unterschiedlich weit entgegen. Aus dem ersten Drittel des 11. Jahrhunderts berichtet Ademar von Chabannes, Wilhelm, Graf von Angoulême, sei mit kirchlichen und weltlichen Würdenträgern über den Landweg ins Heilige Land gereist und nach langen Monaten glücklich heimgekommen.

»Als die Nachricht von seiner Ankunft sich in Angoulême herumsprach, zogen ihm alle Herren nicht nur aus der Gegend von Angoulême, sondern auch aus dem Umland von Poitiers und Saintes, darüber hinaus Leute aller Altersstufen und beider Geschlechter mit überschäumender Freude entgegen, um ihn zu sehen. In weißen Gewändern und mit verschiedenartigem Schmuck kamen ihm die Mönche von Saint-Cybard – begleitet von einer großen Volksmenge, von Klerikern, Kanonikern – freudig eine Meile vor die Mauern der Stadt entgegen, Litaneien und andere Wechselgebete singend. Mit lauter Stimme intonierten sie das ›Großer Gott, wir loben Dich‹ und gaben dem Grafen das Geleit, wie es Brauch ist«.[244]

Die Feierlichkeiten zur Begrüßung des heimkehrenden Pilgers unterschieden sich nicht von denen, mit denen ein König eingeholt wurde; auch diesen ehrte man mit litaneiartigen Gesängen *(lau-*

des). Nach Aussage des Chronisten gab Graf Wilhelm vielen Menschen aller Stände ein gutes Beispiel. Schon bald nämlich seien Bischöfe, Grafen, Vornehme, Arme und Reiche, insgesamt eine unüberschaubare Menge, nach Jerusalem aufgebrochen.

Unsäglicher Schmerz über den Tod eines Pilgers

Auf dem Weg ins Heilige Land war Landgraf Ludwig von Thüringen, wie schon erwähnt, verstorben. Tausenden ist dieses Schicksal widerfahren; viele mögen es nicht einmal als Verhängnis betrachtet haben, wenn sie auf dem Weg nach Aachen, Canterbury, Einsiedeln, Jerusalem, Köln, Rom, Santiago, Trier... aus einer Welt abberufen wurden, die sie zeitlebens vielleicht nur als Jammertal erfahren hatten. Doch wie nahmen die Angehörigen einen solchen Verlust auf? Stellvertretend für viele sei hier der Frau des Landgrafen Ludwig gedacht. Damit sie die Unglücksbotschaft nicht aus unberufenem Munde erführe, suchte ihre Schwiegermutter sie auf. In dem folgenden Dialog ist von ›Bruder‹ die Rede; seit den Tagen der gemeinsam verlebten Kindheit hatten Ludwig und Elisabeth sich wechselseitig als Partner geachtet. Elisabeth müsse, so bat ihre Schwiegermutter, guten Mutes sein, um nicht erschüttert zu werden von dem, »was deinem Mann, meinem Sohn, durch göttliche Fügung widerfahren ist. – Wenn mein Bruder in Gefangenschaft geraten ist, kann er dank Gottes und unserer Getreuen Hilfe befreit werden. – Er ist tot.« Elisabeths Finger verkrampften sich. »Tot? Erstorben ist mir die Welt und all ihr Glanz.« Sie steht plötzlich auf; ungestüm, wie von Sinnen durcheilt sie den Raum, stürzt sich gegen die Wand, trostlos weinend.[245]

Die Schilderung der glücklichen Ankunft des Grafen von Angoulême sei ergänzt durch einen Bericht von der Heimkehr des toten Landgrafen Ludwig; in einzelnen Punkten weisen beide Berichte erstaunliche Übereinstimmungen auf. In Süditalien beschlossen Ludwigs Begleiter, ihren verstorbenen Herren in die Heimat zu überführen. Nach einem feierlichen Totenamt hüllten sie den Leichnam in kostbare feste Tücher und setzten ihn einstweilen am Sterbeort bei. Dann brachen sie zum Kreuzzug ins Heilige Land auf. Auf dem Rückweg verfuhren sie, wie es in solchen

Fällen üblich war. Der Leichnam wurde zerlegt und so lange gekocht, bis das Fleisch sich von den Knochen löste. Dann wurden die Weichteile an Ort und Stelle beigesetzt, das Herz gelegentlich an vornehmer Stätte, in einer Kirche etwa. Die Gebeine Ludwigs wurden in einen kostbaren Schrein gelegt, von einem Packtier getragen und nachts in einer Kirche unter Gebeten bewacht; morgens feierte man eine Messe und spendete Opfergaben; dann zog der Trupp weiter der Heimat zu. Bischof Ekbert von Bamberg, ein Onkel der Witwe, wurde benachrichtigt, daß das Trauergeleit durch seine Stadt komme. In feierlicher Prozession zogen daraufhin Bischof, Priester, Mönche, Nonnen dem Zug entgegen. Unter Gebeten und Trauergesängen, begleitet vom düsteren Dröhnen der Glocken, wurde der Schrein in den Dom überführt und vor der Witwe geöffnet. Angesichts der bleichen Gebeine bekennt Elisabeth sich zu ihrer Liebe und zur Kreuzzugsfrömmigkeit ihrer Zeit. Sie neide Gott nicht den, der mit eigenem und ihrem Willen zum Schutz des Heiligen Landes aufgebrochen sei. »Gott weiß, daß ich sein Leben allen Wonnen und Freuden der Welt vorgezogen hätte, wenn Gottes Güte ihn mir gelassen hätte.« Könnte sie ihn wiederhaben – liebend gern würde sie die ganze Welt für ihn hingeben und mit ihm zusammen in äußerster Armut betteln gehen. Doch wolle sie Ludwigs und ihr Geschick Gottes Willen unterordnen. Von Bamberg wurde der Verstorbene weiter nach Reinhardsbrunn geleitet, dem Hauskloster der Familie, wo inzwischen eine große Volksmenge zusammengeströmt war. Auch hier zogen Mönche und Kleriker in feierlicher Prozession unter Gebeten und Trauergesängen dem Zug entgegen. Die Beisetzungsfeierlichkeiten standen in uralten christlichen Traditionen, wenn sie die Sorge um das Seelenheil des Verstorbenen mit der Sorge für das leibliche Wohl Bedürftiger verbanden: Meßfeiern, Gebete, nächtliche Psalmengesänge, Gaben an das Kloster, Almosen an die Armen.

Auch ›kleine Leute‹ feierlich eingeholt

Nicht nur Große wurden nach einer langen Pilgerfahrt geehrt. Kehrte ein Handwerker heim, meldete vielleicht ein Reiter die baldige Ankunft; Mitglieder seiner Gilde, die sich an der Finanzierung der Wallfahrt beteiligt haben mochten, zogen ihm mit Freunden entgegen und geleiteten den Heimkehrer in die Kirche. Hier legte der Pilger Stab und Sack auf den Altar und war froh, »ablaß seiner sind« (Sünde) erlangt zu haben; »so siczt er denn zuo ruo«.[246] Anschließend überließ man sich der Freude des Wiedersehens, erzählte von Höhen und Tiefen der Reise, gab Interessierten Hinweise und insgesamt vielleicht ein Beispiel; nicht anders hatte es Graf Wilhelm von Angoulême gehalten.

Wer eine testamentarisch verfügte Stellvertreter-Wallfahrt unternommen hatte, mußte nach der Heimkehr die Nachlaßverwalter aufsuchen; die überzeugten sich, ob er »vullenkomelike« seine Pilgerfahrt gemacht habe.[247] Gegebenenfalls ließen die Testamentsvollstrecker sich nicht nur ein Pilgerzeichen zeigen, sondern auch eine Bestätigung des jeweiligen Wallfahrtsortes vorlegen.

Im Laufe des kommenden Lebensabschnittes mußte sich zeigen, ob die Pilgerfahrt den Beginn einer endgültigen Umkehr markiert hatte. Aber auch dann, wenn man wieder in den alten Trott und die früheren Laster zurückfiel, hob man Stab, Mantel, Tasche und Pilgerzeichen sorgfältig auf. Man trug sie an hohen Festen; im Sterben rief man Gott und den in der Ferne aufgesuchten Heiligen um Hilfe an und ließ sich mit den Beweisen seiner Reise bestatten. Auffällig viele Pilgerzeichen wurden in Gräbern gefunden, in denen die Palme der Jerusalempilger natürlich keine Spuren hinterlassen konnte. Wer sich mit der charakteristischen Muschel der Santiagopilger bestatten ließ, vertraute darauf, daß der hl. Jakobus sich seiner auf der letzten Reise und beim Jüngsten Gericht erinnern werde.

Ein letztes Mal sei Geiler von Kaysersberg zitiert, für den die einzelnen Teile der Ausrüstung wie die ganze Fahrt auf die jenseitige Welt verweisen: Die Freunde, die dem Pilger zum Stadttor entgegengehen, das sind »die lieben heiligen in dem himel«; sie finden sich an der Pforte ein, durch die wir alle gehen müssen, »das ist der tod«; sie empfangen den Pilger mit Freuden, und die lieben heiligen Engel nehmen seine Seele und führen sie in die ewige Seligkeit. Geiler schließt mit einem auf das Jahr 1494 datierten Gebet: »dar zuo helf unß got der vatter sun und der heilig geist AMEN«.[248]

Millionen von Pilgern waren im Mittelalter unterwegs; viele haben häufiger in ihrem Leben Wallfahrten gemacht, manche sogar mehrmals in einem Jahr. Nicht wenige zogen wiederholt zu fernen Wallfahrtsstätten wie Jerusalem, Rom oder Santiago.

Gemessen an der Zahl der Pilger haben sich nur wenige zu dem geäußert, was sie unterwegs im wörtlichen Sinn ›erfahren‹ hatten. Das hängt zum einen mit dem geringen Interesse an der eigenen Person zusammen; zum anderen galten Beschwernisse als so selbstverständlich, daß man sie nicht für mitteilenswert hielt. Geht es uns nicht ähnlich? Auch der emsige Tagebuchschreiber wird kaum der Nachwelt überliefern wollen, wie oft er unter Verkehrsbehinderungen zu leiden hatte.

Weltoffenheit und Chauvinismus

Wie die Reisen der Handwerker, Kaufleute, Könige, Mönche, Studierenden... haben Wallfahrten dazu beigetragen, einen Menschenschlag auszubilden, der Belastbarkeit und Phantasie, Risikofreudigkeit und Weltoffenheit in sich vereinigte. Es ist kein Zufall, daß gegen Ende des Mittelalters wagemutige Europäer in unbekannte Fernen aufgebrochen sind.

Warnungen und Verbote haben die Pilgerbegeisterung zeitweilig dämpfen, aber nicht ersticken können. Wallfahrten lassen sich daher auch als Zeichen der Freizügigkeit verstehen; sogar Angehörige der Unterschicht hatten sich Freiheitsräume erkämpft, die noch und gerade im 20. Jahrhundert alles andere als selbstverständlich waren. Jahrzehntelang konnten Menschen im kommunistischen Herrschaftsbereich nicht einmal davon träumen, so wie ihre Vorväter nach Thann oder Santiago zu pilgern.

Reisen weitet den Horizont, kann aber auch das Entstehen schwer ausrottbarer Vorurteile begünstigen. Der Pilgerführer nach Santiago aus der Mitte des 12. Jahrhunderts und Äußerungen, die Erasmus von Rotterdam gegen Ende des Mittelalters machte, zeigen, daß Andersartigkeit nicht immer als Bereicherung der Gesamtkultur, sondern als Angriff auf eigene Normen verstanden wurde; der Intellektuelle wußte sich für echte und vermeintliche Unbill zu rächen; mit spitzer Feder hielt er fest, was nicht selten als Stereotype in das kollektive Gedächtnis der Völker eingegangen ist.

Klammern für das Reich und das Abendland

In einer Zeit, da zentrifugale Kräfte die Einheit des Reiches lokkerten, sorgten Wallfahrer für ein Gegengewicht; wer von Stettin oder Danzig nach Aachen oder Trier, Thann oder Einsiedeln zog, entwickelte ein Wir-Gefühl, das die Menschen in Nord-, West- und Süddeutschland miteinander verband.

Im Laufe des Mittelalters überzog sich ganz Europa mit einem Netz von Straßen, die auch Pilgerstraßen waren und ihren Namen gelegentlich bis heute behalten haben, z. B. die rue Saint Jacques in Paris. Kraft testamentarischer Verfügungen sollten Pilger allein aus Lübeck zweiundvierzig verschiedene Wallfahrtsstätten aufsuchen, die in Deutschland, Skandinavien, England, den Niederlanden, in Belgien, Frankreich, Spanien, der Eidgenossenschaft, in Italien und im Heiligen Land lagen.

Unterschiedliche, völkerübergreifende Gemeinschaften verklammerten das Abendland: die des Adels, der Kirche im allgemeinen, der Mönchsorden im besonderen, der Kaufleute, der Gebildeten, der Rechtsgelehrten, der Juden, der Künstler, der Handwerker, der Spielleute – und eben die ›Internationale‹ der Wallfahrer. Pilger knüpften unterwegs vielfältige Kontakte, so daß eine weitere, Völker und Sprachen übergreifende europaweite Gemeinschaft entstand. In einer Zeit, da es schon zu recht massiven nationalen Regungen kam, hielten auch Wallfahrten die Christenheit zusammen.

Pilger, die von Skandinavien ins Heilige Land, vom Baltikum nach Spanien wallten, pflegten das Gespräch über Grenzen von Herrschaften, Sprachen und Kulturen. Unterwegs lernten sie abendländische Gemeinsamkeiten kennen und schätzen. Diese hatten ihr Fundament im Glauben, zu dem die Überzeugung gehörte, daß man Gott und den Heiligen an gewissen Orten näher als anderswo war. Zu den Gemeinsamkeiten gehörte Latein als Sprache der Liturgie. Aber auch Ungebildete werden ein Stück Heimat erfahren haben, wenn sie in der Messe die ihnen seit Kindsbeinen vertrauten Gebete hörten, wenn sie – bei allen regionalen Unterschieden – in Kirchen, Bildstöcken und Kapellen derselben Sprache der Bilder begegneten, wenn sie in einem Kloster Gastfreundschaft erfuhren, wenn sie dem Gesang der Psalmen lauschten, den die Mönche pflegten.

Im Laufe des Mittelalters wurden vorher isolierte Siedlungen und die abendländischen Länder insgesamt miteinander vernetzt. Ein gemeineuropäisches Wir-Gefühl entstand, das zur arroganten Abschottung gegen ›die anderen‹ führen konnte, z. B. gegen ›die Türken‹; doch hatte es auch positive Auswirkungen, da es manchem die Gewißheit verlieh, bei einem Wechsel des Wohnsitzes nicht in der Fremde zu leben. Wie der Humanist sich überall zuhause fühlte, wo er den Gedankenaustausch mit seinesgleichen pflegen konnte, so der Pilger, der mit anderen gemeinsam zu einem fernen Wallfahrtsziel strebte.

Pilger haben dazu beigetragen, daß das Abendland Gemeinsamkeiten ausbildete, die langfristig stärker waren als die Konfessionsgrenzen im 16. und 17., solider als die Grenzen der Nationen im 19. und 20. Jahrhundert, fester als der ›Eiserne Vorhang‹, dessen Fall wir erleben durften.

Folgen für Siedlungen und die Ausbreitung von Ideen

Wallfahrten bilden einen gewichtigen Aspekt der großen Reisefreudigkeit, die das Mittelalter auszeichnet. Die Summe der Reisen hat Folgen für Europa gehabt, von denen hier einige genannt seien. Dank des Stroms der Pilger sind einzelne Orte aufgeblüht, z. B. Vézelay. Eigens für Pilger wurden in Frankreich Siedlungen gegründet (›salvitates‹, ›sauvetés‹), die dann natürlich auch anderen Reisenden zur Verfügung standen, nicht anders als Brücken und Spitäler. In Nordspanien begünstigte das Kommen und Gehen von Santiagopilgern die Wiederbesiedlung von Landstrichen, die die Kriege zwischen Muslimen und Christen entvölkert hatten.

Bewußt oder unbewußt haben Menschen auf ihren Wegen Vorstellungen weitergetragen. Für die Ausbreitung von Ideen spielten Handelsmessen eine kaum zu überschätzende Rolle, erst recht, wenn sie an Wallfahrtsorten stattfanden. Wurde der Jahrmarkt an einem hohen kirchlichen Feiertag veranstaltet, so konnte man sicher sein, daß viele Händler, Käufer und Pilger zusammenströmten und den regen Austausch von Nachrichten förderten. Die Pilger brachten eine besondere Offenheit für geistliche Erlebnisse mit, die sie möglicherweise auch für Vorstellungen aus dem ›profanen‹ Bereich aufgeschlossen machte.

Architektur und Kunst

Kleriker und Laien, namentlich genannte Vornehme und namenlos bleibende Angehörige der Unterschicht haben mit ihren Spenden den Bau kleiner und großer Kirchen gefördert. In Tours, Conques, Toulouse, Santiago entstand eine Form der Basilika, die besonders geeignet zur Aufnahme großer Scharen war; mit ihren drei, wenn nicht fünf Längsschiffen und einem einfachen oder doppelten Chorumgang erleichterte sie das Kommen und Gehen der Pilger. Das lebensgefährliche Gedränge, das der 1151 verstorbene Suger als Kind beobachtet hatte, bewog ihn, als Abt die Kirche St. Denis in einer Weise umzubauen, die dem Pilgerbetrieb eher gerecht wurde; der Neubau prägte den später ›Gotik‹ genannten Stil.

Wohlhabende Pilger, die in Jerusalem die kreisförmige Grabkirche kennengelernt hatten, ließen daheim ähnliche Kirchen bauen und machten damit den Rundbau im Abendland heimisch; daß hier eine Anregung aus dem Heiligen Land aufgegriffen wurde, war dem Autor des Pilgerführers sehr wohl bewußt. Pilger, die vor allem aus Nord- und Ostdeutschland kamen, trugen entscheidend dazu bei, daß noch vor Beginn der Reformation das St. Theobalds-Münster in Thann, die nach dem Straßburger Münster größte und schönste gotische Kirche im Elsaß, fertiggestellt werden konnte. Das Geld reichte sogar für einen reichen Fenster- und Figurenschmuck.

220

Dank großer und kleiner Gaben, die die Pilger mitgebracht hatten, konnten kostbare Schreine gefertigt werden, von denen einige die Stürme der Zeit überstanden haben; sie künden vom handwerklichen und künstlerischen Können der Gold- und Silberschmiede sowie der Edelsteinschleifer. Es soll offen bleiben, wie hochmittelalterliche Votivbilder von Menschen, Organen und Sachen, die Wallfahrer vor ihrem Aufbruch hatten anfertigen lassen, auf andernorts angefertigte Kleinplastiken eingewirkt haben.

Wirtschaft und Handel

Wallfahrer haben Klöstern und Städten, die verehrte Reliquien bargen, zu Wohlstand verholfen; unterwegs und während ihres Aufenthaltes haben sie vielfältige Dienste nachgefragt, so daß sich ein eigenes Beherbergungsgewerbe entwickeln, Fährmänner sich und ihre Familie mit der Arbeit ihrer Hände ernähren konnten.

Mittelalterliche Autoren hielten viele Auswirkungen der Wallfahrten nicht für überlieferungswürdig, so daß man einzelne Gegebenheiten oft nur erschließen kann. Voraussetzung für die zahlenmäßige Ausbreitung von Gold- und Silberarbeiten im 12. Jahrhunder war, wirtschaftsgeschichtlich gesehen, u. a. die Erschließung weiterer Edelmetallvorkommen. Daß auch die Herstellung von Pilgerzeichen mehrere Gewerbe beleben konnte, wurde erwähnt.

Pilger haben nicht selten Handel und Wallfahrt miteinander verbunden. Obwohl Neugier unter Christen verpönt war, haben viele von ihnen mit offenen Augen fremde Länder durchzogen. Seit dem 12. Jahrhunder hat das Abendland Tausende von kleinen Verbesserungen hervorgebracht, die die Voraussetzung für den Modernisierungsschub im ausgehenden 15. und im 16. Jahrhundert bildeten. Es ist nur wahrscheinlich, daß auch Pilger von dem erzählt haben, was sie unterwegs Neues gesehen hatten, z. B. im Bereich des Einsatzes von Wasser- und Windenergie, der Herstellung von Papier und der Kunst, mit beweglichen Lettern zu drukken; sie dürften Handwerker angeregt haben, ähnliche Werke herzustellen oder sich in der Fremde kundig zu machen.

Nach einem nicht überprüfbaren Bericht haben Mönche ihr Leben riskiert, als sie ein strenges Verbot übertraten: Sie haben in ihren Wanderstöcken Eier der Seidenraupe nach Europa mitgebracht und damit das Monopol des chinesischen Staates auf das auch im Abendland begehrte Seidengewebe gebrochen; Seidenraupen wurden nun auch in Byzanz gezüchtet, von wo aus sie später weiter im Mittelmeerraum verbreitet wurden. Könnte die Steigerung landwirtschaftlicher Erträge in Europa seit dem Hochmittelalter nicht auch damit zusammenhängen, daß Pilger Getreidekörner aus auffallend reichen Ähren mit in ihre Heimat genommen und dort ausgesät, daß andere besonders robuste und widerstandsfähige Pferde aus der Ferne mitgebracht haben, die geeignet waren, die heimischen Rassen zu verbessern?

Vitalität und Wissen um eigene Grenzen

Bald nach ›Entdeckung‹ der Neuen Welt stellte sich heraus, daß die Europäer weniger anfällig für Infektionen waren. Diphtherie, Scharlach, Keuchhusten forderten unter den Indios Millionen von Opfern, mehr als Feuerwaffen und Alkohol, Versklavung und andere Ausprägungen europäischer Bösartigkeit. Die natürliche Resistenz der Europäer dürfte sich auch mit der Offenheit ihrer Länder gegenüber zwei großen Kontinenten erklären: Aus Asien und Afrika eingeschleppte Krankheiten hatten verheerende Folgen, wenn man etwa an die große Pest denkt, die Mitte des 14. Jahrhunderts Europa heimsuchte. Langfristig trugen solche Krankheiten dazu bei, die Widerstandskraft der Bevölkerung gegen Infektionen zu stärken – eine Voraussetzung unter anderen dafür, daß Europa seit dem Spätmittelalter den großen Abstand zu den anderen Weltzivilisationen aufholen und Teile seiner Kultur über alle Kontinente ausbreiten konnte.

An dieser Stelle darf man vielleicht noch folgende Überlegung anstellen: Pilger erfuhren unterwegs und am Ziel, daß es andernorts schöner war, daß Wirtschaft und Verkehr, Recht und Verfassung dort vielleicht weiter entwickelt, die Städte größer und Reiche mächtiger waren als das, was ihnen aus der Heimat vertraut war. Daraus konnte sich ein Wissen um eigene Grenzen und Beschränktheiten ergeben, das in Auseinandersetzungen mit fremden Staaten und Kulturen kaum zu überschätzende Vorteile bot – sofern es sich mit Selbstbewußtsein paarte. Und daran hat es den Europäern nicht gefehlt, wie auch der Umgangston ganz einfacher Menschen mit ›ihren‹ Heiligen zeigt.

Entscheidend: der Glaube

Bewußt wurde auch das Umfeld von Wallfahrten beleuchtet. Das Schlußwort soll wieder den Pilgern gelten. Mit Wallfahrten wollten sie Gott und seine Heiligen ehren. Viele nahmen die Strapazen einer weiten Reise auf sich, um Dank zu sagen, eine Bitte vorzutragen oder Sühne zu leisten.

In einer Zeit, da Gott als mächtiger Richtergott unnahbar dargestellt wurde, ist es verständlich, daß Menschen die Nähe eines Vermittlers suchten. Zu Lebzeiten hatten Anno, Elisabeth und Jakobus – um einige in dieser Arbeit häufiger genannte stellvertretend für die vielen zu nennen – menschliche Schwächen gekannt; doch jetzt lebten sie in der Nähe Gottes, als Freunde Gottes und der Menschen, als Fürsprecher der Sünder bei Gott. Heilige haben teil an der universalen Macht Christi, wenn sie Kranke heilten, Dämonen austrieben, aus Seesturm und anderer Not retteten. Man muß dieses Denken ernstnehmen, da die Menschen es so erlebt, so auch ihre Heiligen erfahren haben. Grundsätzlich wird weder die Macht, Wunder zu wirken, noch die Fähigkeit, Menschen aller Stände und beider Geschlechter in einer Vision oder einem Traum zu erscheinen, in Zweifel gezogen.

Notleidende werden, auch wenn sie aus dem einfachen Volk stammen, in den Mirakeln oft namentlich genannt; damit zeugen diese Quellen vom zunehmenden Gewicht des Individuums seit dem Hochmittelalter. Darüber hinaus weisen die Quellen auf Entfaltungsmöglichkeiten des Einzelnen hin: Je nach persönlicher Vorliebe konnte der Gläubige unter verschiedenartigen Formen der Frömmigkeit wählen; er konnte sich für eine Pilgerfahrt oder für soziales Engagement entscheiden, z. B. in einem Spital; er konnte mit seinem Nachlaß Stellvertreter-Wallfahrer entsenden, Straßen und Brücken bauen, daheim Messen feiern und Psalmen singen, monastische Gemeinschaften oder Arme unterstützen lassen. Er konnte zu diesem oder jener Heiligen ein besonders inniges Vertrauensverhältnis entwickeln. All das waren gesellschaftlich anerkannte Bekundungen der Eigenwilligkeit, Ausdruck eines in die Neuzeit weisenden Individualismus. Zu den Formen der Frömmigkeit, die gegen den Willen der kirchlichen und weltlichen Obrigkeit wiederholt verteidigt werden mußten, gehörten die Wallfahrten.

Entscheidendes Motiv für viele Wallfahrten war der Glaube, in der Ferne Heilung oder Rettung zu finden. Der Glaube an die Möglichkeit des Wunders und die Kraft dieses Glaubens sind Erscheinungen, die sich dem prüfenden Zugriff des Historikers entziehen. Doch ist der in Mirakeln aufscheinende Glaube eine Tatsache, die der Forscher wie andere Fakten zur Kenntnis nehmen muß, eine Tatsache wie die, daß die Menschen im 12. Jahrhundert an Hunger, Durst, Kälte, Eifersucht, Besitz- und Machtstreben litten. Diese anthropologischen Konstanten sind unbestritten. Dürfen wir unsere Begrenzungen auf Menschen anderer Zeiten und Kulturen übertragen? Konkret: Dürfen wir sagen: Da uns der Gesundheit oder Rettung bringende Glaube fehlt, können ihn auch andere Menschen nicht gehabt haben? Könnte die Kraft des Glaubens nicht auch die gesellschaftliche Wirklichkeit in einer Weise verändert haben, von der wir uns gar keine Vorstellung zu machen vermögen?

ZEITTAFEL

227

ANMERKUNGEN

[1] In den letzten Jahrzehnten ist die Literatur zum Wallfahrtswesen ins schier Uferlose angeschwollen. In den folgenden Anmerkungen werden vor allem Quellen nachgewiesen, auf die der Autor sich stützt. Wer sich in das Thema weiter einarbeiten will, sei auf folgende Titel verwiesen: Yves Bottineau: Der Weg der Jakobspilger. Geschichte, Kunst und Kultur der Wallfahrt nach Santiago de Compostela. Mit einer Einleitung und einem Kapitel zur Jakobsverehrung in Deutschland von Klaus Herbers. Aus dem Französischen von Sybille A. Rott-Illfeld (Bastei-Lübbe Taschenbuch, 64111). Bergisch-Gladbach 1992. S. 344 ff. Bibliographie. Die deutsche Ausgabe hat Klaus Herbers S. 339–343 und S. 351–356 um wertvolle Literaturangaben ergänzt. – Eine Art ›Summe‹ zum Wallfahrtswesen wurde für eine Ausstellung in München 1984 erarbeitet: Wallfahrt kennt keine Grenzen. Katalog der Ausstellung im Bayerischen Nationalmuseum München. München 1984. 290 S. Wallfahrt kennt keine Grenzen, Themen zu einer Ausstellung des Bayerischen Nationalmuseums und des Adalbert Stifter Vereins, München. Hrsg. von Lenz Kriss-Rettenbeck und Gerda Möhler, Bayerisches Nationalmuseum. München, Zürich 1984. S. 543–568 Ausgewählte Literatur zum Thema Wallfahrt, zusammengestellt von Edith Chorherr. Beide Bände sind reich illustriert mit vorzüglich reproduzierten Abbildungen und Karten; willkommen sind die Quellenzitate und die Literaturnachweise zu den einzelnen Nummern des Katalogs. – Pilger bildeten einen gewichtigen Teil der Scharen, die die Straßen bevölkerten und auf Unterkunft angewiesen waren; daher sei an dieser Stelle insgesamt verwiesen auf Norbert Ohler: Reisen im Mittelalter (dtv, 30057). 3. Auflage München 1993. Hans Conrad Peyer: Von der Gastfreundschaft zum Gasthaus. Studien zur Gastlichkeit im Mittelalter (Schriften der Monumenta Germaniae Historica, 31). Hannover 1987.

[2] Nach Frankfurter Allgemeine Zeitung, 25. 5. 1981.

[3] Albrecht Dürer: Tagebuch der Reise in die Niederlande, in: Derselbe: Schriften und Briefe (eurobuch, 5) Berlin 1984. S. 55–101, hier S. 57.

[4] Hermann Kellenbenz: Deutsche Wirtschaftsgeschichte. Bd. 1, München 1977, S. 175.

[5] Dürer: Tagebuch (wie Anm. 3) S. 58.

[6] Johannes Cochlaeus: Brevis Germaniae Descriptio (1512) mit der Deutschlandkarte des Erhard Etzlaub von 1501. Hrg., übersetzt und kommentiert von Karl Langosch (Ausgewählte Quellen zur deutschen Geschichte der Neuzeit, 1). Darmstadt 1976, Kapitel IV, 33 S. 90 und Anm. 149.

[7] Christoph Columbus: Schiffstagebuch. Übersetzt von Roland Erb. Leipzig 1980, S. 7f.

[8] Wallfahrt kennt keine Grenzen, Themen (wie Anm. 1) S. 327.

[9] Vgl. A. Vauchez, Gottes vergessenes Volk. Laien im Mittelalter, Freiburg 1993.

[10] Norbert Ohler: Zur Seligkeit und zum Troste meiner Seele. Lübecker unterwegs zu mittelalterlichen Wallfahrtsstätten, in: Zeitschrift des Vereins für Lübeckische Geschichte und Altertumskunde 63 (1983) S. 83–103, hier S. 94 ff.

[11] Gurgand Barret: Priez pour nous à Compostelle. Paris 1978, S. 18, 242.

[12] E. Gilomen-Schenkel: Einsiedeln, in: Lexikon des Mittelalters 3 (1986) Sp. 1743–1745, hier Sp. 1745.

[13] Maurice Druon: Vézelay, colline éternelle, suivi d'une anthologie réalisée avec la collaboration de Jacques Suffel. Paris 1968, S. 116–119, bes. S. 117 f.

[14] Lübecker Ratschronik zum Jahr 1446, in: Die Chroniken der deutschen Städte vom 14. bis ins 16. Jahrhundert, 30. Bd. (Die Chroniken der niedersächsischen Städte. Lübeck, 4). Leipzig 1910, Nachdruck Göttingen 1968, S. 55.

[15] Hedwig Röckelein und Gottfried Wendling: Wege und Spuren der Santiago-Pilger im Oberrheintal, in: Europäische Wege der Santiago-Pilgerfahrt. Hrsg. von Robert Plötz (Jakobus-Studien, 2). Tübingen 1990, S. 92.

[16] Ursula Ganz-Blättler: Andacht und Abenteuer. Berichte europäischer Jerusalem- und Santiagopilger (1320–1520) (Jakobus-Studien, 4). Tübingen 1990, S. 192 f., vgl. S. 214.

[17] Thomas Platter: Beschreibung der Reise durch Frankreich, Spanien, England und die Niederlande 1595–1600. Hrsg. von Rut Keiser. Teile 1–2. Basel, Stuttgart 1968, S. 268 und 356 ff.

[18] Chaucer: Canterbury-Geschichten. Ausgewählt und mit einem Nachwort versehen von Arno Esch (Fischer-Bücherei. Exempla Classica, 33). Frankfurt/M. 1961, S. 17.

[19] Norbert Ohler: Alltag im Marburger Raum zur Zeit der hl. Elisabeth, in: Archiv für Kulturgeschichte 67 (1985) S. 1–40, hier S. 30.

[20] Ludwig Schmugge: Zu den Anfängen des organisierten Pilgerverkehrs und zur Unterbringung und Verpflegung von Pilgern im Mittelalter, in: Gastfreundschaft, Taverne und Gasthaus im Mittelalter. Hrsg. von Hans Conrad Peyer unter Mitarbeit von Elisabeth Müller-Luckner (Schriften des Historischen Kollegs. Kolloquien, 3). München, Wien 1983, S. 37–60, hier S. 38.

[21] Norbert Ohler: Zuflucht der Armen. Zu den Mirakeln des hl. Anno, in: Rheinische Vierteljahresblätter 48 (1984) S. 1–33, hier S. 9.

[22] Ohler: Alltag (wie Anm. 19) S. 10.

[23] Norbert Ohler: Nord- und Ostdeutsche im Südwesten des Reiches. Ein Beitrag zu den Mirakeln des hl. Theobald, in: Zeitschrift des Breisgau-Geschichtsvereins (»Schau-ins-Land«) 101 (1982) S. 151–167, hier S. 159 f.

[24] Nach: Kohlhoffsche Chronik zum Jahr 1455, in: Die Chroniken der deutschen Städte vom 14. bis 16. Jahrhundert, Bd. 14 (Köln, 3). Leipzig 1877, S. 799 f.

[25] 8. Kapitel. Dieses und die folgenden Zitate nach einer Übersetzung des Autors. Jeweils ergänzend die Seitenangabe nach: Der Jakobsweg. Mit einem mittelalterlichen Pilgerführer unterwegs nach Santiago de Compostela. Ausgewählt, eingeleitet, übersetzt und kommentiert von Klaus Herbers. Tübingen 1986 (im folgenden kurz: Herbers), hier S. 123. Zur Entstehungsgeschichte des Pilgerführers vgl. André von Mandach: Neues zum ›Pilgerführer der Jakobswege‹, in:

Europäische Wege der Santiago-Pilgerfahrt. Hrsg. von Robert Plötz (Jakobus-Studien, 2). Tübingen 1990, S. 41–57.

[26] Hans Eberhard Mayer: Geschichte der Kreuzzüge. 5. Auflage. Stuttgart (u.a.) 1980, S. 66f.

[27] Ebd. S. 212f., 255.

[28] Pilgerführer, 8. Kapitel; Herbers (wie Anm. 25) S. 117.

[29] Pilgerführer, 8. Kapitel; Herbers (wie Anm. 25) S. 107.

[30] Ohler: Nord- und Ostdeutsche (wie Anm. 23) S. 161.

[31] Sessio XXV, 3–4 dec. 1563, in: Conciliorum Oecumenicorum Decreta, curantibus Josepho Alberigo (u.a.), editio tertia, Bologna 1973 (im folgenden kurz: Alberigo), S. 774–776.

[32] Otto von Simson: Die gotische Kathedrale. Beiträge zu ihrer Entstehung und Bedeutung. Darmstadt 1968, S. 225, 229f., 241, 251.

[33] Vgl. Patrick Geary: Furta Sacra. Thefts of Relics in the Central Middle Ages. Princeton, N.J. 1978, überarbeitete Auflage 1990.

[34] Pilgerführer, 8. und 9. Kapitel; Herbers (wie Anm. 25) S. 113, 118, 150.

[35] Die Reichsannalen, in: Quellen zur karolingischen Reichsgeschichte. Neubearbeitet von Reinhold Rau, 1. Teil (Ausgewählte Quellen zur deutschen Geschichte des Mittelalters, 5). Darmstadt 1955, S. 50f.

[36] Norbert Ohler: Alltag im Marburger Raum zur Zeit der hl. Elisabeth, in: Archiv für Kulturgeschichte 67 (1985) S. 1–40, hier S. 21f., 32.

[37] Zitiert nach Wallfahrt kennt keine Grenzen (wie Anm. 1), Katalog, S. 15.

[38] Vgl. Arnold Angenendt: Monachi Peregrini. Studien zu Primin und den monastischen Vorstellungen des frühen Mittelalters (Münstersche Mittelalter-Schriften, 6). München 1972, S. 124ff., 144ff.

[39] Columbus: Schiffstagebuch (wie Anm. 7), S. 150f.

[40] R. Naz: Voeu, in: Dictionnaire de Droit Canonique 7 (1965) Sp. 1619–1623.

[41] Das Leben Bischof Bennos II. von Osnabrück, verfaßt von Abt Norbert, Kapitel 1, in: Lebensbeschreibungen einiger Bischöfe des 10.–12. Jahrhunderts, übersetzt von Hatto Kallfelz (Ausgewählte Quellen zur deutschen Geschichte des Mittelalters, 22). Darmstadt 1973, S. 365–441, hier S. 374–377.

[42] Ohler: Seligkeit (wie Anm. 10) S. 83.

[43] Vgl. John T. McNeill and Helena M. Gamer: Medieval Handbooks of Penance. A translation of the principal libri poenitentiales and selections from related documents. New York 1979, S. 34 (Einleitung), Nachweis der Quellen über das Register (Stichwort ›pilgrimage‹).

[44] Ohler: Zuflucht (wie Anm. 19) S. 13.

[45] Vgl. L. Wolff: Der Tannhäuser, in: Die deutsche Literatur des Mittelalters. Verfasserlexikon. Hrsg. von Karl Langosch, 4 (1953) Sp. 355–368, hier Sp. 366f.

[46] Vgl. Egon Boshof: Heinrich IV., Herrscher an einer Zeitenwende (Persönlichkeit und Geschichte, 108/109). Göttingen 1979, S. 111.

[47] Concilium Lateranense II (1139), can. 18; in: Alberigo (wie Anm. 31) S. 201.

[48] Friedebrief gegen die Brandstifter, in: Quellen zur deutschen Verfassungs-, Wirtschafts- und Sozialgeschichte bis 1250. Ausgewählt und übersetzt von Lo-

renz Weinrich (Ausgewählte Quellen zur deutschen Geschichte des Mittelalters, 32). Darmstadt 1977, Nr. 77, hier S. 310f. Vgl. L. Carlen: Strafwallfahrten, in: HRG (33. Lfg. zu Bd. 5, 1991) Sp. 17–19.

⁴⁹ Robert Plötz: Pilger und Pilgerfahrt gestern und heute am Beispiel Santiago in Compostela; in: Europäische Wege (wie Anm. 15) S. 171–213, hier S. 207. – C. Vogel: Bußwallfahrt, in: Lexikon des Mittelalters 1 (1980) Sp. 1134f.

⁵⁰ Louis Carlen: Wallfahrt und Recht im Abendland (Freiburger Veröffentlichungen aus dem Gebiete von Kirche und Staat, 23). Freiburg/Schweiz 1987, S. 37, 93.

⁵¹ Carlen (wie Anm. 50) S. 74.

⁵² Jakob Sprenger/Heinrich Institoris: Der Hexenhammer. Übersetzt von J. W. R. Schmidt. Berlin 1906, Nachdruck München (dtv) 1982, Teil III, S. 147.

⁵³ Vgl. L. Hödl: Ablaß, in: Lexikon des Mittelalters 1 (1980) Sp. 43–46.

⁵⁴ Ademar de Chabannes: Chronique. Hrsg. von Jules Chavanon (Collection de textes pour servir à l'étude et à l'enseignement de l'histoire, 20). Paris 1897, S. 189f., 194.

⁵⁵ Robert Plötz: Deutsche Pilger nach Santiago de Compostela bis zur Neuzeit, in: Deutsche Jakobspilger und ihre Berichte. Hrsg. von Klaus Herbers (Jakobus-Studien, 1). Tübingen 1988, S. 1–27, hier S. 18.

⁵⁶ Vgl. Bruno Bettelheim: Der Weg aus dem Labyrinth. Leben lernen als Therapie. Stuttgart 1975, S. 205ff.: Von der Wallfahrt zum psychoanalytischen Milieu.

⁵⁷ Die Legenda aurea des Jacobus de Voragine. Aus dem Lateinischen übersetzt von Richard Benz. Heidelberg 1955, S. 495 (Von Sanct Jacobus dem Großen).

⁵⁸ J. C. Russel, in: Europäische Wirtschaftsgeschichte, hrsg. von Carlo M. Cipolla, deutsche Ausgabe hrsg. von Knut Borchardt. Bd. 1 Mittelalter. Stuttgart, New York 1978, S. 41.

⁵⁹ Arno Borst: Lebensformen im Mittelalter. Frankfurt/M., Berlin 1973, S. 152ff.

⁶⁰ Eyn geistlich romfart jübel jor so ein christner mönsch mag thuon, der do ursachen halben nit gon Rom kummen kan volget clarlich harnoch; in: Johannes Geiler von Kaysersberg: Sämtliche Schriften. 1. Abteilung: Die zu Geilers Lebzeiten erschienenen Schriften. 1. Band (Ausgaben deutscher Literatur des XV. bis XVIII. Jahrhunderts, 129). Berlin 1989, S. 141–151.

⁶¹ Ohler: Nord- und Ostdeutsche (wie Anm. 23) S. 152.

⁶² Johannes Geiler von Kaysersberg: Der Bilger mit seinen Eygenschaften, 1494. In: Ders.: Sämtliche Schriften (wie Anm. 60) 1. Bd., S. 29–95, hier S. 41.

⁶³ Erasmus von Rotterdam: Vertraute Gespräche (Colloquia Familiaria). Übertragen und eingeleitet von Hubert Schiel. Köln 1947, Nachdruck Magnus Verlag, ohne Ort und Jahr, S. 84–88 »Von leichtfertigen Gelübden«, S. 88–127 »Das Wallfahrten«, hier S. 89.

⁶⁴ Platter (wie Anm. 17) S. 325.

⁶⁵ 3. Kapitel; Herbers (wie Anm. 25) S. 90.

⁶⁶ Geiler von Kaysersberg: Der Bilger (wie Anm. 62) S. 47.

⁶⁷ Dies und das Folgende nach Ohler: Zur Seligkeit (wie Anm. 10) S. 89f.; zur Kaufkraft der genannten Summen S. 85, Anm. 6.

[68] Vgl. Leopold August Warnkönig: Flandrische Staats- und Rechtsgeschichte bis zum Jahr 1305, Bd. 3,2 Tübingen 1839, S. 121–126 Preisliste der Pilgerfahrten.

[69] Deutsches Wörterbuch von Jacob und Wilhelm Grimm. Bd. 8, 1893.Nachdruck Bd. 14, München 1984, Sp. 735.

[70] Legenda aurea (wie Anm. 57) S. 287f.

[71] Geiler von Kaysersberg: Der Bilger (wie Anm. 62) S. 38.

[72] Nach: Herbers (wie Anm. 25) S. 57–82, hier S. 68f.

[73] Vgl. z. B. Boccaccio: Decamerone II, 2: Rinaldo von Asti.

[74] Legenda aurea (wie Anm. 57) S. 492f.

[75] Borst: Lebensformen (wie Anm. 59) S. 261.

[76] Veneranda dies, nach Herbers (wie Anm. 25) S. 70; Geiler von Kaysersberg: Der Bilger (wie Anm.62) S. 31ff.

[77] Norbert Ohler: Elisabeth von Thüringen. Fürstin im Dienst der Niedrigsten (Persönlichkeit und Geschichte, 114/115). 2. Auflage, Göttingen, Zürich 1992, S. 32f.

[78] Joinville: Histoire de Saint Louis, in: Historiens et chroniqueurs du Moyen Age. Hrsg. und kommentiert von Albert Pauphilet und Edmond Pognon (Bibliothèque de la Pleïade, 48). Paris 1952, S. 233.

[79] Übersetzung aus dem Lateinischen nach: Missa pro peregrinantibus et iter agentibus, in: Missale Romanum. 19. Auflage. Regensburg 1936, S. (98)–(100) Gebete und Lesungen dürften im Mittelalter dieselben gewesen sein.

[80] Übersetzung aus dem Lateinischen nach Adolf Franz: Die kirchlichen Benediktionen im Mittelalter, Bd. II, Freiburg i.B. 1909 (Nachdruck Graz 1960) S. 271ff. – Vgl. Herbers (wie Anm. 25) S. 64f.

[81] Geiler von Kaysersberg: Der Bilger (wie Anm. 62) S. 54–69.

[82] Ohler: Zur Seligkeit (wie Anm. 10) S. 87.

[83] Chaucer (wie Anm. 18) S. 7.

[84] Ohler: Zur Seligkeit (wie Anm. 10) S. 87.

[85] Ohler: Reisen (wie Anm. 1) S. 171.

[86] Joseph Haydn: Die Jahreszeiten (1801). Vollständige Textausgabe, eingeleitet und hrsg. von Wilhelm Zentner. Stuttgart: Reclam, 1955. S. 56f.

[87] Borst: Lebensformen (wie Anm. 59) S. 30.

[88] Ebd. S. 66.

[89] Ohler: Nord- und Ostdeutsche (wie Anm. 23) S. 163 mit Anm. 23.

[90] 3. Kapitel; Herbers (wie Anm. 25) S. 89.

[91] 7. Kapitel; Herbers (wie Anm. 25) S. 101.

[92] Bernhard Bischoff: The Study of Foreign Languages in the Middle Ages, in: Speculum 36 (1961) S. 209–224.

[93] Ohler: Reisen (wie Anm. 1) S. 401 (Faksimile).

[94] Herbert Grundmann: Religiöse Bewegungen im Mittelalter. (...). 1935, Nachdruck Darmstadt 1970, S. 155 mit Anm. 157.

[95] Gotteslob. Katholisches Gebet- und Gesangbuch. Freiburg i.Br. 1975, Nr. 303.

[96] Liber Miraculorum Sancti Aegidii auctore Petro Gulielmo, Nr. 13; in: Analecta Bollandiana 9 (1890) S. 397.

[97] Geiler von Kaysersberg: Der Bilger (wie Anm. 62) S. 86–94.

233

[98] Kapitel 7 und 8; Herbers (wie Anm. 25) S. 100 und 130.

[99] In: Rüdiger Jülch: Die Entwicklung des Wirtschaftsplatzes Wimpfen bis zum Ausgang des Mittelalters (Veröffentlichungen der Kommission für geschichtliche Landeskunde in Baden-Württemberg, B/14). Stuttgart 1961, Anhang Nr. 10, S. 152–154, hier S. 154.

[100] Laszlo Tarr: Karren, Kutsche, Karrosse. 2. erweiterte Auflage. Budapest, Berlin 1978, S. 198 (Abbildung).

[101] Vgl. Achse, Rad und Wagen. Fünftausend Jahre Kultur- und Technikgeschichte. Hrsg. von Wilhelm Treue. Göttingen 1986. S. 191.

[102] Erasmus von Rotterdam: Altmännergespräch oder: Das Fuhrwerk, in: Colloquia Familiaria – Vertraute Gespräche. Lateinisch-deutsch. In: Derselbe: Ausgewählte Schriften. Hrsg. von Werner Welzig. Bd. 6 Darmstadt 1967, S. 215–251, hier S. 251.

[103] Platter (wie Anm. 17) S. 90 f.

[104] Alfons Schäfer: Geschichte der Stadt Bretten von den Anfängen bis zur Zerstörung im Jahre 1689 (Oberrheinische Studien, 4). Karlsruhe 1977, S. 194.

[105] 7. Kapitel; Herbers (wie Anm. 25) S. 95.

[106] 8. Kapitel; Herbers (wie Anm. 25) S. 131 f.

[107] Liudprand von Cremona: Antapodosis V, 17; in: Quellen zur Geschichte der sächsischen Kaiserzeit, neu bearbeitet von Albert Bauer und Reinhold Rau (Ausgewählte Quellen zur deutschen Geschichte des Mittelalters, 8). Darmstadt 1971, S. 462 f.

[108] 7. Kapitel; Herbers (wie Anm. 25) S. 96 ff.

[109] Legenda aurea (wie Anm. 57) S. 300.

[110] Ohler: Zuflucht (wie Anm. 19) S. 7.

[111] Bischof Otto von Freising und Rahewin: Die Taten Friedrichs oder richtiger Cronica, I, 33. Übersetzt von Adolf Schmidt, Hrsg. von Franz Josef Schmale (Ausgewählte Quellen zur deutschen Geschichte des Mittelalters, 17). Darmstadt 1965, S. 192 f.

[112] 7. Kapitel; Herbers (wie Anm. 25) S. 102.

[113] Vgl. Mayer: Kreuzzüge (wie Anm. 26) S. 129–144.

[114] Legenda aurea (wie Anm. 57) S. 167 f. (Julianus), 499 f. (Christophorus).

[115] Fergenordnung (wie Anm. 99).

[116] 7. Kapitel; Herbers (wie Anm. 3) S. 95 f.

[117] Ohler: Zuflucht (wie Anm. 21) S. 28.   [(1977) S. 265–292.

[118] Erich Maschke: Die Brücke im Mittelalter, in: Historische Zeitschrift 224

[119] Joinville (wie Anm. 78) S. 234.

[120] G. Landwehr: Seerecht (Seehandelsrecht), in: Handwörterbuch zur deutschen Rechtsgeschichte 4 (1990) Sp. 1596–1614. – Consolat de Mar, in: Wörterbuch des Völkerrechts. Begründet von Karl Strupp, 2. Auflage völlig neu bearbeitet von Hans-Jürgen Schlochauer. Bd. 1, Berlin 1960, S. 299–300. Das Folgende nach: J. M. Pardessus: Collection de lois maritimes antérieures au XVIIIe siècle. Bd. 4. Paris 1837, S. 251, 417 ff., 465, 496, 506. Karin Nehlsen-von Stryk: Die venezianische Seeversicherung im 15. Jahrhundert (Abhandlungen zur Rechtswissenschaft. Grundlagenforschung, 64). Ebelsbach 1986, S. 200 ff.

[121] Dieses und das Folgende nach: Deutsche Pilgerreisen nach dem Heiligen Lande. Hrsg. und erläutert von Reinhold Röhricht und Heinrich Meisner. Berlin 1880, S. 128, 129 und 140 sowie 11–15. – Gerd Tellenbach: Zur Frühgeschichte abendländischer Reisebeschreibungen, in: Historia Integra. Festschrift für Erich Hassinger zum 70. Geburtstag. Hrsg. von Hans Fenske, Wolfgang Reinhard, Ernst Schulin. Berlin 1977, S. 51–80, hier S. 55 und 71.

[122] Hier zitiert nach Geschichte des privaten Lebens. Bd. 2: Vom Feudalzeitalter zur Renaissance. Hrsg. von Georges Duby. Deutsch von Holger Fliessbach. Frankfurt/M. 1990, S. 547f.

[123] Imagination des Unsichtbaren. 1200 Jahre bildende Kunst im Bistum Münster. Ausstellung des Westfälischen Landesmuseums für Kunst und Kulturgeschichte. Münster 13. 6.–31. 10. 1993, Bd. 2, S. 517, D 7.28 Schiffskelch.

[124] Ohler: Elisabeth von Thüringen (wie Anm. 77) S. 32f.

[125] Geiler von Kaysersberg: Der Bilger (wie Anm. 62) S. 70.

[126] Borst: Lebensformen (wie Anm. 59) S. 152.

[127] Die Technik. Von den Anfängen bis zur Gegenwart. Hrsg. von Ulrich Troitzsch und Wolfhard Weber. Braunschweig 1982, S. 445.

[128] Nach Ohler: Reisen (wie Anm. 1) S. 138–144; Ders.: Entdeckungen – trotz archaischer Verkehrsverhältnisse, in: Focus. Behaim Globus. Ausstellungskatalog des Germanischen Nationalmuseums. Hrsg. von Gerhard Bott. Bd. 1, Nürnberg 1992, S. 316.

[129] Ohler: Alltag (wie Anm. 19) S. 37; vgl. Ders.: Reisen (wie Anm. 1) S. 139 Abbildung eines ›Schemelers‹.

[130] 7. Kapitel; Herbers (wie Anm. 25) S. 87.

[131] Legenda aurea (wie Anm. 57) S. 496.

[132] Dies und das Folgende nach: Ohler: Zuflucht (wie Anm. 21) S. 26f.

[133] Schmugge (wie Anm. 20) S. 44.

[134] Ohler: Zuflucht (wie Anm. 21) S. 28.

[135] Dies und das Folgende nach 8. Kapitel; Herbers (wie Anm. 3) S. 108ff.

[136] 8. Kapitel; Herbers (wie Anm. 25) S. 110–112.

[137] 9. Kapitel; Herbers (wie Anm. 25) S. 146f.

[138] 11. Kapitel; Herbers (wie Anm. 25) S. 160f.   [S. 15, 118, 135, 263.

[139] Hierzu und zum Folgenden: Peyer: Gastfreundschaft (wie Anm. 1) besonders

[140] Otto Hiltbrunner: Gastfreundschaft und Gast in der Antike, in: Gastfreundschaft (wie Anm. 20) S. 1–20, hier S. 19.

[141] Die Regel des hl. Benedikt, neu übersetzt von P. Franz Faessler, in: Die großen Ordensregeln. Hrsg. von Hans Urs von Balthasar. 2. Auflage. Einsiedeln (u. a.) 1961, S. 173–259, hier S. 238–240.

[142] Dies und das Folgende nach Norbert Ohler: Klösterliche Gastfreundschaft im Mittelalter, in: Geschichtsblätter Kreis Bergstrasse 22 (1989) S. 37–62, hier auch Quellen- und Literaturnachweise.

[143] Monumenta Germaniae Historica, Concilia, Bd. III, 1984, Nr. 7, S. 42f.

[144] Michel Mollat: Die Armen im Mittelalter. München 1984, S. 26–29 Die Lehre der Kirchenväter über die Armut, 48–53 Die Wohltätigkeit der Klöster, 53f. Abt Richard von Reims.

[145] 4. Kapitel; Herbers (wie Anm. 25) S. 90.

[146] Ohler: Reisen (wie Anm. 1) S. 162–164 sowie 122–137. Dieser Abschnitt insgesamt nach: Peyer: Gastfreundschaft (wie Anm. 1); Egon Boshof: Armenfürsorge im Frühmittelalter: Xenodochium, Matricula, hospitale pauperum, in: Vierteljahrsschrift für Sozial- und Wirtschaftsgeschichte 71 (1984) S. 153–174. – Gastfreundschaft (wie Anm. 20) und hier besonders die Beiträge von Hiltbrunner, Schmugge, Szabo.

[147] Borst: Lebensformen (wie Anm. 59) S. 104.

[148] Dies und das Folgende nach Borst (wie Anm. 59) S. 255 ff.

[149] U. Lindgren: Hospital, in: Lexikon des Mittelalters 5 (1991) Spalte 135. – Ernst Kirsten und Wilhelm Kraiker: Griechenlandkunde. Ein Führer zu klassischen Stätten. 4. Auflage, Heidelberg 1962, S. 579.

[150] Oberrheinische Stadtrechte. Hrsg. von der Badischen Historischen Kommission. 1. Abteilung: Fränkische Rechte. 7. Heft, hrsg. von Carl Köhne. Heidelberg 1905, Nr. 21 f., S. 83–85, 919–921.

[151] Schmugge (wie Anm. 20) S. 42.

[152] Vgl. B. U. Hergemöller: Bruderschaft, in: Lexikon des Mittelalters Bd. 2 (1983) Sp. 738–740. Bernhard Schneider: Zur Entwicklung von Bruderschaften seit dem Mittelalter: Ihre Bedeutung für Kirche, Gesellschaft und die Organisation der Pilgerfahrten, in: Sternenweg, Heft 5, 1990, S. 10–19, hier besonders S. 18 f.

[153] Rudolf Henggeler: Die kirchlichen Bruderschaften und Zünfte der Innerschweiz. Einsiedeln o. J., S. 95.

[154] Vgl. zu diesem Abschnitt vor allem Peyer (wie Anm. 1).

[155] Thomas Sczabo: Xenodochia, Hospitäler und Herbergen – kirchliche und kommerzielle Gastung im mittelalterlichen Italien (7. bis 14. Jh.), in: Gastfreundschaft (wie Anm. 20) S. 61–92, hier S. 90.

[156] Vgl. Norbert Ohler: Gastfreundschaft und Gasthäuser nach Boccaccios ›Dekameron‹, in: Reisen und Literatur im Mittelalter und in der Frühen Neuzeit. Hrsg. von Xenja von Ertzdorff und Dieter Neukirchen unter redaktioneller Mitarbeit von Rudolf Schulz (Chloe. Beihefte zu Daphnis, 13). Amsterdam, Atlanta G.A. 1992, S. 507–530, hier besonders S. 524 f.

[157] Zitiert nach Borst (wie Anm. 59) S. 174.   [S. 253.

[158] Erasmus: Vertraute Gespräche (wie Anm. 63) S. 35 (Gasthäuser); vgl. ebd.

[159] Die Chronik Arnolds von Lübeck (Geschichtsschreiber der deutschen Vorzeit, 71). 2. Auflage, Leipzig o. J., S. 10 f.

[160] 7. Kapitel; Herbers (wie Anm. 25) S. 95, 101.

[161] Erasmus: Vertraute Gespräche (wie Anm. 63) S. 27–35 (Gasthäuser). Auch aus dieser Quelle schöpft Stephan Heym in seinem Roman ›Ahasver‹, Frankfurt/M. 1983; S. 8–25 (2. Kapitel) dürfte die Atmosphäre in einem Gasthaus des 16. Jahrhunderts gut getroffen sein.

[162] Vgl. Justin Stagl: Die Methodisierung des Reisens im 16. Jahrhundert, in: Der Reisebericht. Die Entwicklung einer Gattung in der deutschen Literatur. Hrsg. von Peter J. Brenner (suhrkamp Taschenbuch, 2097). Frankfurt/M. 1989, S. 140–177, hier S. 156.

[163] Vgl. Carlen (wie Anm. 50), besonders S. 147 ff.

[164] Herbers (wie Anm. 25) S. 71–76.

[165] Legenda aurea (wie Anm. 57) S. 493 f.

[166] 7. Kapitel; Herbers (wie Anm. 25) S. 103. – Platter (wie Anm. 17) S. 332 ff.

[167] Herbers (wie Anm. 25) S. 76 f.

[168] Decreta Buch I, Kapitel 94, Frage 41 bzw. 71, in: Migne: Patrologia Latina Bd. 140, Sp. 576.

[169] A. Erler: Menschenraub, in: Handwörterbuch zur deutschen Rechtsgeschichte 3 (1984) Sp. 480–482.

[170] 8. Kapitel; Herbers (wie Anm. 25) S. 119 f.

[171] A. Erler (wie Anm. 169).

[172] Vgl. Norbert Ohler: Kriegsgefangenschaft und Heiligenverehrung. Verbindungen zwischen dem Offizierslager VI in Soest und dem Limousin, in: Soester Zeitschrift 101 (1989) S. 184–187.

[173] Jean-Noel Biraben: Les hommes et la peste en France et dans les pays européens et méditerranéens (Civilisations et Sociétés, 35/36). Bd. 1–2. Paris, La Haye 1975/76, S. 169–174.

[174] Acta Sanctorum, Oct. VI, S. 342–362, hier S. 349.

[175] Plötz: Deutsche Pilger (wie Anm. 55) S. 23 f.

[176] Borst (wie Anm. 59) S. 416.

[177] Herbers (wie Anm. 25) S. 73.

[178] Legenda aurea (wie Anm. 57) S. 494 f.

[179] Zur Kritik vgl. Wallfahrt kennt keine Grenzen, Themen (wie Anm. 1) S. 13, 17, 19, 27, 29, 70, 310 u. ö.

[180] Hieronymus in einem Brief (um 395) an den hl. Paulinus von Nola, nach Herbert Donner: Pilgerfahrt ins Heilige Land. Die ältesten Berichte christlicher Palästinapilger (4.–7. Jahrhundert). Stuttgart 1979, S. 13 f.

[181] Brief 38, in: Briefe des Bonifatius, Willibalds Leben des Bonifatius, nebst einigen zeitgenössischen Dokumenten. Unter Benützung der Übersetzungen von M. Tangl und Ph. H. Külb neu bearbeitet von Reinhold Rau (Ausgewählte Quellen zur deutschen Geschichte des Mittelalters, 4b). Darmstadt 1968, S. 253.

[182] Ohler: Zuflucht (wie Anm. 21) S. 10 mit Anm. 34.

[183] Ohler: Alltag (wie Anm. 19) S. 22.

[184] Thomas von Kempen: Nachfolge Christi. Übersetzt von Hermann Endrös (Fischer Bücherei, 168). Frankfurt/M., Hamburg 1957. Viertes Buch. Vereinigung, I, 9; S. 197.

[185] Reinke de Vos, in: Der Fuchs und die Trauben. Deutsche Tierdichtung des Mittelalters. Hrsg. und übertragen von Wolfgang Spiewok. 3. Auflage, Berlin 1986, S. 271–436, hier S. 336–352, Zitat S. 338.

[186] Erasmus von Rotterdam: Vertraute Gespräche (Colloquia Familiaria). Übertragen und eingeleitet von Hubert Schiel. Köln 1947, Nachdruck Magnus Verlag, ohne Ort und Jahr, S. 84–88 »Von leichtfertigen Gelübden«, S. 88–127 »Das Wallfahrten«.

[187] Vgl. Ohler: Zur Seligkeit (wie Anm. 10) S. 93 mit Anm. 20.

[188] 11. Kapitel; Herbers (wie Anm. 25) S. 160f.

[189] Vgl. H. Zapp, H.-J. Becker, P.-C. Timbal: Asyl, in: Lexikon des Mittelalters 1 (1980) Sp. 1156–1158.

[190] R. Kaiser: Gottesfrieden, in: Lexikon des Mittelalters 4 (1989) Sp. 1587–1592.

[191] Quellen... Verfassungsgeschichte (wie Anm. 48) Nr. 36, S. 140–147, hier S. 144f. (§8).

[192] Monumenta Germaniae Historica Constitutiones I, Nr. 425, §16, S. 607.

[193] Canon 14, in: Alberigo (wie Anm. 31) S. 193.

[194] Canon 11, 12, 15, 18; ebd. S. 199ff.

[195] Vgl. E. Kaufmann: Landfriede, I, in: Handwörterbuch zur deutschen Rechtsgeschichte 2 (1978) Sp. 1451–1465.

[196] Schmugge (wie Anm. 20) S. 59.

[197] H. P. Glöckner: Strandrecht, Strandregal, in: Handwörterbuch zur deutschen Rechtsgeschichte Lieferung 33 (1991) zu Bd. 5, Sp. 19–26.

[198] W. Ogris: Heimfallsrecht, in: Handwörterbuch zur deutschen Rechtsgeschichte 2 (1978) Sp. 51–55, hier Sp. 52. – Schmugge (wie Anm. 20) S. 57.

[199] 7. Kapitel; Herbers (wie Anm. 25) S. 97.

[200] Hermann Kellenbenz: Deutsche Wirtschaftsgeschichte. Bd I, München 1977, S. 175.

[201] Herbers (wie Anm. 25) S. 49.

[202] Henri Gilles: Lex peregrinorum, in: Cahiers de Fanjeaux 15 (1980) 161–189, bes. S. 177f. mit Anm. 58; hier nach Schmugge (wie Anm. 20) S. 57.

[203] 6. Kapitel; Herbers (wie Anm. 25) S. 93f.

[204] Ohler: Alltag (wie Anm. 19) S. 31.

[205] 8. Kapitel; Herbers (wie Anm. 25) S. 108.

[206] Ebd. S. 20.

[207] Zitiert nach Hans Jantzen: Die Gotik des Abendlandes. Idee und Wandel (DuMont Dokumente, Reihe I). Köln 1962, S. 213f.

[208] E. R. Labande: Les Pèlerinages au Mont Saint-Michel pendant le Moyen Age, in: Millénaire monastique du Mont Saint Michel, Bd. 3, Paris 1971, S. 237–250, hier S. 244.

[209] Nun danket alle Gott, 1636 von Martin Rinckart verfaßt, nach: Gotteslob (wie Anm. 95) Nr. 266.

[210] Ohler: Zuflucht (wie Anm. 21) S. 30.

[211] Ohler: Alltag (wie Anm. 19) S. 22.

[212] Ohler: Zuflucht (wie Anm. 21) S. 31.

[213] 8. Kapitel; Herbers (wie Anm. 25) S. 111f.

[214] Wallfahrt kennt keine Grenzen, Themen (wie Anm. 1) S. 310 mit Abb. 136. – Neue Zürcher Zeitung 5. 6. 1981.

[215] Abbildung in: Sankt Elisabeth. Fürstin, Dienerin, Heilige. Aufsätze, Dokumentation, Katalog. Sigmaringen 1981, Nr. 101.

[216] Das Leben Bischof Bennos (wie Anm. 41) S. 376/377.

[217] Ohler: Zuflucht (wie Anm. 21) S. 23.

[218] Dies und das Folgende nach Ohler: Zuflucht (wie Anm. 21) S. 23 mit Anm. 67 und 64a.

[219] 10. Kapitel; Herbers (wie Anm. 25) S. 159 f.

[220] Wallfahrt kennt keine Grenzen, Themen (wie Anm. 1) S. 501.

[221] Ohler: Alltag (wie Anm. 19) S. 5.

[222] Ebd. S. 12.

[223] Werner Schäfke: Die Wallfahrt zu den Heiligen Drei Königen, in: Die Heiligen Drei Könige. Darstellung und Verehrung. Katalog zur Ausstellung des Wallraf-Richartz-Museums in der Josef-Haubrich-Kunsthalle Köln 1982/83. Köln 1982, S. 73–80, hier S. 74.

[224] Ohler: Nord- und Ostdeutsche (wie Anm. 23) S. 154 f.

[225] Johannes von Hildesheim: Die Legende von den Heiligen Drei Königen. München (dtv) 1963, S. 75.

[226] Ohler: Zuflucht (wie Anm. 21) S. 20.

[227] Thomas von Aquin: Summa theologica. I, qu. 105, 7; Die deutsche Thomasausgabe, Bd. 8, Heidelberg u. a. 1951, S. 66 ff.

[228] Herbers (wie Anm. 25) S. 61 f.

[229] Ebd. S. 71.

[230] Plötz: Deutsche Pilger (wie Anm. 55) S. 19.

[231] Cap. 17; Mansi Bd. 22, Sp. 791 f.

[232] Der Bischof Arkulf und der Abt Adomnanus (um 680), nach: Donner (wie Anm. 180) S. 336.

[233] 9. Kapitel; Herbers (wie Anm. 25) S. 141 f.

[234] von Mandach (wie Anm. 25) S. 53.

[235] Johannes von Hildesheim (wie Anm. 225) S. 76.

[236] Herbers (wie Anm. 25) S. 66.

[237] Wallfahrt kennt keine Grenzen, Themen (wie Anm. 1) S. 206.

[238] Schäfke: Wallfahrt (wie Anm. 223) S. 73.

[239] 9. Kapitel; Herbers (wie Anm. 25) S. 143.

[240] Herbers (wie Anm. 25) S. 62.

[241] 9. Kapitel; Herbers (wie Anm. 25) S. 139 f.

[242] 9. Kapitel; Herbers (wie Anm. 25) S. 151.

[243] Zitiert nach Joan Evans: Das Leben im mittelalterlichen Frankreich. Köln 1960, S. 86.

[244] Ademar de Chabannes (wie Anm. 54) S. 194.

[245] Ohler: Elisabeth von Thüringen (wie Anm. 77) S. 63 f.

[246] Geiler von Kaysersberg: Der Bilger (wie Anm. 62) S. 95.

[247] Ohler: Zur Seligkeit (wie Anm. 10) S. 89.

[248] Geiler von Kaysersberg: Der Bilger (wie Anm. 62) S. 95.

Register